# 中华优秀传统文化的创造性转化
# 与创新性发展研究

何　禾◎著

线装書局

图书在版编目（ＣＩＰ）数据

中华优秀传统文化的创造性转化与创新性发展研究 /
何禾著. -- 北京：线装书局, 2023.8
　　ISBN 978-7-5120-5644-2

　　I. ①中… II. ①何… III. ①中华文化－文化发展－
研究 IV. ①K203

　　中国国家版本馆CIP数据核字(2023)第162988号

## 中华优秀传统文化的创造性转化与创新性发展研究
ZHONGHUA YOUXIU CHUANTONG WENHUA DE CHUANGZAOXING ZHUANHUA YU CHUANGXINXING FAZHAN YANJIU

作　　者：何　禾
责任编辑：白　晨
出版发行：线 装 書 局
　　　　　地　　址：北京市丰台区方庄日月天地大厦 B 座 17 层（100078）
　　　　　电　　话：010-58077126（发行部）010-58076938（总编室）
　　　　　网　　址：www.zgxzsj.com
经　　销：新华书店
印　　制：三河市腾飞印务有限公司
开　　本：787mm×1092mm　　　　1/16
印　　张：12.5
字　　数：295 千字
印　　次：2024 年 7 月第 1 版第 1 次印刷

线装书局官方微信

定　　价：68.00 元

# 前　言

　　中华优秀传统文化是中华文明的智慧结晶和精华所在，是中华民族的根和魂，是我们在世界文化激荡中站稳脚跟的根基。在党的二十大报告中，习近平总书记指出"中华优秀传统文化得到创造性转化、创新性发展"，强调"坚持和发展马克思主义，必须同中华优秀传统文化相结合"，要求"传承中华优秀传统文化"。

　　求木之长者，必固其根本；欲流之远者，必浚其泉源。文化是民族生存和发展的重要力量。中华民族在几千年的历史进程中遇到无数艰难困苦，之所以都能挺过来、走过来，其中一个非常重要的原因，就是世世代代的中华儿女培育和发展了独具特色、博大精深的中华文化，为中华民族克服困难、生生不息提供了强大精神支撑。

　　中国共产党从成立之日起，既是中国先进文化的积极引领者和践行者，又是中华优秀传统文化的忠实传承者和弘扬者。中华优秀传统文化具有强大的生命力和创造力、独特的文化理想和文化价值，新时代新征程，党员干部特别是领导干部要带头坚持守正创新，推动中华优秀传统文化同社会主义社会相适应，充分展示中华民族的独特精神标识，更好构筑中国精神、中国价值、中国力量。坚定文化自信，继续推动中华优秀传统文化创造性转化、创新性发展，继承革命文化，发展社会主义先进文化，推进文化自信自强，铸就中华文化新辉煌，高质高效建设社会主义文化强国。

　　中华优秀传统文化源远流长、博大精深，其中蕴含的天下为公、民为邦本、为政以德、革故鼎新、任人唯贤、天人合一、自强不息、厚德载物、讲信修睦、亲仁善邻等，是中国人民在长期生产生活中积累的宇宙观、天下观、社会观、道德观的重要体现，同科学社会主义价值观主张具有高度契合性。新担当新作为，党员干部特别是领导干部要带头坚定历史自信、文化自信，坚持古为今用、推陈出新，把马克思主义思想精髓同中华优秀传统文化精华贯通起来、同人民群众日用而不觉的共同价值观念融通起来，不断赋予科学理论鲜明的中国特色，不断夯实马克思主义中国化时代化的历史基础和群众基础，让马克思主义在中国牢牢扎根。

　　本书研究的重点在于："双创"作为中华优秀传统文化弘扬发展的具体方针，其具有很强的实践导向性，"双创"不仅是一个理论问题，更是一个实践问题。对"双创"蕴含的方法论要求进行科学系统地探究和阐释既是本文研究的重点，也是本文研究的难点。"双创"蕴含的方法论要求主要涉及目标任务、原则方法和实践路径，其中，实践路径是核心问题，也是文章研究的重中之重。

本研究的创新之处如下几点：

第一，对"双创"进行系统性研究。文章对"双创"的必要所在、可行性条件、目标指向、基本任务、原则要求、方法遵循、实践路径与机制等方面进行整体探究，力求形成对于"双创"的系统性和整体性认识。

第二，对"双创"进行深入性研究。文章旨在对"双创"蕴含的方法论要求进行探究，为此，文章从目标任务、原则方法和实践路径三方面对其进行具体化剖析和阐发，这使文章研究具有一定深入性。

第三，对"双创"进行理论与实际的结合研究。在对"双创"实践路径进行研究阐释时，文章结合了大量现实素材，其中既有学理性的文本成果，也有实践中的现实案例，这种理论与实际相结合的研究阐释方式能够使文章论证更具客观性和说服力。

在编写过程中，我们既对前辈学者的研究成果有所参考和借鉴，也注重将自身的研究成果充实于其中。尽管如此，囿于编者学识眼界，本书瑕疵之处难以避免，切望同行专家及读者提出批评意见。

# 编委会

# 目　录

# 第一章 中华优秀传统文化创造性转化与创新性发展的研究综述

## 第一节 "双创"的基本理论

### 一、"两创"的现实社会基础

#### （一）从自然半自然经济形态向现代经济形态的转变

在中国古代历史进程中，经历了长达近2000年的封建社会时期。在这么长的历史时期里，封建小农经济，即自然经济作为与之配套的经济形态而长期占据主导、控制地位。小农经济的最大特点是男耕女织的固定式简单分工，自给自足的封闭式的生产消费。靠宗法血缘制与自然情感维系和联结的强大的日常生活世界占据封建社会的主导地位。因此，强调男女有别、长序尊卑、尽忠尽孝等与自然经济和日常生活世界相匹配的封建文化，便会与之十分协调，起到解释和牢固的作用。近代，西方列强用武力强行打开清政府封闭的国门，把资本主义经济生产的理念和形式带到了自然经济的大地上，封闭已久的中国社会里维持了近2000年的自然经济开始瓦解，经济活动不再是完全的单一封闭的自给自足，出现了手工业作坊式的规模化生产。自然经济的解体，进入半自然经济的状态，与之相伴随的是西方资本主义文化和精神在中国的传播。

随着近代化运动的不断开展，封建自然经济在历史进程中彻底解体，中国迈进了由农业文明进入工业文明的历史潮流之中。通过新民主主义革命、社会主义建设和改革开放，工业文明中诞生的现代经济形态在中国社会中不断发展。现代经济形态与自然经济的最大区别，从一定意义上可以说，是市场占重要地位的社会化大生产、大分工、大交换和家庭本位的封闭的、单一的自给自足的区别；现代经济呈现出高效率、高生产、规模化的特点，而自然经济则是零散化、效率低下、不进入统一市场流通和交换；在现代经济中，推动生产的根本动力发生了根本变化，工业革命的成果为人类生产动力由人力到机械力的转变做出了卓越的贡献。技术理性和人本主义精神是工业文明区别于农业文明的精神之源。市场在资源配置中占主体地位，统一的社会化大生产和普遍性分工、交换带来的不同区域间、不同国家间、不同民族间的大流动，极大地改变了宗法血缘纽带和天然情感形成的自然经济时代的自然秩序，人与人之间社会关系的交往方式更适合运用理性、契约、平等、自由等公共、民主性的建构形式。要使传统文化成为推动社会主义市场经济和调整社会主义市场经济条件下人与人关系的价值观念和道德规范，必须进行创造性转化。这种转变的社会背景是由熟人社会到陌生人社会，由重义轻利到追求经济利益的社会，由以信义为纽带到以货币为纽带的社会，由以道德为纽带到以契约为纽带的社会。因此，这种新的生产形式所带来的整个生产过程以及各个环节的改变，需要对原有的文化进行实时的更新和发展，以适应现代经济形态的整体面貌。

**（二）从乡村宗法社会向现代城镇社会的转变**

在封建时代，社会是以宗法血缘关系等天然情感联结而成的。乡村宗法社会中，其组成的个体最小单元，是以家庭为本位，由家庭到家族，由家族再到村落，由村落再到乡里，形成这样一个结构特别稳定、层级特别分明的乡土社会。家庭本位思想是这个乡土社会中最基本也是最重要的价值架构，每个家庭都有属于自己的田地，按照固定的男耕女织式的分工，家庭里边的男性负责在田地上耕种粮食作物、家庭里边的女性负责纺线织布和操持日常饮食家务。但无论是家庭里边的男性还是女性，他们劳动生产的产品都不进入市场流通和交换，而是为满足这个家庭自身的生存和生活所需，即所谓的自给自足。由家庭再往外延伸就是家族。家族，是由宗法制和血缘关系来确定、形成的，有着明确的亲疏远近关系，靠血缘亲情把家族里面不同的家庭凝聚在一起。不同的家族在同一个区域里面居住生活就构成了一个村落。不同的村落在同一片更大的区域内居住生活就形成了乡里。家庭里面是执行封建家长制，家族里面执行族长制。对于整个封建社会整体而言，家族是构成这个社会最基础和最核心的群体或团队单元。家庭里面有家风、家训、家规，家族里边有族规，有属于自己家族的祠堂、私塾。祠堂用来供奉这个家族先人们的牌位，供后人祭祀、怀念和孝道教化。私塾是属于这个家族集体自己所拥有的学校、为家族里面的青少年提供文化教育。在村落和乡里的范围内，又有乡规民约等极具道德约束力的公共行为准则。这种自发自为的伦理道德规范，以一种极其稳定的方式代代相传。在这种系统下，忠孝仁义、三纲五常等传统文化思想.不会消失或中断，而是保持着旺盛的文化生命力，寄居在这种乡土宗法社会的文化寓所中，并与之互相辅助、加固。"中国传统儒家经典是理论文化形态，可它的力量在于通过种种方式世俗化，或者通过学校教育、科举制度、乡规民约、族规家训等方式深深地影响人们实际生活。"

在历史上的中国，这种观念与农业生产方式和生活方式是一致的。

这种极其稳定的家族式乡土宗法社会，在中国封建社会阶段存在了长达2000年的时间。直到近代，清王朝覆灭，中国的历史进程融入世界历史进程之中，从农业文明向工业文明进行转变和跨越，乡土宗法社会结构也逐步向现代城镇社会转变。乡土宗法社会的经济基础是封建小农经济，分散、单一、封闭、孤立。而现代城镇社会的经济基础则是现代经济，根本差异于传统经济的统一市场、流通、交换、流动。现代城镇社会，由于生产方式、生产关系等发生的根本性变革，传统自发的日常生活世界逐渐沦为自觉的非日常生活世界的背景。维系人们之间关系的因素也由过去单一的血缘宗法为主变为在政治活动、经济贸易、节日礼仪、娱乐休闲、兴趣爱好等非日常生活领域的全方面多方位扩展。现代城镇社会更强调个体的独立性、平等性、民主性和参与性。区别于乡土宗法社会的个体基于家庭家族的逻辑建构，现代城镇社会更习惯以契约、理性、个性、创造、价值等来突出个体的生存和发展。

### （三）从封闭半封闭社会向现代信息化社会的转变

由于封建自然经济生产力低下的局限，以及乡土宗法社会的社会基础架构，决定了封建传统社会的封闭半封闭特点。首先，经济生产方式的自给自足的属性，导致了人们缺少或减少对外交往交流的需求和需要。而家族命运共同体的架构也使家族成为个体人生的强大依托和全部始终，同时也造成了思想观念和实践上的设限，这就导致了人们缺少更大范围内，或者更准确地说，超越家族范围外获取信息、信息交流的内生驱动力。其次，生产力的水平不仅决定了当时状况下的生产方式，也深刻影响和制约着当时社会人们的交往方式。中国古代社会人口的流动规模和频率相较于现代社会的流动程度是极其微弱的，现代社会人们之所以能实现短时间内的高效位移，是因为实现位移的动力支撑发生了根本变化。生产力的发展推动了科技的进步，科技的进步带来了与古代完全不同的交通运输方式的改变。中国古代社会的交通方式简单低效，主要靠步行和以马代步。现代社会则基于工业革命的动力成果，飞机、轮船、动车等现代机械动力的交通运输工具，使空间位移变得快捷高效。这也使信息交互的对象范围、内容频率和信息结构更趋多元和复杂，相较古代社会有了根本性的提升和重构。现代社会相较古代社会，除实现空间位移的能力和程度极大提高外，通信方式也由古代书信、驿站等延时性通信发展为现代社会的文字、语音、视频瞬时通信。现代化经济的开放性特征、效率化规模化生产、公司科学民主化管理，以及政府在市场运行中的宏观调控等一系列环节和步骤，都离不开对信息全面的掌握和判断，才能做出具有时效性的正确决策和战略安排。现代城镇化的发展，伴随着大量农民工涌入城市，乡村和城市之间的互动和流动更加频繁，打破了传统乡土宗法社会时期靠家规族约和族长制议事的固定模式，如何对城镇化社会里边的居民和人口进行有效科学的组织和管理、教育和疏导，覆盖全面、输送及时的信息网络就显得尤为重要。

举个例子，虽然现代社会仍然存有很大比例的农村人口，他们也拥有自己的耕地，但仍然从本质和根本上区别于封建传统社会自给自足的自然经济。因为在过去乡土宗法社会的架构里，传统自发的日常生活领域高度发达，占据整个封建社会的主导地位。而现代化城镇社会，自觉的、发达的非日常生活领域则占据了主导，如教育、就业、医疗、建筑、种植、现代化耕种、经济生产、政治活动、文化休闲等这些非日常生活领域，占据了人们的大部分时间。而这些领域在现代化社会里都具有开放性、全体性、传播性、时效性等特点。因此，信息改变了人们的生活方式，重新建构了人们的生活观念，也重新建构着一种适应现代社会运行和现代化生活模式的新的文化模式。

综上所述，如果把传统农业文明时期的传统文化模式。照搬照套到现代工业文明下的社会里，不仅完全不相匹配，无法发挥文化的积极作用，甚至会因为传统与现代的对峙造成物质与精神的割裂，精准定位转化、发展，对中华优秀传统文化的内容和形式进行研究和分析，做出符合现代化的阐释，就显得尤为重要。

## 二、"两创"的理论架构

### （一）"两创"前提性问题的澄清

设定的前提不同，对理论的阐释和发挥可能造成很大的差异。习近平总书记在多个场合都发表过关于"中华优秀传统文化创造性转化、创新性发展"的相关论述。统观这些重要论述，我们可以从中明确关于"两创"中秉持的文化态度、文化立场、思维方式等这样几个前提性的问题。

第一，"两创"中秉持总体上肯定、局部上分析，客观、科学、公允、辩证、开放包容的文化态度。习近平指出："对历史文化特别是先人传承下来的价值理念和道德规范，要坚持古为今用、推陈出新，有鉴别地加以对待，有扬弃地予以继承。这就是说，我们既不要片面地讲厚古薄今，又不要片面地讲厚今薄古，而是要本着科学的态度，继承和弘扬中华优秀传统文化，努力用中华民族创造的一切精神财富来以文化人、以文育人。"这种文化态度，科学地处理古今文化的关系，辩证扬弃地处理文化内部精华与糟粕的关系。要讲清楚中华优秀文化的历史渊源、发展脉络、基本走向，讲清楚中华文化的独特创造、价值理念、鲜明特色，增强文化自信和价值观自信。在中外文化的大视野中，客观公允地看待中华民族的优秀传统文化，也从这种文化态度上体现了中华民族的文化自信。

第二，"两创"秉持以马克思主义为指导的中华文化立场，为人民服务，是其价值立场，为社会主义服务，是其政治立场。中国特色社会主义的现代化无疑以马克思主义为指导，"两创"作为中国现代化过程中正确对待传统文化的方针，也是马克思主义的正确对待传统文化的方针。习近平指出："发展中国特色社会主义文化，就是以马克思主义为指导，坚守中华文化立场……不断铸就中华文化新辉煌。"这种立场是"两创"作为发展中国特色社会主义文化、铸就中华文化新辉煌的重要组成部分的题中应有之义。

第三，"两创"中坚持运用辩证唯物主义和历史唯物主义的思维方式。习近平指出："弘扬中华优秀传统文化，要处理好继承和创造性发展的关系，重点做好创造性转化和创新性发展。创造性转化，就是要按照时代特点和要求，对那些至今仍有借鉴价值的内涵和陈旧的表现形式加以改造，赋予其新的时代内涵和现代表达形式，激活其生命力。创新性发展，就是要按照时代的新进步新进展，对中华优秀传统文化的内涵加以补充、拓展、完善，增强其影响力和感召力。"辩证法贯穿在"两创"之中，避免了全盘否定或全盘肯定这类"一刀切"的主观论断。运用历史唯物主义来考察，避免了历史虚无主义视角所造成的文化混乱。

### （二）"两创"的概念界定

创造性转化和创新性发展是两个具有不同内涵而又相互独立，在特定语境下具有一定联系的概念。在"中华优秀传统文化创造性转化和创新性发展"这一论述中，中华优秀传统文化就是这两个概念的共有的语境。结合这一语境，两者既相互独立，相互区别而又另外包含着内在逻辑上的前后顺序或者说递进的逻辑关系。

创造性和创新性是转化和发展的限定语、修饰词，也可以说，是对转化和发展的精准定位。用创造规定了转化的具体内涵，用创新规定了发展的具体内涵。

创造性转化与创新性发展是一个整体，却又各有侧重、各有所指。创造性转化，主要侧重要古为今用，即把中华优秀传统文化中那些具有超越时代性局限，并且对现代仍然具有借鉴意义和价值作用的文化理念、文化精神、文化内涵等，结合现时代的现实存在，用与现代社会相匹配、相符合的表现形式呈现出来，使中华优秀传统文化的接续性不至于中断，乃至更深程度上的丢失或抛弃。创新性发展，主要侧重源远流长、一脉相承的中华文化在当今时代的进一步发展。紧密结合时代的新发展、新进步、新面貌、新价值，对中华优秀传统文化原有的、受当时时代局限的内涵进行丰富、延伸和拓展，使中华优秀传统文化在现代呈现出更大的魅力和影响力。

创造性转化与创新性发展是一种由此及彼、相互衔接的承接关系，是前后相继、互为支撑的两个层次或两个阶段，各有意义、各有作为而又密切相关，不可割裂。转化，既不是全部抛弃，也不是照样全收，而是创造性的，即结合现代实际对那些具有时代超越性的内涵有选择性地继承，再用现代的表达和表现使其在现代依然具有生命力和文化活力。再进一步演进发展，就是吸纳融入最新发展的精神活力和文化形态，从而中华优秀传统文化的内涵更加具有现实活力和文化生命展示力，从而成就真实的发展形态和内在外化。因此，创造性转化是创新性发展的基础和前提，创新性发展是对弘扬中华传统文化的更高要求。

### （三）"两创"的主体与对象

对"中华优秀传统文化创造性转化、创新性发展"这一命题进行抽象思维，中华优秀传统文化是转化和发展的加工素材，主体通过转化与发展这一动态加工与中华优秀传统文化形成主体与客体，即主体与对象的关系，而主体即是对中华优秀传统文化进行创造性转化和创新性发展的承担者、施行者、实践者。从大主体或者说广义的主体这个意义上来讲，按照马克思主义历史唯物论的基本观点来看，人民群众是物质财富和精神财富的创造者，是历史的创造者，那么中国人民，自然也是中华优秀传统文化的产出和生成者，同时也是把中华优秀传统文化投入创造性转化和创新性发展这一动态螺旋生产活动的加工者，即主体。继续进行思维的逻辑延伸，在这一动态螺旋生产活动过程中必然依据一定的工序和步骤，以及在特定环节进行的关键操作，这些指的就是马克思主义原理和方法论规律。所以，马克思主义是这一丰富运动的生产过程中的灵魂线条，规定、牵引和塑造着这一动态过程。能够熟练掌握这一全程操作技巧的只能是中国的马克思主义者，只有以中国马克思主义者为其主体，才能在马克思主义指导下，实现传统文化的创造性转化、创新性发展。具象化阐述，就是中国共产党和中国人民。

前面我们讲到"两创"的对象就是中华优秀传统文化，但中华优秀传统文化这一概念是相对于这一文化全体内部所含的杂质成分而言的，故而，怎样将中华传统文化中把优秀的部分筛选和确定出来，以何种原则和标准为依据进行筛选和确定，则是需进一步讨论的问题。在古今关系上，习近平明确指出，要古为今用，以古鉴今。意为中华优秀传统文化要为现在当下的社会实践和历史进程服务，是体现历史唯物主义的科学论断和真理性观点。因此，区分精华和糟粕的根本依据应当是社会实践。同样，实践本身也在不断地区分人类文化遗产中哪些是精华，哪些是糟粕，并把其中精华的东西放在实践需要的熔炉中加以熔铸，使之得以改造和升华，成为新文化的构成要素。所以，区分其中优质部分和不适宜部分的原则应当是：对现今时代的社会实践、现实存在和历史进程起到积极的推动作用。展开来讲，应当是对现今时代的社会实践活动中产生的某些矛盾和问题能产生积极作用和价值意义，对于今天社会的发展、时代的进步、民族的复兴，乃至人类的发展，仍然具有推动作用和引领意义。再进一步具体来讲，应当是能够在推动落实新发展理念、构建人类命运共同体、实现完成五位一体总体布局、服务中华民族伟大复兴等方面发挥文化价值作用的。

## 三、"两创"的理论基础

### （一）坚持马克思主义对待文化的基本态度

马克思把文化置于唯物史观的视域中考察，认为特定时代或社会的特定发展阶段会产生特定的文化，文化不是孤立或独立于经济政治社会状况而存在的，而是作为一个整体的历史时期的部分而存在的，是生产力发展、社会交往形式等的整体反映。中华传统文化是中国过去封建时代经济政治社会的整体反映，原搬照抄拿到现在的中国社会来使用显然会格格不入。因此，关于中华传统文化的继承和弘扬、采取"两创"的方法，而不是全部否定或全部接受，就是基于坚持马克思历史唯物主义的基本观点，正确理解文化的属性，科学把握文化的性质和状态，从中华传统文化的内容和形式上进行分析、判断和研究，站在当前历史时期和社会状况的基础上来认识和把握文化的相关问题。

坚持了马克思的文化批判理论。它把人的尊严变成了交换价值，用一种没有良心的贸易自由代替了无数特许的和自力挣得的自由。总而言之，它用公开的、无耻的、直接的、露骨的剥削代替了由宗教幻想和政治幻想掩盖着的剥削。在《共产党宣言》中，马克思和恩格斯对当时特定阶段的资本主义社会、资本主义经济、资本主义政治，以及在此基础上形成的资本主义文化展示了深邃彻骨、无情、理性的系统性的审思和揭露。通过根本性的解剖，资本主义文化的生成，只是加剧了非主体性异化的程度，加深了对劳动者的奴役和压迫，是资产阶级掩盖自身剥削压迫事实真相的虚伪的面具，带有鲜明的阶级性和意识形态性。"中华优秀传统文化创造性转化、创新性发展"这一命题中本身就隐含着深层次的马克思主义质问和追寻精神，也透射着对中华传统文化这一文化事物的审慎分析和客观评估。而"中华优秀传统文化"的提出，这说明通过反思和批判得出的结论就是，中华传统文化当中，既有糟粕成分，又有优秀成分。而关于如何进行的反思和批判，又如何认定、区分出糟粕成分和优秀成分。严格来讲，这是一个跨学科、多领域、全方位，需要综合考察研究的一个大课题，我们在此不做过多深入的探讨。"创造性转化"和"创新性发展"，从这两个概念的中心词"转化"和"发展"就可以读出，这个命题就是通过结合时代发展、经济政治社会基础等整体综合状况进行反思和批判后得出的，对中华传统文化中的优秀成分再做进一步的关于其时代性、历史局限性的批判，从而使其与现代社会发展的总体状况相协调的一个动态过程。而这一动态过程的实践中依据的方法论原则，就是基于马克思主义的文化批判理论。

**（二）对毛泽东文化思想的继承和发展**

学习我们的历史遗产，用马克思主义的方法给以批判的总结，是我们学习的另一任务。在如何对待中华传统文化上，毛泽东提出了要运用马克思主义的方法进行批判性总结。中国长期封建社会中，创造了灿烂的古代文化。清理古代文化的发展过程，剔除其封建性的糟粕，吸收其民主性的精华，是发展民族新文化提高民族自信心的必要条件；但是绝不能无批判地兼收并蓄。必须将古代封建统治阶级的一切腐朽的东西和古代优秀的人民文化（即多少带有民主性和革命性的东西）区别开来。关于文化的古今关系，提出要古为今用，且怀着对本民族文化的尊重之心肯定，在明亮悠长的中华文化河流里，有着优秀的体现人民性文化的精华。而批判性就是区分中华传统文化中精华成分和糟粕成分的方法论指导。而这种批判性，实质就是运用唯物史观的立场、观点、方法进行考察分析。通过对中国古代文化的分析整理，清除糟粕，保留精华，建设成"中华民族的新文化"。这种新文化体现着鲜明的人民性品格，如"为人民服务"，也体现着鲜明的马克思主义政党的立场，即"为社会主义服务"。要发展"民族的科学的大众的文化"，则是基于马克思主义文化观的基本观点提出的解决文化古今中西之争的观点。关于中国文化的一些问题，他明确提出要"尊重历史的辩证法的发展"。因此，马克思主义是贯穿于毛泽东文化思想的灵魂和主线，也是其根本遵循。"两创"的大前提是坚持马克思主义指导，这一前提就是对其根本遵循的继承。坚守中华文化立场，古为今用，洋为中用，以文化人，则是对"民族的科学的大众的文化"的继承。

"中华优秀传统文化"概念的提出，则是习近平总书记提出对中国传统文化的创造性转化和发展，是对毛泽东同志在民主革命时代提出的对待传统文化，取其精华，去其糟粕的发展，是新时代的新要求。毛泽东在对待传统文化的问题上，最根本的方法论原则就是批判性地继承，实质上是用历史唯物论的方法论原则来考察区分传统文化中带有封建时代经济政治状况鲜明烙印的文化糟粕和体现马克思主义人民立场的人民性文化精华，对于糟粕则坚决丢弃，而精华则因其带有文化精华的普遍价值须保留下来，建设成为新文化。既说明了是否应该继承、如何继承的问题，也明确了发展的方向。"两创"命题也是解决如何继承和发展的问题，但这前后两者并不是重复，而是既有联系又有区别。两者的联系，我们认为，后者是在前者基础上更进一步地探讨如何继承和发展，是一脉相承的。两者的区别，则是前者的侧重点更主要的是关于解决该不该继承、如何继承的问题，而后者的着力点则是如何更好地向前。这个衔接是有力无痕的，"中华优秀传统文化创造性转化、创新性发展"这一命题就是在"批判性继承中国传统文化，建设民族的科学的大众的文化"这一命题所孕育出的理论和现实土壤的基础上的进一步丰富和拓展。创造性转化为批判性的继承提供了更为具体、丰富的内涵，马克思主义认为文化是随着时代的不断发展而不断地变化和发展，故而创新性发展是充分体现马克思主义文化发展规律基本观点、体现历史的辩证法的观点，也是对建设新文化的延续和发展。

**（三）对习近平新时代中国特色社会主义理论的新发展**

文化是一个国家、一个民族的灵魂。没有高度的文化自信，没有文化的繁荣兴盛，就没有中华民族伟大复兴。

回望历史的风云际会，中国共产党始终作为中国先进文化的积极引领者和践行者、中华优秀传统文化的忠实传承者和弘扬者，在实践创造中进行文化创造，在历史进步中实现文化进步。

从党的十八大开始，中国特色社会主义进入新时代。站上新的历史起点，中国共产党人应当如何赓续千年文脉，弘扬中华文明，为伟大复兴中国梦提供强大价值引导力、文化凝聚力、精神推动力？

怀着高度的文化自觉和文化自信，习近平总书记深刻指出："在5000多年文明发展中孕育的中华优秀传统文化，在党和人民伟大斗争中孕育的革命文化和社会主义先进文化，积淀着中华民族最深层的精神追求，代表着中华民族独特的精神标识。"

党的十八大以来，习近平总书记站在中华民族和中华文明永续传承的战略高度，就弘扬和发展中华文化提出了一系列重要论述，为坚持和发展马克思主义文化理论做出重大原创性贡献，为建设社会主义文化强国指明前进方向。

把握中华优秀传统文化的独特定位，坚定守护中华民族文化根脉。中华优秀传统文化是中华民族的精神命脉，是我们在世界文化激荡中站稳脚跟的坚实根基。习近平总书记曾深情地说："我们从哪里来？我们走向何方？中国到了今天，我无时无刻不提醒自己，要有这样一种历史感。"

2016年5月17日，哲学社会科学工作座谈会。习近平总书记在讲话中指出："坚定中国特色社会主义道路自信、理论自信、制度自信，说到底是要坚定文化自信，文化自信是更基本、更深沉、更持久的力量。"通过将文化自信置于前所未有的高度，深刻揭示中华文化的独有特质和独特作用，新时代中国共产党人标定了文化在社会主义现代化建设中的重要作用：统筹推进"五位一体"总体布局、协调推进"四个全面"战略布局，文化是重要内容；推动高质量发展，文化是重要支点；满足人民日益增长的美好生活需要，文化是重要因素；战胜前进道路上各种风险挑战，文化是重要力量源泉。

在习近平总书记的引领下，我国物质文明和精神文明建设比翼齐飞，国家物质力量和精神力量同步增强，中国特色社会主义事业不断向前推进。揭示文化传承发展的内在规律，开辟守正创新、固本开新的文化发展新境界。

习近平总书记指出，弘扬中华优秀传统文化，要处理好继承和创造性发展的关系，重点做好创造性转化和创新性发展。

何为创造性转化？就是要按照时代特点和要求，对那些至今仍有借鉴价值的内涵和陈旧的表现形式加以改造，赋予其新的时代内涵和现代表达形式，激活其生命力。

如何创新性发展？就是要按照时代的新进步新进展，对中华优秀传统文化的内涵加以补充、拓展、完善，增强其影响力和感召力。

融汇古今，联通中外。以习近平同志为核心的党中央在波澜壮阔的伟大实践中发扬光大中华文化，营造了在深厚传统中取精用宏、继往开来的大格局大气象。

在2021年11月党的十九届六中全会上，在2022年10月作党的二十大报告时，习近平总书记进一步阐明"两个结合"的重大意义。

只有植根本民族历史文化沃土，马克思主义真理之树才能根深叶茂。"两个结合"的提出，深刻阐明了中华优秀传统文化是我们党创新理论之"根"，进一步夯实了马克思主义扎根中国的历史根基、文化根基，不断赋予其崭新的生命活力。

思想之意义，正在于应历史之变、解时代之问。习近平总书记以史鉴今资政治国，将中华文化的智慧融会于治国理政的方方面面：

全面深化改革的实践，展现"不谋全局者，不足谋一域"的胸怀；创新、协调、绿色、开放、共享的新发展理念，蕴含"自强日新""道法自然"的智慧；统筹发展与安全，彰显"明者防祸于未萌，智者图患于将来"的清醒……

习近平新时代中国特色社会主义思想从中华五千多年文明的积淀中汲取人文精神、道德价值、历史智慧等精华养分，同时赋予中华优秀传统文化新的时代内涵和现代表达形式，无愧为中华文化和中国精神的时代精华。

## 第二节　关于中华优秀传统文化"双创"的重要论述

习近平总书记关于中华优秀传统文化"双创"的重要理论是逻辑严密、内涵丰富的重要文化指导性理论，其提出和完善发展都经历了一个相对漫长的时期。这种形成过程上呈现出的长跨度性不仅体现了习近平总书记个人在这一重要文化理论提出过程中关于主体范围、思维方式、具体路径度上的思考，还最大限度地保证了"双创"理论与时代发展紧密贴合、与社会需要的紧密连接。梳理"双创"理论提出和完善的过程，有利于进一步加深对该理论的认识，为本书后期进行深入研究提供理论依据。

### 一、习近平总书记关于中华优秀传统文化"双创"的重要论述的提出

习总书记关于中华优秀传统文化"双创"的重要论述，最初共有七次比较完整的论述，这七次论述集中展示了习近平总书记对于中华优秀传统文化进行"双创"的认识逐渐明晰的过程，体现了认识的发展和飞跃。后经不断补充和完善，习近平总书记关于中华优秀传统文化"双创"的重要论述最终形成。现将七次论述整合为四个阶段展开论述。

#### （一）初步提出构想，强调传统文化价值意义

"双创"论述一开始被提出，其主体和对象是中华优秀美德，其中就提出了"双创"这一转化创新法，而且强调中华美德是中华优秀传统文化的有机组成部分。习近平总书记在 2013 年 12 月中央政治局集体学习和 2014 年 2 月的省部级主要领导干部学习贯彻党的十八届三中全会精神全面深化改革专题研讨班的开班式上的两次集中讲话是关于"双创"论述的最初表达。习近平总书记指出："要继承和弘扬我国人民在长期实践中培育和形成的传统美德，坚持马克思主义道德观、坚持社会主义道德观，……努力实现中华传统美德的创造性转化、创新性发展。"在之后的 2·17 讲话中谈道："推进国家治理体系和治理能力现代化，要大力培育和弘扬社会主义核心价值体系和核心价值观，加快构建充分反映中国特色、民族特性、时代特征的价值体系……要加强对中华优秀传统文化的挖掘和阐发，努力实现中华传统美德的创造性转化、创新性发展。"这两次集中论述，确立了对待传统中华美德和中华优秀传统文化的态度，并强调核心价值体系和价值观建设在国家治理现代建设中的精神保障作用和意义。其后在 2014 年 2 月和 2014 年 3 月的两次集中论述逐渐扩大和拓展了关于"双创"主体和对象的内涵，并且初步提出关于转化和创新的整体规划和具体思路。

### （二）明确"双创"主体范围，重申理论价值

习近平总书记在 2014 年 2 月进行的中央政治局第十三次集体学习中指出："要认真汲取中华优秀传统文化的思想精华和道德精髓，大力弘扬以爱国主义为核心的民族精神和以改革创新为核心的时代精神，深入挖掘和阐发中华优秀传统文化讲仁爱、重民本、守诚信、崇正义、尚和合、求大同的时代价值，使中华优秀传统文化成为涵养社会主义核心价值观的重要源泉。要处理好继承和创造性发展的关系，重点做好创造性转化和创新性发展。"同年 3 月，习近平总书记在联合国教科文组织总部发表演讲时谈道："中国人民在实现中国梦的进程中，将按照时代的新进步，推动中华文明创造性转化和创新性发展，激活其生命力……让中华文明同世界各国人民创造的丰富多彩的文明一道，为人类提供正确的精神指引和强大的精神动力。"这两次论述，习近平总书记将"双创"的对象从中华传统美德扩展为中华优秀传统文化，并进一步上升为整个中华文明，实现了在"双创"主体认识上的飞跃；同时初步对发掘的具体对象和形式做了初步的设想，对中华优秀传统文化的价值做了总结性阐述。

### （三）明确正确态度，探索实践路径

习近平总书记在 2014 年 9 月纪念孔子诞辰 2565 周年国际学术研讨会和 10 月在文艺工作座谈会上的讲话中强调："要努力实现传统文化的创造性转化、创新性发展，使之与现实文化相融相通，共同服务以文化人的时代任务。"随后指出："传承中华文化，绝不是简单复古，也不是盲目排外，而是古为今用、洋为中用，辩证取舍、推陈出新，摒弃消极因素，继承积极思想，'以古人之规矩，开自己之生面'，实现中华文化的创造性转化和创新性发展。"这一阶段，习近平在明确坚持和进行对传统文化"双创"的基础上，明确了对传统文化的态度，对儒家文化要崇敬而不盲目崇拜，对传统文化要在继承中求新求变。这表明习近平总书记对传统文化"双创"进行了更为深度的探索，形成了更为深入的认识，在明确对待中华优秀传统文化态度基础上在宏观层面上把握和阐述"双创"理论。

### （四）开拓文化视野，定位世界文明格局

在 2016 年 5 月的哲学社会科学工作座谈会上，习近平强调："要加强对中华优秀传统文化的挖掘和阐发，使中华民族最基本的文化基因与当代文化相适应、与现代社会相协调……要推动中华文明创造性转化、创新性发展，激活其生命力，让中华文明同各国人民创造的多彩文明一道，为人类提供正确精神指引。"这次论述习近平总书记对"双创"论述做了总体性表达，已经形成比较完备的整体论述。

这七次集中论述，鲜明表达了对习近平总书记关于文化发展的主张和看法做出了鲜明表达，深入探寻了中华优秀传统文化在新时代发展的路径，形成了习近

平总书记关于中华优秀传统文化"双创"的重要理论，这是我们在新的历史条件下，继承和创新中华优秀传统文化的重要方针与行动指南。

## 二、习近平总书记文化观中关于中华优秀传统文化"双创"的完善

在习近平关于中华优秀传统文化"双创"的重要理论形成之后，习总书记不断完善关于"双创"的表达，强调传统文化"双创"对于发展和建设的重要意义和作用。从时间脉络上来看，主要集中于2017年至2021年年末，分别为：

### （一）提升理论高度和政治站位

2017年10月，习近平在中国共产党第十九次全国代表大会上的报告上强调："文化自信是一个国家、一个民族发展中更基本、更深沉、更持久的力量……推动中华优秀传统文化创造性转化、创新性发展，继承革命文化，发展社会主义先进文化，不忘本来、吸收外来、面向未来，更好构筑中国精神、中国价值、中国力量，为人民提供精神指引。"首次将"双创"论述写进党的十九大报告里，重申其对于文化发展和精神建设的重要性，进一步提升了"双创"的理论高度。

### （二）从中华到世界，多角度探寻"双创"理论应用范畴

2018年3月，习近平总书记在第十三届全国人民代表大会第一次会议上的强调："我们要以更大的力度、更实的措施加快建设社会主义文化强国，培育和践行社会主义核心价值观，推动中华优秀传统文化创造性转化、创新性发展"。从建设社会主义文化强国的角度强调"双创"的重要意义和作用。

2018年5月，习近平总书记在纪念马克思诞辰200周年大会上谈道："推动中华优秀传统文化创造性转化、创新性发展，不断提高人民思想觉悟、道德水平、文明素养，不断铸就中华文化新辉煌。"同年12月，习近平在庆祝改革开放40周年大会上的讲话中谈道："积极培育和践行社会主义核心价值观，推动中华优秀传统文化创造性转化、创新性发展，传承革命文化、发展先进文化，努力创造光耀时代、光耀世界的中华文化。"从文化对人的塑造作用、对社会的推动作用层面阐释坚持对传统文化进行"双创"的重要意义和价值。

### （三）强调"双创"的重要价值和积极意义

2019年8月，习近平总书记在敦煌研究院座谈时的讲话时强调："研究和弘扬敦煌文化，既要深入挖掘敦煌文化和历史遗存背后蕴含的哲学思想、人文精神、价值理念、道德规范等，推动中华优秀传统文化创造性转化、创新性发展，更要揭示蕴含其中的中华民族的文化精神、文化胸怀和文化自信，为新时代坚持和发展中国特色社会主义提供精神支撑。"2021年5月，习近平总书记在给《文史哲》编辑部全体编辑人员的回信中强调："深入理解中华文明，从历史和现实、理论和

实践相结合的角度深入阐释如何更好坚持中国道路、弘扬中国精神、凝聚中国力量……在新的时代条件下推动中华优秀传统文化创造性转化、创新性发展。"这两次重要讲话都是从传统文化"双创"对凝聚中华民族精神和时代精神的积极作用方面进行阐释的。

2020年9月，习近平在教育文化卫生体育领域专家代表座谈会上强调，要坚定文化自信，推动中华优秀传统文化创造性转化、创新性发展，继承革命文化，发展社会主义先进文化，不断铸就中华文化新辉煌，建设社会主义文化强国。统筹推进"五位一体"总体布局、协调推进"四个全面"战略布局。从国家战略布局角度阐释"双创"理论在新时代的重要意义。

2021年12月，习近平在中国作协第十次全国代表大会开幕式上讲道："广大文艺工作者要……坚持创造性转化、创新性发展，聚焦举旗帜、聚民心、育新人、兴文化、展形象的使命任务……为实现第二个百年奋斗目标、实现中华民族伟大复兴的中国梦提供强大的价值引导力、文化凝聚力、精神推动力。"从文艺复兴角度，深谈"双创"对于新时代文艺和文化工作繁荣发展的重要价值。

## 第三节 "创造性转化"与"创新性发展"的语义辨析

### 一、"创造性转化"与"创新性发展"的概念界定

关于中华优秀传统文化"双创"这一内涵的理解，一些学者进行了阐述。如万光侠对"双创"要做到创造性转化、创新性发展中华传统文化，"创造性转化的是指，创造是事物的存在动力，转化是事物的存在趋向与状态；创新性发展是指中华优秀传统文化的自我革新和超越，是发新枝为着力点，以创新为价值特性"。

包晓光在其文章中阐释了中华优秀传统文化的"双创"，是"根据新时代人民对美好生活的需要，开发和利用中华优秀传统文化资源，将其转化为有益于当代的新的文化成果，创新更是对弘扬中华传统文化的更高要求。"有关对中华优秀传统文化"双创"的阐释为进一步理解中华优秀传统文化"双创"的内涵提供了有价值的借鉴。基于以上分析，本书对中华优秀传统文化"双创"的哲学思考，可以从两个方面来理解：

其一，中华优秀传统文化创造性转化。理解中华优秀传统文化创造性转化，首先，要明确创造性本身的涵义。"创造"是指首创、创始以前没有过的东西。"创造性"是指首创过程中所具有的基本属性和本质规定性；其次，是关于"转化"的概念界定。"转化"是指一事物向另一事物的转变，即矛盾双方的改变，使

事物性质发生根本变化。转化具有两种基本情形：一种是双方朝着事物性质相反的方面转化；另一种是双方超着对立面的转化。最后，"创造性转化"是指创造新事物并遵循事物的特性和发展趋势。中华优秀传统文化创造性转化是遵循文化自身发展规律，在内容和形式不断与时俱进改造，使中华优秀传统文化原有价值体系适应当代社会发展的需要。

中华优秀传统文化创造性转化是立足于优秀传统文化自身，着眼于中华民族，立足于当代社会发展需要，以满足人民现实需要的时代要求为标准，以服务于中国特色社会主义现代化建设为目的。从国内国际新的形式出发创造性地对中华优秀传统文化做出新的调整和内容上的补充，重新赋予中华优秀传统文化新的时代内涵和现代表达形式，从而使中华优秀传统文化在新时代具有更大的创造力和更强的生命力。

其二，中华优秀传统文化创新性发展。对于中华优秀传统文化创新性发展的理解，要理解创新性发展本身的含义。首先，关于创新性的含义。"创新"指打破旧事物，以新思维创造新事物。"创新性"意指，遵循旧事物与创造新事物的基本特性。其次，关于发展的含义。"发展"指新事物的产生，旧事物的灭亡。最后，关于创新性发展的含义。"创新性发展"指创新性是在旧事物基础上的一种新突破，事物发展前进的动力，发展是事物创新的根本目标。就其本质内涵来说，中华优秀传统文化创新性发展指中华优秀传统文化在遵循文化发展规律的基础上，根据时代发展要实现自我超越，以创新为目标，以弘扬优秀传统文化为旨归。中华优秀传统文化创新性发展的支撑点必须以"创新"为动力，在文化创新中使中华优秀传统文化产生质的飞跃，呈现新的文化形态。中华优秀传统文化创新性发展是激活优秀的传统文生命力和感染力，更好地融入文化强国建设中，使中华优秀传统文化充分发挥"以文化人"的真正价值，为国家建设提供精神动力之源。

总之，中华优秀传统文化"双创"必须立足民族性、体现时代性，符合人民需要，对那些至今仍有借鉴价值的内容和陈旧的表现形式不断改造，赋予新的时代内涵和新的表达形式，激活其生命力。

## 二、"创造性转化"与"创新性发展"的理论定位

### （一）"两创"具有政治话语和学术话语双重属性

"两创"以政治话语的面貌首次出现在：2013年12月30日，习近平在十八届中央政治局第十二次集体学习讲话中："要努力实现中华传统美德创造性转化、创新性发展。"在党的十九大报告中更是明确指出："要坚持为人民服务、为社会主义服务，坚持百花齐放、百家争鸣，坚持创造性转化，创新性发展，不断铸就中

华文化新辉煌。"写入党的十九大报告，标志着中国共产党以权威文献的方式正式表明"两创"是马克思主义中国化的最新成果之一，以政治话语的方式肯定"两创"命题的价值和意义。"两创"既展现了中国共产党对于中华传统文化的精准认识和横纵深思，将顺了中华优秀传统文化的过去来路和未来前方，也为创造欣欣向荣的社会主义文化状态增添文化血脉，点燃民族复兴注入强大政治力量。

"两创"作为学术话语。早在近代，关于如何看待中华传统文化的态度的争论中，学术界就已经有了关于创造、转化、发展等的一些观点和理论，但像"中华优秀传统文化创造性转化、创新性发展"这样表述的命题则是以政治话语的身份被首次提出。自然科学和哲学社会科学，追问着自然、社会、人类以及万事万物的规律，探索着未知的奥秘，寻求关于宇宙和人生的真相，作为哲学之一的马克思主义哲学，自一开始传入中国，就与整个国家的命运、民族的未来紧密地联系在一起。从刚传进来开始，就不断与中国的实际和具体情况相融合，故而马克思主义中国化能得到较高速度的发展，连续产出马克思主义中国化新的理论成果。"两创"作为马克思主义中国化在文化领域的最新成果，必然会在第一时间受到有相关理论背景的研究者们的关注和重视，不断以学术话语的形式在他们的研究成果中呈现。

中国人民大学哲学院的陈先达也在文章中写道："党的十八大以来，习近平总书记对中国文化做了许多重要论述。我认为其中两点非常重要：一个是关于文化自信问题，习近平总书记指出，'文化自信，是更基础、更广泛、更深厚的自信'；另一个是关于中国传统文化的创造性转化和发展问题。"在文化哲学、马克思主义中国化、马克思主义文化观、中国哲学、中医学、文化学等诸多学科和领域，"两创"也在被诸多学者所关注和聚焦着。

**（二）"两创"作为历史唯物主义的文化观**

创造性转化、创新性发展，能刺激中华优秀传统文化的内部肌体，活性成分加速凝聚和激荡，使中华文化在现代社会产生积极的文化作用。"两创"作为一种动态的文化实践过程，在实践过程中会不断取得新的认识，在这种实践到认识，认识到实践的不断循环过程中，又能带动和推动整个社会对文化传承和发展的思考和认识。以动态的实践，而非静态的空想，激活文化的内生动力，带动社会的广大参与，联动文化的内生和外显，文化外显成社会精神源流，并不断滋生和润养新的文化萌芽。另外，文化作为社会意识存在，文化的繁荣发展又反作用于社会，能推动社会的繁荣发展。例如，为经济发展带来新的增长点，文化产业带动经济结构转型升级，为社会治理提供更多创新性的智慧方案等等。

马克思所关注和研究的包括文化在内的一切问题，始终围绕着人的问题，换言之，包括文化在内的所有范畴和概念，本质上都因人的存在而有存在的意义。文化的变迁和发展体现着社会的迁移和更替，文化的面貌反映着社会经济政治总的状况。在前面我们提到，"两创"继承了毛泽东的批判性继承理论，在此基础上，"两创"强调的重点是发展。文化的发展，本质上就是人的发展，因为一旦离开了人，文化根本也就无从谈起。马克思认为，人类社会的向前发展，历史的不断演进，是有其自身的逻辑和规律的，是不以人的意志而转移的，是历史的必然。文化是社会的精神的形态。社会的变动，必然会导致文化的变动。文化作为社会存在的反映，也会随之不断演进。

### （三）广义"两创"和狭义"两创"

从广义的文化和狭义的文化来分别理解"两创"，还是会有区别的。为了深化对"两创"的探讨和认识，现尝试从广义文化意义上和狭义意义上对"两创"的外延进行讨论。

"两创"广义的文化概念，指人类所进行的物质的和精神的创造及其全部成果，包含了经济、政治、社会生活、思想观念等各方面内容。在这种意义上的"两创"，转化和发展的对象既包括作为物质的有形有相、看得见摸得着的事物，也包括作为精神的思想和理念等。狭义的文化概念，则专指人类所进行的精神创造及其成果，仅包含思想观念的内容。在这种意义上的"两创"，转化和发展的对象则只有精神上的思想、理论和理念等。

这里就会涉及一个问题，即物质文化能否进行转化和发展？作为物质形式存在的物质文化遗产，一方面，其物质本身就是它的内涵，而且能够经过时空的变化保留至今，其存在本身就应当属于优秀的中华传统文化，通过现代性的形式，向人们无声地讲述其物质本身见证和代表着的历史片段和历史记忆，也就实现了创新性发展；另一方面，形成这些物质文化的技术、知识、文化理念也通过这些物质文化的保存至今，得以向现代的人们展示，通过对这些物质文化中的精神文化的挖掘和整理，可能对现代的相关技术、知识和理念起到补充丰富和启迪创新作用。比如，保存完好的古代建筑，不仅其本身的存在就能讲述历史文化的璀璨，其中蕴含的能令其保存至今的高超的建筑技艺和理念。对现代的建筑学也能提供参考和启迪。再比如，中国传统的中医药文化，通过现代化的药材研究技术、药材加工技术等现代化先进的制药工艺，结合传统的中医理论和药方传承，可以为医学事业的进步贡献力量。由此可知，物质文化中也凝结着精神文化，物质文化和精神文化都可以通过转化而得到发展。

通过以上的分析和比较，基于广义文化和狭义文化的视角，广义的"两创"和狭义的"两创"还是有所区别的，广义的"两创"所涵盖的范围比狭义的"两创"更宽广。

## 第四节 "创造性转化"与"创新性发展"的辩证关系

所谓"创造性转化"以"创造性"和"转化"为关键词,以"创造性"为核心,以"转化"为目的。所谓"创造性"(creative)不同于"创造"(create),"创造"是指生产或者制造新事物的人类自主行为,而"创造性"是指人所具有的生产新奇而具有社会价值的事物的能力或特性。这里注重的不是行为的创造过程与结果,而是属性,特别是就文化传承行为而言,它不是在一张白纸上画最新、最美的图画式的原创,而是面对既有文化内涵和陈旧表达形式,分梳出其中按照时代特点和要求至今仍有借鉴价值的内涵和形式,并对其进行改造,旨在激活其生命力而实现转化。

"转化"(conversion)在哲学层面上是指,在一定条件下,矛盾双方经过斗争,朝着和自己相反的方面和地位转变。就传统文化"创造性转化"的语境而言,"创造性"与"转化"之间至少有以下几种联系。

第一,以创造性思维而不是一般性思维对传统文化进行转化。也就是说,面对传统文化传承发展的历史使命,我们要坚持运用发散性思维谋求文化创新,通过全方位、多角度、多结构的思考,将传统文化中富有当代意义、具有永恒价值的文化要素和文化形式转化为当代文化。与创造性思维方式相比较而言,非创造性的思维方式主要是缺失了求新性的特征,或者是难以实现真正的求新,比如,将传统文化和现代社会进行简单嫁接、拼凑和移植并不是真正的创新。当然,这里的"求新性"不是"为新而新",而是基于实践需求和现实要求的理性创新。

第二,对传统文化进行"创造性"转化,而不是"一般性"转化。所谓"一般性"转化,是指文化发展需要根据普遍规律和一般原则实现自我更新,这里侧重"共性"的更新。就中华文化的创造性转化而言,就是在中华文化"苟日新,日日新,又日新"的内在特质的推动之下,实现文化的发展和演进。所谓"创造性"转化,是指文化发展还要根据时代特色和社会需求的"特殊性"进行自我革新,即根据时代发展状况将古老的文化形式转化为符合现代人生活的新样式。

第三,对传统文化进行创造性的"转化"而不是一般意义上的"转变"。这里的"转化"内含有一种类似于化学反应的过程性,而"转变"侧重于从一种形式、状态变为另一种形式、状态的结果的描述。

所谓"创新性发展"由"创新性"和"发展"两个关键词组成,以"创新性"为主要特征,以"发展"为旨归。所谓"创新性"也不同于"创新"。"创新"(innovation)是一个复杂的概念,在哲学、社会学、经济学、心理学等各个学科都有独特的定义和内涵。

在哲学意义上，"创新"是指人类通过对物质世界和精神资源的利用和再创造，制造新的矛盾关系，形成新的物质形态和精神形式。而"创新性"（innovativeness）是指人类活动所具有的对物质和精神进行创新与创造的能力和特质。"创新"与"创新性"同"创造"与"创造性"一样，也具有实践过程、实际行动与实践属性、行动性质的区别。前者可以单独进行，而后者只能在"关系"中体现。所谓"发展"不同于一般意义上的"运动"和"变化"，而是包含某种"价值预设"，向着特定的价值方向的积累和接近的变化过程，关键是"发展"是一个向着更高阶段、层次和水平迈进的过程。

就"创造性转化"和"创新性发展"的关系而言，二者是一个紧密联系、不可分割的整体，却又各有侧重、有所区别。

一是就时间关系而言，如果说"创造性转化"重点是"面对过去"的工作，那么"创新性发展"更多则是"面向未来"的活动。具体而言，创造性转化重在"继往"，即在整理、筛选中华传统文化母体的基础上对优秀传统文化进行现代解读和当代转化；目的在于将作为传统社会的思想文化基础转化为中国特色社会主义的思想文化基础；关键在于运用历史唯物主义和辩证唯物主义的观点和方法，对传统文化资源进行辩证客观的批判，从而将传统文化当中"囿于封建时代的东西剔除出去，把超越其时代的精神解放出来"。创新性发展重在"开来"，即在创造性转化的基础上，对富有当代价值的内涵和形式在实践中进行淬炼和发展。虽然旧的文化转化过来以后已经做到了"两个适应"（与当代文化相适应，与现代社会相协调），但是还需要继续往前走。因为历史在前进，所以理论不能停步。借用冯友兰的话语来说是：在对前人思想文化"照着讲"的基础上进行"转化"（也就是所谓的"格义"），进而"接着讲"进行"发展"。这样一来，"转化"只是一个中介、工具、环节和过程，而"发展"才是目的。因此，"创新性发展"需要立足当下，着眼未来，侧重于从整体上观照"新时代"的"新进步"和"新进展"。

二是就空间关系而言，梁启超曾有"中国之中国""亚洲之中国""世界之中国"的三重论述，这里借用梁先生分析话语来比附传统文化的创造性转化和传统文化的创新性发展在空间维度的区别。如果说"创造性转化"主要是在"中国之中国"的传统范畴基础上前行，那么"创新性发展"则必须更多地在"世界之中国"范畴前提下展开。以中华传统文化为例，"创造性转化"需要通过文化典籍和民间传统的阐释深入中国文化母体之中理解和把握"中国何以为之中国""中国人何以为之中国人"的问题，从而以之为基础在与现实的互动中追问"当代中国"和"当代中国人"何以成立的问题。中华传统文化的"创新性发展"需要立足于中国，放眼于世界，侧重于将中国的发展道路纳入人类文明发展的坐标之中，将中国文化放置于世界多样文化的谱系中,在对"世界向何处去""人类未来命运如何抉择"等问题的深入思考之中深刻体悟中华文化与世界多元文明之间的关系,准确定位中华文化在世界文化系统中的地位和价值。

三是从侧重点而言,"创造性转化"的基本要求是在理论层面"转过来"。仍以中国传统文化为例,"转过来"即更多的是面向传统文化自身(母体)、历史典籍经典文本做文章,目的是分疏和解析传统文化当中具有当代价值的文化资源,通过语义分析和语境转换使之转化为适应当代实践需求的内涵,通过形式改造使之转化为当代人习惯的文化形式。因此,这一过程更多地侧重于通过考证、考据、训诂和阐释的学术功夫来实现。"创新性发展"的基本要求是在实践层面"往前走"。经过创造性的、转化的优秀传统文化仍然是一种停留于思想理念层面的资源型存在,这些思想资源需要走进生活与当代中国伟大的社会实践进行互动,需要走入人心与当代中国人的心灵进行沟通,需要走向世界与多样文明进行交流互鉴,从而在这一系列互动、交流、碰撞的过程中进一步升华理论、丰盈思想、回应时代命题,进而建设和丰富当代中国新文化。

总之,创造性转化就是要按照时代特点和要求,对那些至今仍有借鉴价值的内涵和陈旧的表现形式加以改造,赋予新的时代内涵和现代表达形式,激活其生命力。创新性发展就是要按照时代的新进步、新进展,对中华优秀传统文化的内涵加以补充、拓展、完善,增强其影响力和感召力。

# 第二章 中华优秀传统文化创造性转化与创新性发展的必要性与必然性

文化体现的是一个时代发展的印记，因时代而发展，随时代而变迁，这体现文化是一个动态演进的过程。中华优秀传统文化要实现质的飞跃，展现永久魅力，必须乘势而变，与时俱进。在中国特色社会主义的新时代，推动中华优秀传统文化的"双创"既有其必要性，又有其必然性，从坚定文化自信、弘扬社会主义核心价值观、提升文化软实力、实现中华民族伟大复兴和在世界文化激荡中站稳脚跟等方面看，"双创"是必需的、必要的；同时，"双创"也是中华文化"因时而兴、乘势而变、随时代而行"和中华民族"不忘本来、吸收外来、面向未来"的必然要求。习近平总书记指出："文化自信是一个国家、一个民族发展中更基本、更深沉、更持久的力量。"有了文化自信，人民才会有信心，社会发展才会有希望。因此，怎样结合社会主义现代化建设的需要，挖掘中华优秀传统文化资源进行"双创"是很有必要性的，也是中华优秀传统文化在面临世界大发展大变革时代的必然性选择。

## 第一节 中华优秀传统文化"双创"的必要性

文化问题并不是脱离历史进程高悬于天空的纯精神领域，它与我国的历史发展密不可分。文化是与整个社会发展紧密联系在一起。新时代，结合文化强国建设实现中华优秀传统文化"双创"是有其必要性的。因此，从坚定文化自信、弘扬社会主义核心价值观、提升文化软实力、实现中华民族伟大复兴、在世界文化激荡中站稳脚跟等方面论述"双创"的必要性。

### 一、坚定文化自信必须"双创"

时代是思想之母，实践是理论之源。任何思想理论都是在一定的时代背景下产生，存在一切社会实践中，并在实践中发挥指导和推动作用。人们自己创造自己的历史，并不是在他们自己选定的条件下创造，而是在直接碰到的、既定的、从过去继承下来的条件下创造。中国在革命、建设和改革实践经验中总结了时代发展的特点，在践行社会主义道路、制度、理论"三个自信"基础上提出富有创新性的文化自信。文化自信有着深厚的社会根基。文化自信的提出与社会主义现代化建设实践分不开，与中华民族有着五千多年灿烂辉煌的文化有着内在联系。在社会主义现代化建设中，要树立坚定的文化自信心。有了这个文化自信心，一切社会发展问题都可以解决，做起任何事情来才会信心百倍，国家未来的发展才会有希望。

在新时代，坚定文化自信，建设文化强国是实现社会主义现代化建设的必然选择。自信不是盲目地自信，不是要我们脱离社会发展的实际，坚定文化自信必须遵循中华民族历史发展规律，以中华优秀传统文化为根基，这种自信才是务实的自信。习近平总书记指出，历史和现实都表明，一个抛弃了或者背叛了自己历史文化的民族，不仅不可能发展起来，还很可能上演一幕幕历史悲剧。因此，中华优秀传统文化的思想理念、传统美德、人文精神在历史上曾经发挥过重要的作用，其历史地位和主要价值一直被人们所传颂。坚定文化自信必须"双创"，中华传统文化形成于农耕社会，也是传统农耕社会人民生产生活的集中反映，具有一定的历史局限性，有许多有价值的东西可以为社会主义现代化建设提供借鉴，同时也存在一些与当代社会发展不相适应的文化，要辩证分析，结合现代社会发展的需要来取舍。中国特色社会主义先进文化不是凭空而来，它是党在革命、建设、改革的既定历史条件中形成的。

中华优秀传统文化是中华民族数千年的积淀，有其独特的精神标识，对其珍贵价值要善于学习和总结，这是我们文化自信的源泉。坚定文化自信必须扎根中国历史，忽略了中华优秀传统文化又何谈思想与文化发展的创新。文化自信被党中央放到前所未有的高度，凸显了文化建设在国家社会发展中的重要地位。文化自信不仅要扎根于中华大地，更要立足于民族文化，在挖掘、继承优秀传统文化时不能全部拿来，要鉴别优劣，按照新时代的特点和要求，对优秀传统文化进行转化和创新发展，使其更具有生命力和感染力。

当代中国，坚定文化自信是具有时代性的命题。明清以前，中国在经济文化发展上是世界上最发达的国家之一，春秋战国诸子百家，两汉盛唐气象，两宋文化均有空前盛世，在世界文化史中占有一席之地这些中华优秀传统文化在世界上产生了极大的影响力，并不断向周边国家辐射，逐渐形成了东亚儒家文化圈，这一时期的文化自信是世人皆知的。晚清以降，中国经济社会发展逐渐落后于西方国家，文化也慢慢失去了应有的地位。文化自信是国家综合力量强大的表现，文化自信绝不是文化自大，更不是文化上的闭关锁国或拒绝文化交流。中华民族长期以来就始终秉持和而不同的原则，不断吸收外来先进文化，做到兼容并储。党的十八大以来，国家越来越重视对文化的发展和投入，积极推动中华文化走出去，不断努力学习世界先进的文化思想，如习近平总书记倡导的"一带一路"战略，既是一种经济交往，又是一种文化交流学习。中国特色社会主义进入新时代，当代中国正处于实现中华民族伟大复兴的最好历史时机，坚定文化自信，提升优秀传统文化的竞争力，助推民族复兴。

　　总之，新时代，坚定文化自信必须立足于五千多年中华优秀传统文化的基因，立足于世情、国情，立足于时代发展的特点，充分挖掘中华优秀传统文化的精髓，结合社会发展需要创造性转化、创新性发展。

## 二、弘扬社会主义核心价值观必须"双创"

　　中华优秀传统文化是中华民族的基因，内化于心，深刻影响着人们的思维方式和行为方式。在新时代，弘扬社会主义核心价值观要汲取优秀传统文化的内涵和养分，否则就缺乏生命力和影响力。中华优秀传统文化能够为弘扬社会主义核心价值观提供有益的启迪，使其拥有永不褪色的价值。鉴于此，弘扬社会主义核心价值观，需要着眼当代社会发展需要，深入挖掘中华优秀传统文化的治国理念、传统正义和道德规范结合时代特点和要求进行有效"双创"。

　　习近平总书记强调，要"使中华优秀传统文化成为涵养社会主义核心价值观的重要源泉"。让中华优秀传统文化在现代化建设中发挥更大价值。弘扬社会主义核心价值观必须"双创"，要采取科学有效的文化转化模式，将"返本开新"的传承模式与"积累式"的创新模式有机结合起来，正确处理好传承与创新的关系。社会主义核心价值观在社会主义现代化建设中能够促进人全面而自由的发展，引领社会新风尚，对于全面建成小康社会具有正能量，这些正能量在中华优秀传统文化中都有深刻的内涵。如中华优秀传统文化强调"民惟邦本"，强调"天行健，君子以自强不息"，强调"德不孤，必有邻"，培育和弘扬社会主义核心价值观必须立足中华优秀传统精髓，牢固的核心价值观都有其固有的根本，抛弃传统、丢掉根本，就等于割断了自己的精神命脉。弘扬社会主义核心价值观要根植于中华优秀传统文化，而中华优秀传统文化要与时代发展相结合不断实现自我转化和创新。中华优秀传统文化要在新的历史背景下重新焕发出生命力与感染力，要牢牢扎根于人民，因为人民是社会生产生活的主体。实现对中华优秀传统文化"双创"，重在赋予优秀传统文化新的时代内涵，激活中华优秀传统文化的内在生命力。

　　中华优秀传统文化是社会主义核心价值观的历史底蕴。任何事物的成长和发展都有其内在根据，其价值观的形成确立，都必须建立在已有历史文化脉络和精神传统基础之上，不断与时俱进。中华优秀传统文化是民族的根和魂，深深扎根于百姓心里。中华优秀传统文化中有主张"富国强兵""先富后教""民为邦本""民贵君轻"，倡导"文明以止""化成天下"，有追求"天人合一""和而不同"，有主张"道法自然""民胞物与""天下为公""天下兴亡、匹夫有责""业广惟勤"，有倡导"言必行、行必果""出入相友、守望相助"等这些思想精髓是中华民族文化的精品，都有永恒的时代价值，可以从国家、社会和个人等三个层面提升社会主义核心价值观的内涵。

社会主义核心价值观三个层面的高度概括是对中华优秀传统文化的提炼和升华。中华优秀传统文化是各民族在华夏大地上共同创造的，体现了一定历史条件下人民的智慧和创造力。社会主义核心价值观是对这一智慧的传承与发展。在社会主义现代化建设中，对中华优秀传统文化"双创"是弘扬社会主义核心价值观的实践过程。追求共同价值取向是符合人们的现实需要。从现实角度来看，社会主义核心价值观不只是停留在思想层面的理论，它根植于传统，存活于社会主义现代化建设的实践中，是活的理论与现实实践的统一。作为时代精神标识的文化，已成为推动时代发展的永恒动力。黑格尔曾指出："时代精神就是一定时代和一定现实的时代逻辑，而时代逻辑又必须通过一定的思想、精神和价值体现出来。"在不同时代背景下，一些思想精髓和价值遵循，如"己所不欲勿施于人""仁者爱人""天下大同"等具有永不退色的时代价值。传统的思想、理念和精神又会紧扣社会发展的主题重新阐释和表达，如社会主义核心价值观中的爱国、敬业、诚信、友善等价值要求，就是对优秀传统文化中的仁、义、礼、智、信、忠、孝、廉等创造性转化和创新性发展的时代解读。

概言之，新时代弘扬社会主义核心价值观要懂得求木之长者，必固其根本；欲流之远者，必浚其源泉。中华优秀传统文化为社会主义核心价值观建设提供丰厚养分，潜移默化地激励着中华儿女不断开拓。要深入挖掘和阐释中华优秀传统文化精髓，在践行社会主义核心价值观的过程中做好创造性转化、创新性发展。

## 三、提升文化软实力必须"双创"

进入21世纪以来，随着世界文化交流不断加强和国际文化关系深刻变化，文化的重要性在国际交往中日益凸显，文化软实力日益成为国家综合实力的象征。

文化软实力概念最早由美国学者约瑟夫·奈在1990年出版的《注定领导：美国权力性质的变迁》一书提出。他认为，美国霸权地位得以确立的是物质基础，是靠强大的经济、军事等"硬实力"，而其霸权得以维系的侧翼是以美国民主制度和价值观为代表的"软实力"。在国内最早将软实力介绍到国内是王沪宁。他认为："把文化看作一种软权力,是当今国际政治中的崭新概念,人们已经把政治体系、民族士气、民族文化、经济体制、历史发展、科学技术、意识形态等因素看作是构成国家权力的属性。"提升文化软实力不仅成为学界关注的热点而且得到国家的重视,自党的十八大以来,习近平总书记在各种重要讲话中对大力弘扬中华优秀传统文化给予明确指示,强调中华优秀传统文化是我们国家最深厚的文化软实力,是我们坚定文化自信、建设社会主义文化强国的重要基础。

文化是一个国家的精神命脉。提升文化软实力要立足本土文化,中华优秀传统文化博大精深、源远流长,蕴含着极其丰富的文化软实力要素,也是我国文化软实力建设的最重要的精神资源。习近平总书记指出"讲清楚中华优秀传统文化是中华民族突出的优势,是我们最深厚的文化软实力"。因此,中华优秀传统文化这种深厚的软实力如何结合时代发展与现代价值转化不得不认真地思考。提升国家文化软实力,既要扎根于中华优秀传统文化,又要在转化创新去粗取精、去伪存真。坚持古为今用、推陈出新,努力实现中华文化新发展,从此来进一步夯实国家文化软实力的根基。

提升文化软实力,关乎着国家的文化建设,关系着中华文化在世界舞台上能走多远的问题。在世界文化交流中,把具有当代价值的中华文化精神传播出去是国家软实力的重要体现。在国家治理中,中华优秀传统文化的软实力价值在社会发展、生态文明建设、构建和谐社会中日益凸显。约瑟夫·奈指出中国的软实力存在几个方面:富有魅力的传统文化;在政治价值观方面;中国的发展模式——"北京共识"在广大亚非拉国家正变得越来越比"华盛顿共识"更有吸引力;在外交上积极参与多边机制。因此,中华优秀传统文化中的仁爱、以德治国、天人合一、和合、中道等思想和价值观对于世界文明的冲突,解决现代工业社会发展中遇到的困惑以及构建和谐社会提供了方案与智慧。中华优秀传统文化的时代价值要结合现代化建设需要进行"双创",才能够更好的体现时代性与价值性。

其一,中华优秀传统文化包容与开放的特质有利于提升文化软实力并实现可持续发展。中华优秀传统文化在同世界文明、文化相互融汇与借鉴中得到了发展,虽在一定程度上受到影响,但在碰撞、交流中汲取营养,始终保持自身独立性。

两汉隋唐时期外来佛教的传入,中华优秀传统文化不仅没有被侵蚀,反而被中土文化改造与创新形成中国佛教,到魏晋时期儒释道深度融合形成魏晋玄学,促进了中华优秀传统文化的融合与创新。宋明以降,明万历年间基督教耶稣会的传入,东西文化的巨大差异让中华优秀传统文化以包容开放的姿态借鉴和汲取西方文化养分,在与外来文化的碰撞交流中不断融合,并传播中华优秀传统文化的智慧。

在今天,中华优秀传统文化走出国门让世界人民认知、学习中华文化,孔子学院在世界各国的开堂授课已经充分体现中华优秀传统文化的当代价值。中华优秀传统文化的包容和开放品质有利于加强文化的创造力、凝聚力，是提升文化软实力并实现可持续发展的力量之源。

其二，中华优秀传统文化的民本思想为推动社会民主政治建设提供可借鉴资源。中华优秀传统文化包含的民本思想闪耀着永恒光辉，为治国理政提供智慧。

其中，《尚书》云："民为邦本，本固邦宁"；《孟子》云："民为贵，社稷次之，君为轻。"这些反映了中国先人在国家治理中把人民摆在重要位置，是国家稳定发展的重要基础。中国共产党人始终是中华优秀传统文化的继承者和弘扬者，自党成立以来，提出了"为人民服务"的理念，以全心全意为人民服务为宗旨，"以人为本"的科学发展观等充分体现了人民至上的发展理念。进入新时代，习近平总书记提出"以人民为中心"的发展思想，这些治国理政智慧是对中华优秀传统文化创造性转化、创新性发展的运用与实践。弘扬中华优秀传统文化，要充分挖掘其宝贵思想资源结合时代需要进行"双创"。习近平总书记在文化强国战略的重要讲话中强调："中华优秀传统文化是中华民族的突出优势，是我们最深厚的文化软实力，建设文化强国，必须立足于中国优秀传统文化的根基，汲取营养，获取力量，赋予时代精神。"要认识到中华优秀传统文化不仅具有历史文献和文明遗产的价值，也是提升文化软实力的重要源泉。因此，提升我国文化软实力要深入挖掘中华优秀传统文化宝贵资源，不断实现转化创新，从而提升国家文化竞争力。

其三，中华优秀传统文化的天道自然观为全球生态文明建设提供智慧。近代西方工业文明的发展给人类带来了物质文明，同时也给全球生态造成了极大破坏，环境污染、生态恶化、气候变暖、人与自然的对立等不良后果。人类对物质生活的过度追求不断滋生享乐主义、个人主义、人情淡化等较突出的现代问题。中华优秀传统文化提倡人与自然的和谐统一，强调人与万物的平等，注重对生态的保护，为世界生态治理提供有益借鉴。其中，天人合一的思想价值是遵循人与自然规律的统一，这些思想充分显示了古人在思考社会发展与自然界关系的辩证思维智慧，做到既遵循天道，又符合人道的完美统一，实现了社会发展与自然界美美与共的和谐共生。这一传统文化思想在我国社会治理中得到充分体现，提出了可持续发展和五位一体的创新发展理念。

概言之，中华优秀传统文化包容和开放的特质，注重民本思想的理念，以及天道自然、天人合一的价值取向为治国理政提供重要资源，为提升文化软实力提供深厚的文化根基。当然，孕育于农耕文明的中华传统文化也有其局限性，要结合时代发展与建设文化强国需要进行创造性转化创新性发展，在提升国家文化软实力中发挥积极作用。

## 四、实现中华民族伟大复兴必须"双创"

实现中华民族伟大复兴是是中华儿女的责任与担当。昔日的中国，曾以她的辉煌和荣耀雄踞世界。可是当我们沉浸于昔日的荣耀之时，世界却发生了巨大变化，一些过去弱小的西方国家，抓住了工业文明发展的进程成为世界强国。伴随着西方列强的崛起，西方国家掠夺的欲望不断攀升，带来对其他国家的侵略，中国与西方列强发生冲突与矛盾在所难免，这种冲突背后，是工业化时代与农耕文明进程下的中国之间的较量，其胜负是可知的。近代中国遭受西方列强的惨痛教训，唤醒了中华儿女寻求救国和实现中华民族伟大复兴的道路，先是技术层面的模仿，企图来实现富国强兵，但其效仿的结果，没有让长期受蹂躏中华民族走向强盛。探索中的一个个教训和启示，使中华儿女充分认识到要挽救中华民族的命运，必须从思想文化上启发国人的觉醒。

中国革命、建设和改革的经验和教训再一次证明，只要我们以先进文化为引领，我们的各项事业就一定能取得胜利。民族复兴是一项伟大工程，涉及社会主义现代化建设的许多方面，其中文化的复兴和强盛是实现民族复兴的重要支撑。在21世纪，实现中华民族复兴要立足中国国情，要坚持中国特色社会主义发展道路，中国特色社会主义文化，源自中华民族五千多年文明历史所孕育的中华优秀传统文化，植根于中国特色社会主义伟大实践。当前，社会主义先进文化建设尤为重要，立足中华文化，结合现实需要进行鉴别取舍，如习近平总书记所说的"坚持有鉴别的对待、有扬弃的继承，努力实现传统文化的创造性转化、创新性发展与现实文化相融通"。世界列强崛起的历史证明，一个国家的强大不仅表现为经济的强大，军事的强大，更多表现为文化在世界的影响力、感召力，这种影响力和感召力离不开本民族文化的滋养。

其一，推进中华民族伟大复兴要立足中华优秀传统文化。历史是一面镜子，可以帮助我们知晓古今。回顾近代以来特别是新中国成立以来的历史，我们在文化建设方面取得了辉煌成就，文化建设与国家命运息息相关。每到重大历史关头，文化都能感国运之变化。近代以降的中国历史，不仅是一部启迪史，更是一部中华民族实现伟大复兴史。站在新的历史起点上，审视国家的未来发展，实现现代化强国之路仍在征途中。因此，只有牢牢扭住经济建设这个中心，不断增强我国经济实力和科技实力，才能成就伟业，才能自立于世界民族之林。面对错综复杂的世界格局和正在深度调整的国际战略格局，宏伟蓝图已绘就，砥砺奋进正当时，我们不能有丝毫的自满和点滴的懈怠，继续把中国特色社会主义现代化事业推向前进。在当代世界，一个国家要真正实现强大，在吸收世界先进文化同时，更要立足本民族的优秀传统文化，这不仅在于它为社会主义现代化建设提供强大的精神力量，更在于它是文化强国的重要保障。

其二，实现中华民族伟大复兴要坚持文化传承。在历史长河中孕育的中华优秀传统文化，是中华民族的根和魂，是中华民族伟大复兴的文化支撑。中国共产党自成立以来，担负着民族独立和国家富强的重任。中华优秀传统文化是一个庞大的思想体系和文化有机体，有民族性、时代性和阶级性，如果将其简单化、抽象化的理解，是片面的和形而上学的。过去，在传统文化的理解上犯了不少错误，因传统文化落后或腐朽的成分而将其全盘否定，忽略了其应有价值。随着世界经济文化融合发展，国内出现了"历史虚无主义""文化虚无主义""文化保守主义"等错误思潮，这些错误思潮以不同形式粉饰登场，给当前的文化建设带来了一定的影响，歪曲或丑化社会主义，对此要给以科学批判。如何传承中华优秀传统文化，习近平总书记提出要"结合新的实践和时代要求进行正确取舍，而不能一股脑儿拿到今天照套照用，努力实现传统文化创造性转化、创新性发展。使之与现实文化相融相通"。

结合时代发展之需，对中华传统文化的精华部分必须做出正确抉择。应在马克思主义的指导下遵循文化自身发展规律进行"双创"，注重从历史和文化延续性的视角来把握中华优秀传统文化的地位和价值，认清其时代内涵与现实意义，在实现中华民族伟大复兴实践中弘扬优秀传统文化，努力创造具有中国特色、中国精神、中国气派、中国风格的中华文化。

总之，深刻认识中华文化的繁荣兴盛与中华民族伟大复兴的逻辑关系。共同推动中华优秀传统文化创造性转化、创新性发展，实现中华民族伟大复兴不但是中国共产党人的使命，而且也是中华儿女共同的责任。因此，实现中华民族伟大复兴必须"双创"，将激发人们"以文化人"的精神力量，助推中华文化走向繁荣。

## 五、在世界文化激荡中站稳脚跟必须"双创"

在世界多极化、文化多样化的时代背景下，文化能弥合不同价值观的冲突，中华优秀传统文化在世界多元文化环境中应发挥更大作用。关于中华优秀传统文化如何在世界文化激荡中站稳脚跟，习近平总书记指出"中华优秀传统文化是中华民族的优秀命脉，是涵养社会主义核心价值观的重要源泉，也是我们在世界文化激荡中站稳脚跟的坚实根基"。中华文化博大精深，它体现在中华民族的生活方式和传统风俗民情之中，作为世界四大文明之一的中国，有着灿烂辉煌的文化，在不同历史时期，中国四大发明、中草药、陶瓷、茶叶、丝绸等对世界各国都产生过重要影响。因此，结合世界潮流发展，不断推动中华优秀传统文化"双创"，使其焕发新气象，中华文化才能在世界文化激荡中站稳脚跟，赢得世界人民的赞誉。

其一，继承传统，拓宽视野。中华优秀传统文化传承发展要以继承传统为依托，拓宽其视野，优秀传统文化才能得到更好的弘扬。作家冯骥才先生近年来致力于中华文化遗产的抢救与保护。他认为，中华优秀传统文化体现着民族的真挚情感，是民族特征的直接表现。越是经济全球化、科技日新月异的时代，文化的走向就越本土化，越要体现民族的印记。中国是一个文化大国，在世界文化多元化的背景下更应该捍卫文化大国的气度和尊严。理论工作者的创作活动不仅要弘扬传统的优秀价值观，同时也应向读者传递面向未来新的价值观。不断丰富中华优秀传统文化的意蕴，为当代读者提供新的思考和价值观趋向。关于理论工作者如何将传统与现代做到有机结合，要扎根现实生活的土壤，去找寻文化创作的基因。传统是作家共有的，民间性是各有各的不同，有民间性才能继承传统性，丰富和发展现代性。因此，建设社会主义先进文化不仅要继承中华优秀传统文化，而且还要结合现代社会发展的需要，不断拓宽文化创作的视野。

其二，洋为中用，交流互鉴。在洋务运动时期，"洋为中用"作为当时有志之士向西方寻求救国图存的口号。向西洋学习技艺、文化制度思想，中国走向世界的每一步，都印证了借鉴国外先进科技文明的曲折历程。改革开放后，外国优秀文艺作品曾影响和鼓舞了一代中国青年，给我国文艺发展带来了新生机。文化是无国界的，不同文化相互交流借鉴、不同文明在相互碰撞中不断发展，已成为当今世界文化发展的趋势。在文化交流的大潮中如何做到洋为中用、融会贯通，吸收外国文化精华，今天的文艺工作者仍然需要头脑清醒，学会有辨别，有效利用。文艺工作者应以宽广的胸怀和敏锐的眼光，对文化现象和文化思潮做出科学判断。

例如，对于当前美国文化不能完全复制过来，要学会有鉴别的筛选，对我国社会发展有益的成分才可以借鉴。随着全面深入对外开放，文化霸权和网络信息等不断渗透到人们的生活，对我国政治思想、价值观和主流意识形态提出了严峻挑战，这也是"世界文化激荡"的突出表现。对此，我们应认识到，每个国家和民族的文化涵养与国情不同，其发展必然有着自己的特质，中华优秀传统文化是中华民族的突出优势，是我们最深厚的文化软实力。只有结合需要，在吸收与借鉴的同时不断丰富自身文化生态，做到取长补短，不断提升文化在国际上的竞争力。

其三，立足时代，站稳脚跟。中华优秀传统文化在发展中不断吐故纳新，受到世界的关注和瞩目。面对世界文化激荡，中华文化要站稳脚跟，除了融合民族优秀传统和汲取外来优秀文化以丰富自身，提升文化竞争力，还需要以开放的眼界和胸怀，脚踏实地进行文化艺术的创作、创新。对于文艺工作者来说，要贴近生活、贴近现实，立足时代。中国的繁荣昌盛是从过去积贫积弱的土壤中不断努力奋斗而来的，中国共产党带领中国人民经过近百年的奋战，中国人民付出了血与泪的代价，有许多不为国外人所知的经历，这些都可以通过文艺创作的形式表达出来。新时代，推进中华优秀传统文化创造性转化、创新性发展，是弘扬中华优秀传统文化发展的重要使命，也是推动中华文化走向世界的前提。在此基础上，只有通过适当的方式传播和推广中华优秀传统文化，中华文化才能以自强包容的姿态面向世界，不断提升文化的国际竞争力，在世界文化激荡中站稳脚跟。

## 第二节　中华优秀传统文化"双创"的必然性

中华优秀传统文化有着深厚的历史底蕴，博大精深，不断推动中华民族砥砺前行、发展壮大。中华优秀传统文化是多种哲学思想完美融合的文化，但文化不是凝固不变的，它"因时而兴、乘势而变、随时代而行"，是时代发展的最强音。具有高度的包容性，中华优秀传统文化与当代文化相包容、与现代社会相适应，与世界文明交流互鉴，这是中华优秀传统文化"双创"的必然性要求。

### 一、时代化的必然要求

中华优秀传统文化"双创"是中华文化"因时而兴、乘势而变、随时代而行"的必然要求。

中华优秀传统文化既需要薪火相传，又要推陈出新。一个时代有一个时代的文艺，一个时代有一个时代的精神。中华优秀传统文化创新性要充分体现时代新声，成为推进社会主义先进文化建设的助力器，彰显中华优秀传统文化时代性。

伴随着经济全球化、一体化发展，世界多元文化并存，各种文明交流频繁。中华优秀传统文化其历史地位和价值也曾得到世界认同。近代清末以降，中华传统文化也随着"西学东渐"踏上了顺应现代化，进行现代转化的艰难历程。在世界多元文化发展的背景下，中华优秀传统文化的发展必将面临新的挑战和机遇，实现转化创新不但是其自身发展的趋势和要求，而且也是与新时代中国特色社会主义实践相结合，推动社会主义现代化建设现实需要的选择。

#### （一）中华优秀传统文化自身发展的要求

对于中华优秀传统文化来说，"传统"体现着文化发展的过去与连续性，而"现代性"则意味着文化发展的时代性。文化随时代而行，在不同时期，中华优秀传统文化因时而变，与当代社会相包容，与当代社会相适应，这是中华优秀传统文化乘势而变所决定的。中华优秀传统文化的突出优势是因时而兴、乘势而变、随时代而行，这一优势使中华优秀传统文化在不同历史时期都包含有强大的生命力，也为优秀传统文化时代转化提供强劲的动力。如《周易》中包含有丰富的易思想，变化、变革观是其基本的原则，这一思想在中国社会不同时期都发挥了重要作用，引领社会不断的改革或变革。王韬说："孔子圣之时者也，于四代之制，斟酌损益，各得其宜。诚使孔子生于今日，其于西国舟车、枪炮、机器之制，亦必有所取焉。"历史上的王安石革故鼎新的变法思想，康有为把穷则变、变则通的观点发挥到极致。

回顾先秦儒家思想发展的历程不难看出，中国古代儒家思想自春秋到战国经荀子、孟子的总结和改造使其不断发展；经两汉时期，大儒董仲舒将阴阳五行、黄老之学及法家思想融入儒家思想确立了大一统地位，使其上升为统治阶级的主流意识形态；魏晋时期，对儒释道三家合流，形成魏晋玄学；隋唐两宋，佛学传入，为适应社会发展需要，儒学、佛教、道教相互融入渗透；至宋明形成新的儒学体系新儒学即宋明理学等。优秀传统文化的不断适应与变革，使其形成了不同的文化形态，这一变化是传承文化自身的内在活力因素不断突破传统实现质的飞跃创新发展过程，也是适应时代变迁与社会发展的新要求。中华优秀传统文化除了包含有变易思想，还包含有许多经世致用思想，如尚和合、重民本、守诚信、崇正义、求大同等思想理念在社会主义现代化建设中仍发挥着重要价值，为新时代治国理政提供了智慧。由此可见，中华文化自身发展的要求与当代社会主义先进文化相适应、与当代文化相包容、与时代同进步。

### （二）中华优秀传统文化与新时代中国特色社会主义实践相结合

认识源于实践，中华优秀传统文化是中华民族在长期生产实践中的产物。可以这样理解，文化发展变迁要以实践作为支撑，因为文化与实践是相互联系、相互促进、共同促进二者发展创新的有机统一体。中华文化要保持长久的生命力与影响力要与新时代中国特色社会主义实践相结合，在建设社会主义先进文化中发挥中华优秀传统文化的价值内涵，为建设文化强国提供丰富的滋养。马克思曾说过："全部社会生活在本质上是实践的，凡是把理论引向神秘主义的神秘东西，都能在实践中以及对这个实践的理解中得到合理的解决。"在这里实践即成为人最本质的属性，中华传统文化时代转化要符合社会主义文化建设的需要，既满足人民群众的现实需要，又要和新时代社会实践充分结合。中国特色社会主义进入新时代，人民不但对物质生活提出了更高要求，而且对高品质的文化生活也提出新要求。

在新时代，如何把优秀传统文化内涵与当代构建社会主义和谐社会实践相结合，进一步弘扬"和实生物""和而不同""和为贵"等思想的时代内涵，在中国特色社会主义建设实践中回答了这一问题。由中华民族所承载的中华民族精神是中华文化核心价值的集中体现和中华文化的生命力、创造力和凝聚力的灿烂绽放。在特色社会主义实践中构建和谐社会是人民普遍的愿望，也是新时代中国共产党人的重要任务。当然，我们在中国特色社会主义文化建设过程中汲取了优秀传统文化精髓和符合现代人们所需要的价值观，应认识到传统文化发端于传统农业文明，一些思想观念与现代化建设不相适应的元素。因此，要坚持从中国特色社会主义建设实际出发来转化发展优秀传统文化，使中华优秀传统文化因时而兴、乘势而变、随时代而行，为新时代中国特色社会主义现代化建设注入新活力。

### （三）新时代中国特色社会主义现代化建设的现实需要

现代化建设之路从来都不是一条康庄大道，而是一条布满荆棘的万里长征之路。党的十九大报告提出了在"全面建成小康社会的基础上，分两步走全面建设社会主义现代化国家的战略安排"。

实现社会主义现代化是党和人民的重大历史任务，结合国情推动中华优秀传统文化"双创"是当前社会主义现代化强国建设的现实需要。中国特色社会主义进入新时代，社会主义现代化不但是经济、科技、国防硬实力的现代化，而且要实现软实力的现代化，因此，文化现代化建设给我们提出了更高要求。

中华优秀传统文化与社会主义现代化建设既有契合性，也有异质冲突性，如毛泽东同志所说："一定的文化（当作观念形态的文化）是一定社会的政治和经济的反映，又给予伟大影响和作用于一定社会的政治和经济；这是我们对于文化和政治、经济的关系及政治和经济的关系的基本观点。"中华优秀传统文化蕴含着刚健有为的进取精神、诚信为本的价值理念，可以为社会主义现代化建设提供内在动力，为社会主义市场经济发展完善提供道德价值指引。在现代化建设中，我们也应该认识到中华优秀传统文化中也存在不符合当代社会发展需要的元素，传统文化中重人文伦理，轻自然科学等思想是阻碍现代化建设的因素。如何在社会主义现代化建设中正确处理传统文化与现代化需要之间的关系问题，是在现代化建设中不可忽视的两个重要环节。社会主义现代化必然是具有中华民族文化特质的现代化，社会主义现代化建设过程中不可能抛弃文化传统，如习近平总书记指出："历史和现实都表明，一个抛弃了或背叛了自己历史文化的民族，不仅不可能发展，而且很可能上演一幕幕历史悲剧。"社会主义现代化建设需要先进文化为支撑，中华优秀传统文化"双创"必将在社会主义文化建设中发挥更大价值。同样也能成为中华优秀传统文化因时而兴、乘势而变、随时代而行的自身变革的动力，形成与新时代社会主义现代化建设相适应的文化形态。

## 二、民族发展的必然要求

中华优秀传统文化"双创"是中华民族"不忘本来、吸收外来、面向未来"的必然要求。文化是一个民族的灵魂和身份标识，是引领社会发展的新风尚，也是人类进步的显著标志。当今世界多极化、经济全球化深入融合，以信息技术为主导的高新技术向现实生产力转化不断加快，文化因素越来越多地向经济领域渗透，这使经济获得了新的发展形态和动力。文化已将成为一种资本不断融入经济中，而经济借助文化魅力不断扩张，成为当代国家综合实力竞争的重要力量。在不同历史时期，重视文化引领前进的方向，发挥文化精神在经济建设中的重要鼓舞作用，是一个国家经济社会发展的动力之源。在中华民族伟大复兴的进程中，中华优秀传统文化"双创"是新时代语境下坚守中华文化立场，"不忘本来、吸收外来、面向未来"的必然要求。

### （一）不忘本来：就是要立足优秀传统文化不断铸就中华文化新辉煌

在这里要说清楚什么是"本来"这个问题？首先，"本来"就是不忘源头，知道自己从何而来，要尊重、继承和弘扬本民族优秀传统文化，对优秀传统文化保持定力。"本来"是中华文化独有的理念、智慧、气度、神韵等特质，是体现在诗经、楚辞、汉赋、唐诗、宋词、元曲、明清小说等文艺作品在内的以爱国主义为核心的民族精神。其次，这个"本来"，既包含党领导人民在伟大革命斗争中孕育的革命文化，又内涵在建设、改革实践中创造的社会主义先进文化。它既是民族之魂，又是力量之源。是中华民族历经磨难而绵延发展的精神标识，是推动中华民族发展的精神力量。

中华民族如果缺乏优秀传统文化作支撑，就会在未来文化竞争中失去向心力，如果不传承弘扬优秀传统文化，也就缺乏维系中华民族共有精神家园的文化根基。

不忘本来，就是要守护好我们的文化底线，要坚定文化自信，对中华优秀传统文化、革命文化、社会主义先进文化等要高度认同、自觉维护、自觉践行。绵延五千多年的中华优秀传统文化包含丰富的哲学思想、人文精神、价值观念、道德规范，对世界文明形成与发展产生了重大影响，具有不可磨灭的历史功绩和时代价值。在世界文化多元化的今天，汉语热、中国节、孔子学院等所折射出中华优秀传统文化吸引力和感召力日益明显。习近平总书记强调："要系统梳理传统文化资源，让收藏在禁宫里的文物、陈列在广阔大地上的遗产、书写在古籍里的文字都活起来。"传承发展中华优秀传统文化不是为了把古董遗址作为摆设，只供观赏，而是要发扬光大，把其价值内涵融入国民教育、道德建设、生产生活，结合时代发展需要不断"双创"使其更好地服务经济社会发展。中华优秀传统文化中"讲仁爱、重民本、守诚信、崇正义、尚和合、求大同等核心思想"为新时代治国理政提供重要智慧，也是涵养社会主义核心价值观的重要源泉。当前，我国主流思想文化健康向上、正能量强劲，但各种观念和错误思潮仍不时沉渣泛起。

五千多年积淀的优秀传统文化，在我国革命、建设、改革的伟大实践中形成的革命文化和社会主义先进文化，是中华民族永续发展的力量之源。唯有扎根于这块生于斯、长于斯的土地，始终坚守中华文化立场，坚持"双创"才能不断铸就中华文化新辉煌。

### （二）吸收外来：为不断铸就中华文化新辉煌提供丰富的养料和动力

什么是外来？外来就是从外部而来。吸收外来，就是善于学习、吸收、借鉴中华民族以外的世界优秀文化与文明成果，并充分消化不断增强自身文化的凝聚力和影响力。每个国家和民族在不同历史条件下形成了不同的文化底蕴，任何一种文化发展要有一个"双创"的过程。

首先，坚守本民族的文化传统，它是中华优秀传统文化存在和发展的精神支柱。其次，在坚守的基础上，不断汲取外来文化精华，使之融入本民族文化发展之中，要善于将外来各种有益思想文化资源、优秀文明成果与社会主义现代化相结合，为新时代中国特色社会主义文化建设提供借鉴，为不断铸就中华文化新辉煌提供丰富的养料和动力。

纵观世界文化发展史，在不同历史阶段文化繁荣兴盛的民族，往往其文化都是处在互相开放、互相交流、互相补充的状态，这也是文化发展的客观要求和必然趋势。文明因多样而交流，因交流而互鉴，因互鉴而发展。人类社会发展史昭示我们，一个国家、一个民族的文化只有不断汲取世界优秀文明、文化成果，才能更加丰富、更加博大精深，才能保持持久生命力和竞争力；反之，在文化上夜郎自大、封闭保守，必将导致僵化和被世界历史所遗忘。当今世界，世界经济一体化、文化多元化，信息网络技术日新月异，国与国、民族与民族文化交流日益密切，处于一种你中有我、我中有你的相互交融状态，优秀传统文化正处在共同推动世界文化交流发展的大好时期。如费孝通先生所说的：在"各美其美"的前提下，去不断实现"美人之美、美美与共、天下大同"。我们知道任何一种文化只有不断自我更新，不断汲取其他优秀文化的养分，才能有更大的发展潜力。

坚持吸收外来文化，要求我们更加主动学习、借鉴其他国家民族文明优秀的文化精髓，进一步解放思想，坚决抛开狭隘的思想观念，放眼世界，尊重其他国家和民族文化的特殊性，在中外文化交流中要保持对自身文化的自信和定力。在吸收外来文化的同时，首先要把本民族的文化当作主流，运用马克思主义的立场、观点、方法吸收一切外来优秀文明成果，做到不盲目选择，不随波逐流，更不能全盘西化。要立足当前中国特色社会主义文化强国建设的需要，去粗取精、去伪存真，创造性转化创新性发展，使外来优秀文化精髓在社会主义现代化建设中发挥积极的作用，成为不断铸就中华文化新辉煌的活力元素。

### （三）面向未来：不断推动中国特色社会主义文化繁荣兴盛

面向未来，就是放眼全球，把握世界百年之未有大变局的趋势，站在历史起点和高度做到与时俱进、推陈出新。创新是文化发展的生命，也是文化审视自身价值的重要方式。中华优秀传统文化既要有立足民族的自信，又要有面向未来的勇气，更要"贵在独辟蹊径，不拘一格"独领于世界文化潮流的气魄。文化的厚度具有基础性，为政治建设、经济建设、社会建设提供强大的智力支持和价值引领。在习近平新时代中国特色社会主义思想的指引下，中国共产党领导人民最大使命就是实现中华民族伟大复兴。面向未来，既要尊重历史，加强对中华优秀传统文化"双创"使优秀传统文化的基因同当代社会文化建设相适应，同现代社会相协调，激活其内在创造力，又要不断推动中国特色社会主义文化繁荣兴盛，建设文化强国，为实现中华民族伟大复兴中国梦提供强大动力。

文化兴则国运兴，文化强则民族强。回顾人类社会历史，一个国家文化的繁荣兴盛是与现代化进程分不开的。面向未来，就是要紧紧围绕实现中华民族伟大复兴的中国梦，推动优秀传统文化走向未来，使中国特色社会主义文化更具有感召力。这也是我们坚定文化自信、建设社会主义文化强国的必由之路。

随着信息技术飞速发展，当代世界各国思想、文化交流互鉴日益频繁，在价值观、意识形态、文化实力等领域竞争日趋激烈。在此际遇下，以高度的文化自信推动中华文化迈出国门。坚持科学理论为指导，为中华优秀传统文化发展注入新思想。在新时代，我们始终坚持习近平新时代中国特色社会主义思想为指导，坚守中华文化立场，不断加强马克思主义在意识形态领域的指导地位，巩固党领导人民实现共同理想的思想基础。

面向未来，不断推动中华文化繁荣兴盛，以中华优秀传统文化"双创"为契机。事物都是处在一个不断发展变化的过程，过去辉煌不等于现在辉煌，现在的辉煌不等于永远的辉煌。我们的思想文化只要能满足人民群众的需要，与时代同发展，就一定会创造新成果，引领时代发展潮流。因此，要结合现实社会发展需要发挥社会主义先进文化的引领和启迪作用，坚持马克思主义辩证思维方法，以与时俱进的精神创造转化创新发展。吸收外来文化，一方面，要秉持学习、借鉴、转化、创新的态度；另一方面，学会消化、融合不断为中华文化注入新元素，形成独具特色的新文化。

　　总之，中华民族不忘本来，体现的是对中华优秀传统文化的一种尊重和传承；吸收外来，展示的是党领导人民对外来优秀文化的一种博大胸怀和汲取态度；面向未来，昭示的是在新时代中国特色社会文化必将矗立于世界民族文化之林的豪迈气概。在中国特色社会主义新时代，中华优秀传统文化"双创"是符合文化强国建设的必要性与必然性的。

# 第三章 中华优秀传统文化创造性转化与创新性发展面临的机遇与问题

随着中华优秀传统文化创新性发展的重要性日益凸显，加之不同往日的重要机遇，其现实地位已不同凡响，但实际的发展状况仍需要正视，碍于各种因素的影响，当前中华优秀传统文化的创新性发展仍面临一些挑战，深入剖析这些挑战才能更为精准地抓住发展机遇，加快中华优秀传统文化的创新性发展进程。

## 第一节 新时代中华优秀传统文化创新性发展的机遇

在新时代的背景下，中华优秀传统文化存在许多推动其创新性发展的时代机遇。正确认识并好好把握这些发展机遇，充分挖掘中华优秀传统文化的价值，便是突破重围的制胜法宝。

### 一、新时代主要矛盾转化需要

党的十九大以来，"中国特色社会主义进入新时代，我国社会主要矛盾已经转化为人民日益增长的美好生活需要和不平衡不充分的发展之间的矛盾。"[1] 这一历史性转变自有其深刻的历史依据与理论依据，过往的经历与实践为准确判断新时代的矛盾转化提供了历史依据，马克思主义的科学论断也为其提供了理论依据。结合当下，改革开放至今已四十余载，在此期间，我国在经济上的突飞猛进使社会生产力得到了极大的提升，人民群众的物质生活质量也不同于往日，无论是衣食住行方面，还是休闲娱乐方面，其消费需求都发生了巨大的变化，物质消费已不再满足人民群众的需求，物质的极大丰富也使人民群众对精神文化的需求日益多样化、具体化。因而，人民对美好生活的向往便与日俱增，面对此种现状，中华优秀传统文化需把握住这一历史性机遇不断实现自身跨越式发展。

中华优秀传统文化能够为新时代人民群众的美好生活需要提供充足的动力支

撑，这是推动其自身发展的重要条件。美好生活的具体内容涉及各个方面，其中不容忽视的一面便是对精神文化需求的追求，这也同样符合马斯洛需要层次理论的内容。无论是品读的书籍，还是欣赏的音乐，抑或是休闲时所观看的电视剧电影，人民群众对其质量的好坏都有了更高的要求。然而，当前的文艺作品良莠不齐，在文艺创作中将中华优秀传统文化的精华注入其中，便是提升其内涵与思想深度的重要途径之一。为此，在新时代社会矛盾转化的关键时期，秉持客观的态度对待传统文化，对仍有时代价值的传统文化加以改造，为其注入新鲜活力，扩大影响力，能够最大限度地发挥中华优秀传统文化的时代魅力。

## 二、新时代公民道德建设需要

道德建设自古以来便是一个不断追求、不断探讨的话题，历朝历代的文人墨客总是在用不同的叙述方式来阐明自己的道德信念，时至今日新时代的到来，公民道德建设依然处于一个十分重要的位置。中华传统美德作为中华优秀传统文化中的重要组成部分，对于推动公民道德建设有着无与伦比的独特价值；公民道德建设的迫切要求也为中华优秀传统文化的发展提供了良好的机遇。

公民道德建设需要以中华优秀传统文化作为其源源不断的力量源泉。中华优秀传统文化中所蕴含的诸多传统美德，如自强不息、尊老爱幼、精忠报国等，都在以不同的视角阐明思想道德准则，为广大民众树立了一个道德规范。尽管目前我国的思想道德建设已经取得了极大的成就，但依然存在不少道德缺失现象，理想信念的缺失、功利主义的盛行、社会责任感的淡化等都是一些典型表现。为此，面对这样的现状，以中华传统美德为重要表现形式的中华优秀传统文化亟需发挥自身独特的思想价值。此外，公民道德建设的发展也反过来促进了中华优秀传统文化的创新性发展。由于时代的局限性，即便是曾经具有独特价值的中华传统美德，也不可避免地带有些许的不适应性，新时代公民道德建设的发展需要便因而潜移默化地影响了中华传统美德的内涵，使其更加适应当前的社会条件。唯有如此，才能让中华优秀传统文化深入每个民众心中，成为广大民众心中的道德法则与理想信念，发挥其润物细无声的教化作用。在新时代背景之下推动中华优秀传统文化的创新性发展，需努力抓住这一重要机遇，将中华优秀传统文化中所潜藏的丰富道德资源充分挖掘出来，如此一来，才能让古代仁人志士的优良品德深深植根于人们心中，进而在这样的双向促进中推动中华优秀传统文化的发展。

## 三、主流意识形态领导权建设需要

主流意识形态领导权建设以其主导性、先进性等特征成为一项具有战略性地位的重要工程，然而，其发展并非一帆风顺的，各种社会思潮的不断涌现导致其一元性地位受到了极大的冲击，传统的宣传方式致使其内容的说服力与吸引力尚待提高。在新时代背景下，面对这样的境遇，主流意识形态领导权在构建与发展的过程中，可从中华优秀传统文化中汲取精神养分，使其更符合民众的心理预期。

主流意识形态领导权的主导性需要以中华优秀传统文化筑牢其根基。中华优秀传统文化所传递的价值观与主流意识形态所倡导的价值取向基本走向一致，两者都是为了推动中国特色社会主义事业的持续性发展。中华优秀传统文化在其漫长的历史发展过程中，逐步形成了以儒家学说为代表的传统思想，而其中所蕴含的诸多思想都与主流意识形态领导权建设不谋而合。主流意识形态领导权的权威性注定其离不开官方组织的宣传与引导，如若这其中的度掌控不好，使民众产生索然无味之感，便容易造成主流意识形态领导权的权威性的消解与削弱。因而，主流意识形态领导权在构建与发展的过程中，需从传统文化儒学认同中，吸收有益的经验与方法论思想，提高民众对主流意识形态领导权的认同心理。

同时，主流意识形态领导权的先进性也需要中华优秀传统文化为其注入生命力。主流意识形态领导权的先进性可以激励广大民众不懈奋斗，为实现自己的人生价值而努力奋进。中华优秀传统文化中与此相关的古文、诗词、人物故事颇丰，这也在一定程度上为推动主流意识形态领导权的先进性发展注入了新鲜活力，为提高文化引领、增强文化自信、提升主流意识形态话语权地位贡献了独特价值。为更好地推动中华优秀传统文化创新性发展，需重点把握其与主流意识形态领导权的关系，借主流意识形态领导权的发展推动中华优秀传统文化的创新性发展。

## 第二节　新时代中华优秀传统文化创新性发展面临的挑战

毋庸置疑，新时代背景下大力推动中华优秀传统文化创新性发展有着诸多难得一见的时代机遇，然而，就当前的状况而言，中华优秀传统文化创新性发展依旧面临许多挑战。文化载体尚未充分利用、文化精髓尚未充分挖掘、文化创新仍需加大力度、文化交流仍需系统推进，这些都是不可忽略的因素，深入分析这些因素从而明确发展挑战，是当前亟待解决的一个问题。

### 一、文化载体尚未充分利用

中华优秀传统文化创新性发展需以载体为依托，文化载体建设作为促使其传承至今的重要动力，需要根据时代发展与变迁，及时地予以更新和完善。文化载体形式多样，物质载体、网络载体以及活动载体等都是其重要表现形式，无论是哪一种，充分地加以利用都可以使得中华优秀传统文化发展在最大限度上实现质变与飞跃。然而，文化载体的利用现状不甚乐观，尚未将其优势充分展现，因而其所承担的提高文化自信、推动中华优秀传统文化创新性发展的职责也未充分凸显。

以网络载体为例，随着互联网时代的高速发展，网络载体的地位也随之不同凡响。《百家讲坛》通过一些专业人士的讲解，将历史变得栩栩如生、引人入胜；《国家宝藏》以纪录片的形式让观众再一次感受了中华优秀传统文化的隽永绵长；《中国诗词大会》的风靡则让无数中华儿女品味到古代诗词的独特韵味。这些都是网络载体所具备的优势，但同时也应高度重视其传播效果，尽可能使每一个以发扬中华优秀传统文化为主题的节目得到广泛的关注与赞扬。如若传播效果不如预期，那么则会使网络载体尚未充分利用。不仅仅是网络载体如此，物质载体、活动载体同样会因各种原因而遭遇未被充分利用的难题，为此需引起重视并努力改善这一现状。

## 二、文化精华尚未充分挖掘

纵观整个人类历史，中华民族以自强不息的精神和勤劳勇敢的品质为世界文化宝库增添了一抹亮色，也为本民族的文化自信奠定了深厚的文化基础，而支撑这一切的根基便是中华优秀传统文化。然而，中华优秀传统文化的精华尚未充分挖掘，它的价值也未得到完整的阐释与独到的分析，这是新时代背景下必须加以重视的一大问题。

一方面，文化精华尚未充分挖掘。在当前全球化飞速发展的时代，由于西方文化的冲击，中华优秀传统文化的创新性发展遭到了重大阻力，相当一部分群体在西方文化及其价值观的蛊惑之下，忽略了中华优秀传统文化的魅力，盲目崇拜西方文化，从而导致中华优秀传统文化精华尚未被大众广泛认可。另一方面，传统文化的价值尚未充分发扬光大。传统文化中不仅有许多精华，还有一些糟粕，根据时代需要准确判断何为精华何为糟粕仍是当前的重中之重。纵使一些传统文化在当时具有积极的作用与深远的影响，然而在时代的变迁及人们认知水平的变化之下，一些传统文化可能会成为过时的东西，抑或是带有消极作用的东西，这是必须加以警惕并摒弃的。在明确何为精华何为糟粕的基础之上，唯有充分挖掘其中的精华，才能让中华民族在世界民族之林中占有一席之地。如若不然，便会造成传统文化的发展失了根基，犹如无源之水、无本之木，因而充分挖掘传统文化精华便显得尤为重要。传统文化精华范围之广、影响之深，以儒家、道家、法家思想为代表的传统思想至今仍发挥着不可替代的作用；以唐诗、宋词为代表的传统文学至今仍在浸润着中华儿女的内心，让其精神世界更加丰盈；以端午节、元宵节等为代表的传统节日至今仍是维系民族精神的纽带。充分挖掘传统文化精华，不仅是时代赋予的重要使命，也是新时代背景之下提高文化认同、增强文化自觉的重大举措。

## 三、文化创新仍需加大力度

新时代背景下，为推动中华优秀传统文化的创新性发展，仅继承并挖掘传统文化精华是远远不够的，时代的车轮不断向前，还要在此基础上进行文化创新，才能让中华优秀传统文化永葆生机与活力，富含生命力。就当下的文化发展现状而言，尽管我国在文化创新方面已取得了诸多成就，但是和其他国家相比仍有很大的差距。

首先，文化创新并未形成一个系统的品牌意识。以当下的影视综艺等领域为例，诸多热门的综艺，如《奔跑吧》《爸爸去哪儿》等都与韩综高度相似；许多影视剧都由人气 IP 改编，为了取得利润最大化，有些 IP 甚至会出现影版与剧版两个版本；文化创作市场混乱，原创作品数量极少，一些抄袭影视作品反而引发狂潮。这些都是由于缺乏创新意识而造成的，长此以往，便会越来越难以形成本民族的文化创新特色与文化品牌意识。反观之，花木兰作为我国优秀传统文化的重要代表之一，先后被美国改编成动漫及电影，这样的创作意识值得每一个文艺工作者深思。其次，文化创新存在只追求数量而不追求质量的现象。这种现象其实是在追求经济效益的过程中忽略了文艺作品的社会效益，同样以影视领域为例，如果仅是以收视率、网络点击量以及电影票房等因素来检验一部文艺作品成功与否，无疑是一种狭隘的观点。然而，就当下的文化创作市场而言，此种现象屡见不鲜，为了获得经济效益最大化，往往会造成粗制滥造、同质化严重的后果，这样的现象循环往复，便会对文化创新造成极强的冲击力，严重打压了文艺创作者的热情与积极性，因而在文化创作中重质量也是一个需要极为关注的问题。文化创新与文化自信息息相关，不断推动文化创新的过程也是提高文化自信的过程。因此，根据时代发展要求，直面文化创新所面临的问题并对症下药也就变得至关重要。

## 四、文化传播仍需系统推进

除以上挑战之外，制约中华优秀传统文化创新性发展的另一个挑战便是文化传播还需要得到进一步深化。纵使中华优秀传统文化得到很好的继承与发展，如若文化传播这一环节没有达到预期效果，也会使中华优秀传统文化的魅力与影响力大打折扣。正视并分析当下文化传播的现状，对提高文化自信、推动中华优秀传统文化创新性发展大有裨益。

首先，传播范围存在仍需扩大的现象。中华优秀传统文化的传播不止对内传播，也包括对外传播，尤其是在各国文化交流互鉴的国际背景之下，对外传播的重要性更是日益凸显。文化的对外传播不仅是基于本国传统文化现状而做出的现实抉择，更是顺应世界文化发展潮流、丰富世界文化宝库的有力之举。因而，在文化传播的过程中应特别关注对外传播，不仅只是局限于对内传播。其次，传播方式存在单一化倾向。文化传播既需要官方组织的引导，也需要民间力量的补充，两者都不可偏废，尤其是近些年科技的不断发展，互联网使全世界俨然变成了一个"地球村"，民间力量的传播能力更需要得到重视。最为典型的例子便是李子柒在海外的走红，该美食博主通过视频让广大海外网友看到了中国的另一面，她所营造的自然古朴、古香古色的诗意生活于当下生活节奏较快的社会而言，无疑是一种心灵慰藉，从而也就自然而然地让海外网友对中国的了解更上了一个台阶。从李子柒的走红可以看出民间力量对于文化传播的推动力是不容小觑的。官方组织的引导固然重要，民间力量的影响力也需青眼有加。综上所述，无论是传播范围还是传播方式，中华优秀传统文化的传播都有待进一步的系统推进。

## 第三节　新时代中华优秀传统文化创新性发展面临挑战的成因分析

新时代背景下，中华优秀传统文化创新性发展的过程中，之所以会出现以上挑战，原因是多方面的，统而概之，主要在于文化认知片面化、文化宣传不到位及西方文化的冲击。

### 一、传统文化认知片面化

习近平总书记指出："文化自信是更基本、更深沉、更持久的力量。历史和现实都表明，一个抛弃了或者背叛了自己历史文化的民族，不仅不可能发展起来，而且很可能上演一场历史悲剧。"[①]"文化自信"一词含义深刻，"自信"二字更是直接点明了对待中华优秀传统文化所应持有的态度，既不能有文化自卑倾向，也不能有文化自大现象。然而，由于当前处于社会转型期，全球化、信息化不断深入使人民群众有机会接触到更广泛更多样性的文化，各个阶层所处的社会环境不同，所接受的文化教育也有较大差异，因而很难在各种文化交锋中做出理性的判断。

就当下中华优秀传统文化的认知现状而言，部分民众对中华优秀传统文化一知半解，仅仅将其狭隘地理解为古代诗词、传统节日等，从而忽略了传统文化的范围之广，无论是中华优秀传统文化整体的发展脉络，还是具体的内容和价值都

①习近平.在哲学社会科学工作座谈会上的讲话［M］.北京：人民出版社，2016：17.

缺乏整体认知水平。在对中华优秀传统文化的深远影响认识方面，部分民众对此没有特别深的感触，暂时还未从中领略到中华优秀传统文化所带来的陶冶情操之趣，也无法从中汲取对自身发展有益的文化精华。部分民众因难以在信息纷繁的互联网中明辨是非，因而极易受流行文化的影响，对中华优秀传统文化缺乏敬畏之感。此外，还有部分民众受外来文化的影响，将中华优秀传统文化与过时、传统等词汇简单地画上等号，大大曲解了传统文化的内涵所在，缺乏了解传统文化的动力，态度上比较冷漠，行动上比较消极，对传统文化缺乏正确认知，从而影响了对中华优秀传统文化的自豪感。以上这些现象都是当下民众对中华优秀传统文化认知片面化的表现，这也是新时代背景之下中华优秀传统文化创新性发展不畅的因素之一。面对这样的现状，如果任其发展而置之不理，则有可能会对中华优秀传统文化的创新性发展造成极大的冲击，影响广大民众对中华优秀传统文化的认同感与吸引力。

## 二、传统文化宣传不到位

除却文化认知有片面化倾向，文化宣传不到位也是制约中华优秀传统文化创新性发展的重要因素，无论是宣传方式，还是宣传范围，都是需要密切关注的问题所在，如若处理不好便会事倍功半。

首先，就文化宣传方式而言，线上方式与线下方式相结合早已成为一个老生常谈的话题，然而在实际的操作过程中，由于各种不可控因素的影响，其宣传效果并不如人意。从线上方式来看，即便各种新媒体平台极力宣传中华优秀传统文化的相关内容，但是却难以形成一个让广大民众热议的话题。关于这一点，其宣传效果不仅与从时下的流行趋势有一定关系，也与宣传内容本身有着莫大的关联，因而，如何将中华优秀传统文化以广大民众喜闻乐见的形式呈现出来，便是传统文化线上宣传所要重点关注的问题。从线下方式来看，即便各种官方组织大力推崇以中华优秀传统文化为主题的活动，但在实际落实中，难免会有活动刻板乏味、民众参与度不高等问题。

其次，就文化宣传范围而言，总体来说，城市的文化宣传效果要优于农村，经济较为发达地区的文化宣传效果要优于经济欠发达地区。这种宣传效果的不均等现象和诸多因素有关，包括当地的经济发展状况、文化资源配置状况等。这些都是文化宣传不到位的表现，在新时代的背景之下，如果不加以重视并极力改善此种状况，那么便难以充分挖掘中华优秀传统文化的独特价值，因而也便不利于其传承发展与发扬光大。

### 三、西方文化的冲击

无论是从文化认知还是文化宣传方面着手分析中华优秀传统文化的发展困境，都是着眼于国内角度，如若将这一角度扩展至国际视角，便会发现，钳制中华优秀传统文化发展的另一重要原因便是西方文化的冲击。

一方面，近些年来，西方国家通过文化渗透的方式限制了中华优秀传统文化的发展空间。西方文化的新鲜感使部分民众忽略了中华优秀传统文化的重要性，甚至以崇尚西方文化为荣，对西方文化采取全盘接受的态度，这样便容易造成传统文化认同危机，对中华优秀传统文化的凝聚力和向心力产生负面影响。这种文化渗透体现在方方面面，无论是肯德基、可口可乐等食品类的大受欢迎，还是电影、音乐、动漫等文化产业所附带的价值观渗透，都在潜移默化地影响着国人的生活方式与思考方式。久而久之，这样的现象便会让广大民众忘却了中华优秀传统文化的隽永魅力，从而在当前信息大爆炸的时代迷失方向，盲目崇拜西方文化，而对中华优秀传统文化置若罔闻。另一方面，西方国家凭借其经济上的优势长期掌控舆论导向，制约了中华优秀传统文化的国际传播。中华优秀传统文化的长期发展不只是一个在本国传承创新的过程，也是一个在世界范围内大放异彩的过程，因而，在新时代的背景之下推动中华优秀传统文化创新性发展也需要极力关注其对外传播的影响。尽管我国通过各种途径努力推动中华优秀传统文化走出去，但在大环境下，依然是西方国家掌握着文化话语权与舆论导向，西方国家因意识形态的不同而大肆宣扬"中国威胁论"，对中华优秀传统文化持有敌意，担心冲击其在国际社会上的文化地位，也极大阻碍了中华优秀传统文化的创新性发展。

# 第四章 推动中华优秀传统文化创造性转化与创新性发展的原则方法

## 第一节 推动中华优秀传统文化创造性转化与创新性发展的目标任务

明确的目标任务是科学高效推动中华优秀传统文化创造性转化与创新性发展的基础。其中，实现现代转型、发挥现实价值、增强世界影响是目标指向，通过研究阐释提炼中华优秀传统文化思想精华、通过宣传普及增进中华优秀传统文化科学认知、以中华优秀传统文化助推现代化建设实践、传播中华优秀传统文化为世界贡献中国智慧是基本任务。

### 一、推动中华优秀传统文化创造性转化与创新性发展的目标指向

中共中央办公厅、国务院办公厅印发的策略《关于实施中华优秀传统文化传承发展工程的意见》指出，要坚持中华优秀传统文化的创造性转化与创新性发展，不断赋予新的时代内涵和现代表达形式，不断补充、拓展、完善，使中华民族最基本的文化基因与当代文化相适应、与现代社会相协调。这既是当前传承发展中华优秀传统文化的原则要求，也是推动中华优秀传统文化创造性转化与创新性发展基本的目标指向。

#### （一）实现中华优秀传统文化的现代转型

从中华文化历史发展的角度看，推动中华优秀传统文化创造性转化与创新性发展旨在激活中华优秀传统文化的生命力，使中华优秀传统文化在当代得以传承和弘扬并实现自身现代转型。只有实现中华优秀传统文化现代转型，才能促使其适应并融入现代社会之中并发挥出自身时代价值，其他更高层面的价值诉求才有意义。

实现中华优秀传统文化的现代转型是时代赋予中华优秀传统文化的发展要求。四十余年改革开放用事实证明了中国特色社会主义发展模式的科学性和生命力，中国模式正逐渐被世界认可，成为当今时代许多国家解决自身发展问题的有效思路。中国在社会主义市场经济建设中取得的成功是中国模式走向世界并得到认同的基础，没有国家经济的崛起和经济强国地位的确立，中国模式不可能被世界认同。中国经济的发展是在一定的社会文化背景下进行的，中国经济既是当代中华文化形成的基础，同时也是当代中华文化引领塑造的产物，中华文化不仅要为中国经济发展提供现实土壤，同时也应为中国经济模式提供理性支撑，使中国经济实现从现象强大到精神强大的转变，这种提升需要文化对经济发展理念、方式、效果进行规律总结、价值提炼和精神抽象，即对社会物质存在进行合乎规律性和价值性的阐释，使之具有历史合理性和时代超越性。实现民族复兴的关键是要实现"文化的复苏"和"精神的崛起"，而实现"文化的复苏"和"精神的崛起"的根本是要推动中华优秀传统文化实现现代转型。

实现中华优秀传统文化的现代转型要求中华优秀传统文化在内容和形式上与时俱进。一方面，从内容上看，中华优秀传统文化的现代转型要求其在内容上有所创新、有所创造，不仅要保留原来的合理成分，同时要结合当代实际，融入现代因素，赋予新的时代内涵，体现新时代的文化价值要求，服务新时代的文化建设需要。另一方面，从形式上看，中华优秀传统文化的现代转型要求在形式上有所改进、有所突破，要摒弃陈旧的老套的不合时宜的表达方式，结合现代技术和受众特点进行创新创造，使中华优秀传统文化拥有现代化的表达方式。内容和形式的现代转化是中华优秀传统文化现代转型的两个基本层面，并且两者是彼此关联、相辅相成的，内容的创新往往伴随着形式的改造，一些新的思想内容和价值要求很多时候需要通过新的途径或者方式来表现和表达，这就对形式的改造提出了内在要求和具体规范，此外，形式的有效改造又能为内容的创新提供诸多条件，多样化、创新性的表达过程能够催生新的思想内容和价值要求。因此，要整体看待和促进中华优秀传统文化内容和形式的现代转化，通过内容与形式的创新创造实现中华优秀传统文化的现代转型。

实现中华优秀传统文化的现代转型是推动中华优秀传统文化创造性转化与创新性发展的根本目标，中华优秀传统文化现实价值的发挥与世界影响的增强是在自身逐渐实现现代转型的过程中完成的，只有通过现代转型首先实现自身超越，才能更好地接轨现实发挥自身价值与作用。

### （二）发挥中华优秀传统文化的现实价值

从中国特色社会主义现代化建设事业的角度看，推动中华优秀传统文化创造性转化与创新性发展旨在增强中华优秀传统文化的影响力和感召力,使中华优秀传统文化成为促进当代中国社会发展的重要力量。实现中华优秀传统文化的现代转型,是为了促使中华优秀传统文化更好地与当代文化相适应、与现代社会相协调,从而更好地服务现实,脱离当代实际的转化是难以实现的,背离现实需要的发展是没有意义的,中华优秀传统文化的转化发展必然要建立在现实基础之上,而促进当代社会发展正是中华优秀传统文化最核心的价值诉求。

中华优秀传统文化蕴含着丰富的价值理念,具有极为重要的现实价值。首先,从中华优秀传统文化的文化价值来看,其是当代中国先进文化建设的重要文化资源。一方面,通过促进中华优秀传统文化与马克思主义的对话交流,能够推进马克思主义中国化进程,巩固马克思主义在意识形态领域的指导地位,确保社会主义先进文化建设始终保持正确方向。另一方面,通过中华优秀传统文化涵养社会主义核心价值观,能够促进社会主义核心价值观深入人心,这对于提升全社会思想道德水平具有重要意义。此外,中华优秀传统文化还是发展文化事业和文化产业的重要资源,其丰富的文化内容能够转化为巨大的经济价值和社会效益,对提高国家文化软实力、增强民族文化自信、建设现代化文化强国具有重要意义。再者,从中华优秀传统文化的实践价值来看,其是助推现代化建设、实现现代化强国目标的重要文化力量。现代化强国目标的制定、推进和实现都离不开中华优秀传统文化的参与。中华优秀传统文化蕴含的价值理念体现了中华民族和中华儿女的理想追求,是国家发展目标制定的重要参照,并且在目标实现的过程中,中华优秀传统文化蕴含的丰富的政治智慧能够为治国理政实践提供有益借鉴,蕴含的充沛民族精神能够凝心聚力助推现代化建设实践,而伴随着中华文化的复兴,中华民族伟大复兴的梦想也将成为现实。此外,从中华优秀传统文化的人本价值来看,其是提升国民素质,培育时代新人的重要文化途径。中华优秀传统文化蕴含着丰富的为人处世思想,能够为人们正确处理自身关系、社会关系和自然关系提供基本准则,是人们在现代社会生活中潜心静气、修身齐家、追求真我和成就自我的重要思想指引。

发挥中华优秀传统文化的现实价值是推动中华优秀传统文化创造性转化与创新性发展的核心目标,实现中华优秀传统文化的现代转型旨在发挥中华优秀传统文化的现实价值,没有现实价值的发挥中华优秀传统文化的自身发展也将失去动力,现实的呼唤更是时代的使命,这赋予了中华优秀传统文化转化发展的时代依据和现实动力。

**(三)增强中华优秀传统文化的世界影响力**

增强中华优秀传统文化的世界影响力是推动中华优秀传统文化创造性转化与

创新性发展的重要目标，这是由中华优秀传统文化的价值与作用决定的。一方面，立足国家民族发展未来，增强中华优秀传统文化的世界影响力是实现民族复兴的必然要求。另一方面，着眼世界文明发展大局，增强中华优秀传统文化的世界影响力是为世界文明贡献中国智慧和中国方案的必然选择。

资本主义在世界近代历史发展中长期占据着主导地位，其中除了资本主义能够创造出比封建主义旧社会更加丰富的物质财富，还有一个重要原因，就是资本主义文化比封建主义文化更加科学进步，资本主义文明始源于资本主义思想文化的萌生，伴随着资本主义思想文化的不断发展并占据世界思想文化主流地位而走向辉煌。因此说，文化复兴是民族复兴的根本，实现中华民族伟大复兴需要以中华文化复兴为条件，中华文化的复兴是以中华文化世界影响力的增强为标志的，要积极弘扬中华优秀传统文化，不断增强中华优秀传统文化的世界影响力，并以此作为推动中华优秀传统文化创造性转化与创新性发展的重要目标。

从更开阔的视野看，中华优秀传统文化创造性转化与创新性发展不仅具有中国意义，同时还具有世界意义。人类文明在本质上是相通的，各国文化在具有自身民族性和地域性特征之外，还具有世界性，这种世界性决定了各国文化之间是相互联系、相互影响的，而世界文明正是在各国文化间的相互影响和作用下发展进步的，因此说，促进中华优秀传统文化走出国门、走向世界，增强中华优秀传统文化的世界影响对于促进人类文明发展具有重要意义。此外，中华优秀传统文化作为一种优秀的文明成果，其内在蕴含的先进的思想理念对于解决当今世界存在的环境污染、能源短缺等难题具有重要启示，在当今时代，中国要担起大国责任，树立大国形象，为世界贡献中国智慧和中国方案，必然要借助中华优秀传统文化的力量，不断增强中华优秀传统文化的世界影响力，充分发掘中华优秀传统文化的思想理念来应对和解决全球问题，使中华优秀传统文化最大限度地发挥自身世界价值以贡献人类文明发展。

增强中华优秀传统文化的世界影响力是推动中华优秀传统文化创造性转化与创新性发展的重要目标，中华优秀传统文化现代转型的实现和现实价值的发挥都内在地要求其世界影响的增强，并且中华优秀传统文化世界影响力的增强能有力促进其现代转型的实现和现实价值的发挥，因此，要整体看待实现现代转型、发挥现实价值、增强世界影响力三个目标，以实现现代转型为根本，以发挥现实价值为核心，以增强世界影响力为重要补充，坚持中华优秀传统文化发展的正确方向，科学高效推动中华优秀传统文化实现创造性转化创新性发展。

## 二、推动中华优秀传统文化创造性转化与创新性发展的基本任务

推动中华优秀传统文化创造性转化与创新性发展的基本任务是由现实状况和

目标指向共同决定的。从现实状况来看，对中华优秀传统文化的地位价值认识不够、中华优秀传统文化与当代中国社会实际存在诸多不适，以及文化全球化趋势带来诸多机遇和挑战等，这都是影响中华优秀传统文化创造性转化创新性发展的重要因素。从目标指向来看，实现现代转型、发挥现实价值、增强世界影响力是推动中华优秀传统文化创造性转化与创新性发展的目标指向。基于此，推动中华优秀传统文化创造性转化与创新性发展的基本任务主要包含四方面内容，一是通过研究阐释提炼中华优秀传统文化思想精华；二是通过宣传普及增进中华优秀传统文化科学认知；三是以中华优秀传统文化助推现代化建设实践；四是传播中华优秀传统文化为世界贡献中国智慧。

### （一）研究阐释提炼中华优秀传统文化思想精华

中华优秀传统文化的价值作用蕴含在其丰富的思想内容之中，对其思想精华进行挖掘提炼是实现其现代转型、发挥其现实价值、增强其世界影响力的根本前提，也是推动其创造性转化创新性发展的首要任务，为此，要积极研究阐释，不断提炼中华优秀传统文化的思想精华。

从内容上看，中华优秀传统文化主要包括核心思想理念、中华传统美德和中华人文精神三部分，这是中华优秀传统文化主要的思想精华，其中，核心思想理念是指中华民族和中国人民在修齐治平、尊时守位、知常达变、开物成务、建功立业过程中培育和形成的基本思想理念；中华传统美德是指中华优秀传统文化蕴含的丰富的道德理念和规范；中华人文精神是指中华优秀传统文化积淀的多样、珍贵的精神财富。这些思想理念、道德规范和价值要求不仅对历史中国的发展发挥了重要作用，还对当代中国社会进步也具有重要价值，其是中华优秀传统文化的精髓所在，是中华民族最宝贵的文明成果和最珍贵的历史遗产，必须充分尊重、积极继承和大力弘扬。

研究阐释提炼中华优秀传统文化思想精华要处理好"讲自己"和"自己讲"的关系，通过"讲自己"把握中华优秀传统文化的根本实现对其继承，通过"自己讲"结合当代中国发展实际实现对其超越；要处理好传统与现代的关系、历史与现实的关系、多元文化间的关系，科学认识中华优秀传统文化在当代中国社会发展全局中的位置；要阐释好中华优秀传统文化的历史今天、独特创造、价值作用，提炼出中华优秀传统文化的思想精华，为有效推进中华优秀传统文化的现代转型奠定基础。

### （二）宣传普及增进中华优秀传统文化科学认知

加大中华优秀传统文化的宣传教育普及力度既是应对当前人们对中华优秀传统文化的地位价值认识不够的有效举措，同时也是实现中华优秀传统文化现代转型的基本要求。当前人们对中华优秀传统文化的地位价值认识不够，这是由多种现实因素共同导致的，一是现代化的生活方式在很大程度上改变了人们传统的思维方式、价值观念和行为习惯，使人们越来越多地接受现代化的思想观念而对中华优秀传统文化逐渐淡忘和遗失；二是随着现代传媒技术的迅速发展，网络文化逐渐兴起，中华优秀传统文化因为和传媒方式的脱离而极大地降低了自身的传播效率，并且人们对网络文化的兴趣导致了中华优秀传统文化的生存空间变小；三是西方文化的冲击在很大程度上影响了现代人的思想和价值观念，西方文化中蕴含的理性主义、个人主义、功利主义等价值取向与中华优秀传统文化的基本精神相背离，随着西方文化不断渗透，人们对中华优秀传统文化的认同度也会降低。为此，要加大中华优秀传统文化的宣传教育普及力度，提升人们对于中华优秀传统文化的认同度，促使中华优秀传统文化广泛深入人心，引导人们逐渐形成对于中华优秀传统文化地位价值的科学认识。

此外，中华优秀传统文化要实现自身现代转型，必然要在人的主体推动下实现，必然要充分发挥人的主观能动性和自觉创造性，因而人们对于中华优秀传统文化的态度就显得尤为重要，并且只有充分认识中华优秀传统文化的历史地位和时代价值，才能确立起对于中华优秀传统文化的科学态度。加大中华优秀传统文化的宣传教育普及力度，有助于帮助人们客观认识中华优秀传统文化的历史地位和时代价值，并确立起对于中华优秀传统文化的科学态度。为此，要对中华优秀传统文化的基本精神、丰富内涵、历史地位、时代价值等进行大力宣传，积极开展中华优秀传统文化的教育教学和实践体验活动，促使中华优秀传统文化广泛融入人们的生产和生活之中，逐渐纠正人们对中华优秀传统文化的不合理认识，逐步重塑人们对中华优秀传统文化的信仰和尊崇。

### （三）以中华优秀传统文化助推现代化建设实践

中华优秀传统文化"既是历史的，也是当代的"，要把跨越时空、超越国度、富有永恒魅力、具有当代价值的文化精神弘扬起来，促使其融入并服务社会主义现代化，使中华优秀传统文化有力助推现代化建设实践。推动中华优秀传统文化融入社会主义核心价值观既是化解中华优秀传统文化与当今社会现实存在诸多不适的有效方式，同时也是发挥中华优秀传统文化服务现代化建设实践作用的关键所在。

中华传统文化与当代中国社会实际存在诸多不适：一是从经济基础来看，中华传统文化的经济基础是自然经济，当代中国社会的经济基础是社会主义市场经济；二是从上层建筑来看，中华传统文化服务的是封建专制皇权政治，当代中国社会是社会主义民主政治；三是从文化性质来看，中华传统文化是封建社会文化，是一种农业文明，当代中国社会的文化是社会主义文化，是一种现代文明。这就从根本上决定了中华优秀传统文化与当代中国社会现实存在诸多不适，而要化解这些矛盾，就要促使中华优秀传统文化与当代社会思想文化相适应，促使中华优秀传统文化的核心理念、主要思想和基本精神与当代社会的主流价值观念相融通，成为培育社会主义核心价值观的重要涵养，即促使中华优秀传统文化融入社会主义核心价值观。

当代中国的社会主义核心价值观体现了当前国家社会发展和现代化新人培育的基本要求，是中华优秀传统文化发挥自身时代价值最重要的现实依托，因此要大力推动中华优秀传统文化融入社会主义核心价值观，既要深入挖掘中华优秀传统文化的思想精华并赋予其新的时代内涵和现代表达形式，积极促进其融入现代思想文化体系，自觉成为现代主流价值观念的组成部分，又要促进现代思想文化体系和主流价值观念自觉吸纳中华优秀传统文化的精华，只有充分发挥中华优秀传统文化和社会主义核心价值观两个方面的积极性，才能真正科学高效地促使中华优秀传统文化融入社会主义核心价值观，而一旦中华优秀传统文化融入社会主义核心价值观之中，其就能真正成为当代中国社会主流意识形态的一部分并影响到国家社会发展，自觉成为助推现代化建设实践的历史资源和文化力量。

### （四）传播中华优秀传统文化为世界贡献中国智慧

推动中华优秀传统文化走出国门、走向世界既是顺应文化全球化潮流的必然选择，同时也是中华优秀传统文化为世界文明贡献智慧与力量的积极实践。中华优秀传统文化既是民族的，也是世界的，要把中华优秀传统文化传播出去，积极为世界文明的发展与进步贡献中华文化力量，不断增强中华优秀传统文化的世界影响力。

在经济全球化背景下，各国之间的文化交流也日益频繁，文化全球化越来越成为一种不可阻挡的潮流，顺应这一潮流，抓住机遇，应对挑战，是各国文化发展的必然要求。在文化全球化的时代大背景下，文化全球化一方面给中华优秀传统文化的转化发展创造了与世界其他优秀文化交流互鉴的有利机会，另一方面也给文化霸权主义提供了侵略渗透的空间。因此，要积极推动中华优秀传统文化走出国门，走向世界，积极融入全球文化交流交融的潮流之中，自觉借鉴先进文明成果来发展完善自身，主动传播和分享自身优秀文化内容来为其他文明提供借鉴，坚决抵制不良思想文化侵蚀，保持自身文化独立性，不仅在与世界其他优秀文化的交流互鉴中实现自身发展，同时也要在与文化霸权主义的博弈中变被动为主动并取得胜利，从而不断增强中华优秀传统文化的世界影响力，使其成为推动人类文明进步的坚定力量。

推动中华优秀传统文化的对外传播需要加强顶层设计，制定中华文化走出去的战略规划，通过国家层面进行资金、人才、设备等统筹和支持，不断开拓走出去的路径，不断创新文化传播的方式，以中华文字符号为依托，以思想价值理念为核心，借助"一带一路"平台、长江经济带建设等拓宽文化传播平台，促进中华优秀传统文化走出国门、走向世界，使中华优秀传统文化在与世界文明的交流互鉴中增强自身世界影响，提升自身文化地位，实现中华文化与世界其他优秀文化的共发展共繁荣。

## 第二节　推动中华优秀传统文化创造性转化与创新性发展的原则方法

中华优秀传统文化创造性转化与创新性发展是一项系统工程，其有效推动需要遵循科学的原则和方法，其中，原则遵循是前提，其为创造性转化与创新性发展提供根本性要求，方法遵循是关键，其决定创造性转化与创新性发展的有效展开和具体推演，科学的原则遵循和方法遵循是推动中华优秀传统文化创造性转化与创新性发展的重要实践保障。

### 一、推动中华优秀传统文化创造性转化与创新性发展的基本原则

在当代弘扬发展中华优秀传统文化需要处理好中华优秀传统文化与马克思主义的关系、中华优秀传统文化与社会主义先进文化和革命文化的关系、传统与现代的关系、中华文化与世界文化的关系，这决定了推动中华优秀传统文化创造性转化与创新性发展需要遵循马克思主义指导原则、多元并存协同发展原则以及古为今用，洋为中用原则。

#### （一）以马克思主义为指导原则

推动中华优秀传统文化创造性转化与创新性发展要坚持马克思主义的方法，采取马克思主义的态度，即坚持以马克思主义为指导原则。当前传承发展中华优秀传统文化必然意味着中华优秀传统文化进入国家意识形态领域并与马克思主义重新对话，为此，要充分认识和厘清两者的关系，这是需要解决的根本问题。事实上，马克思主义与中华优秀传统文化的关系不是单纯的文化间的关系，其涉及政治实践和社会意识形态，需要从社会主义实践、先进文化建设、理论本身三个维度进行分析。

从社会主义实践来看，马克思主义和中华优秀传统文化在社会主义建设中都具有自身特殊价值，但总的来看，马克思主义处于主要地位，发挥着指导作用。中国特色社会主义的指导思想和立论基础是马克思主义，马克思主义是中国特色

社会主义继往开来、从辉煌走向辉煌的根本所在，必须始终坚持马克思主义的主导地位。社会主义实践在改革开放的春风中已经走了将近四十年，随着实践不断深入，许多新的发展问题开始出现，比较突出的就是社会转型期的道德、信仰、价值的紊乱和缺失，这些问题关乎发展大局和个人生活，并且单靠马克思主义难以解决，需要进一步从传统文化中寻找出路。社会主义实践始终没有脱离中华优秀传统文化这条民族血脉，始终与中华优秀传统文化紧密相连，而中华优秀传统文化也或多或少但始终深刻地影响着社会主义实践，新时代需要进一步依靠中华优秀传统文化的智慧与力量来解决问题、推进发展。

从先进文化建设来看，马克思主义和中华优秀传统文化都属于先进文化的范畴，但其各自地位不同，总体来看，马克思主义处于主导地位，支配着整个先进文化的建设方向，中华优秀传统文化处于基础地位，涵养整个先进文化大树的根基。马克思主义者认为，社会存在决定社会意识，先进文化作为一种社会意识产生和服务于社会主义实践，是反映社会发展要求并由我国的现实存在决定的。我国的社会制度、发展道路、建设模式、领导力量等都决定了先进文化建设必须始终坚持马克思主义，体现社会主义国家和人民的价值诉求。此外，文化具有传承性和民族性，任何一种文化都不可能与历史完全割裂，必然是继承历史发展而来，必然内蕴传统的基因。以儒学为主要的中华优秀传统文化是中华民族的精神和血脉，其流淌于整个历史长河而未曾中断，其从根本上支配着整个中华民族的文化心理、思维模式和行为习惯。因此，先进文化作为当代中国的主流思想文化，其在随着时代和实践发展而不断建设完善的过程中，必然要与历史对话，承历史而新，不然就会成为无源之水、无本之木，丧失发展的根基和可能。

从理论本身来看，马克思主义具有科学性、实践性，中华优秀传统文化具有历史性、局限性，这决定了在两者的交流对话中处于主导地位的必然是马克思主义。马克思主义与中华优秀传统文化都具有各自的现实价值，虽有程度的不同，但难以进行质的区分，这就决定了对于两者的关系定位要从理论品质和文化气质上来比较和把握。马克思主义是建立在历史唯物主义基础上的科学世界观和方法论，其具有很强的实践导向性，能够代表社会主义的价值要求和广大人民的根本利益，正是在马克思主义的科学指导之下，中国共产党才成功地带领中国人民取得了一个又一个伟大胜利，并顺利地将中国特色社会主义事业推向新时代。中华优秀传统文化的哲学支撑是朴素唯物主义，并且其是在自然经济基础上形成的一种长期服务于封建皇权政治统治的农业文明，这决定了中华优秀传统文化本身具有一定的历史局限性，不能成为主导当代中国文化发展的主流文化。因此，从理论品质和文化气质上看，马克思主义较中华优秀传统文化更具有优越性，处于主导地位的必然是马克思主义。

综合来看，马克思主义是立党立国的根本指导思想，中华优秀传统文化是中华民族的"根"和"魂"，在两者的关系中，马克思主义是主导，中华优秀传统文化是根基，要以马克思主义指导中华优秀传统文化转化发展。中华优秀传统文化不仅在中华民族的历史发展进程中发挥了重要作用，同时也是中华民族实现伟大复兴需要依靠的重要力量，要对中华优秀传统文化的历史地位和时代方位进行科学定位，确立起对中华优秀传统文化的科学态度。中华优秀传统文化具有时代超越性，其蕴含着对于当代社会发展具有重要的借鉴意义的价值内容，中华优秀传统文化也具有历史局限性，其一些内涵和表达方式与当代社会实际并不完全适应，为此，要辩证地对待中华优秀传统文化，努力发掘其优势，完善其不足。在实践中遵循以上三个方面的要求是贯彻马克思主义指导原则的基本体现，要坚持用马克思主义的立场和观点对待中华优秀传统文化，坚持党的领导和推动，努力实现中华优秀传统文化创造性转化与创新性发展。

### （二）多元并存，协同发展

推动中华优秀传统文化创造性转化与创新性发展需要坚持多元并存，协同发展的原则，这是由中华优秀传统文化与红色革命文化、社会主义先进文化的关系决定的。三种文化既各有特性、相互区别，又彼此联系、内在统一，能够并存于当代中国社会且共同服务于中国特色社会主义建设实践，因此，要协调处理三者关系，不能偏废一方，努力实现三者协同发展。

中华优秀传统文化与红色革命文化、社会主义先进文化在质内涵、基本特性方面存在区别。首先，从实质内涵来看，在三种文化形成于不同的历史条件下，具有各自不同的实质内涵。中华优秀传统文化是历史中国的人们长期进行农业生产生活实践和维护封建社会稳定而形成的各种物质产品、制度规范、思想价值观念和行为习惯等一切优秀成果的综合，其本质上是农业文明成果，并且其能够适应现代社会需要而为现代化建设提供服务。红色革命文化是新民主主义革命时期中国共产党在马克思主义指导下带领中国人民进行反对帝国主义、封建主义和官僚资本主义斗争而形成的理论创新和文化创造成果，其本质上是社会主义革命文化。

社会主义先进文化是改革开放后中国共产党在马克思主义指导下带领中国人民建设中国特色社会主义而形成的文化成果，其本质上是社会主义建设文化。由此可见，三种文化的实质内涵是不同的，这也是三者的根本区别所在。此外，从文化特性来看，三种文化由于具有不同的实质内涵，又各自呈现出不同的特性特征。一是三者的实践基础不同，中华优秀传统文化的实践基础是农业生产生活和封建社会政治，红色革命文化的实践基础是新民主主义革命斗争，社会主义先进文化的实践基础是社会主义现代化建设。二是三者的文化主体不同，中华优秀传统文化的文化主体是古代中国农民，红色革命文化的文化主体是近现代中国无产阶级革命人士，社会主义先进文化的文化主体是现当代中国社会主义建设者。三是三者的价值旨趣不同，中华优秀传统文化主要是为了维护封建社会稳定，红色革命文化旨在促进革命斗争，社会主义先进文化旨在服务现代化建设。

中华优秀传统文化与红色革命文化、社会主义先进文化彼此联系，互为一体。其中，中华优秀传统文化是红色革命文化和社会主义先进文化的根基，红色革命文化是中华优秀传统文化的传承与超越，是社会主义先进文化的基础和源头，社会主义先进文化是中华优秀传统文化和红色革命文化的继承发展和当代彰显。中华优秀传统文化内蕴的"自强不息"的奋斗精神、"公而忘私"的奉献精神、"革故鼎新"的创新思想等是红色革命文化和社会主义先进文化的重要思想资源。在继承中华优秀传统文化思想精髓的同时，红色革命冲破其原有的思维禁锢，依据时代的新特点和新要求确立起新的革命价值观，从而实现了对中华优秀传统文化的超越，同时，红色革命文化内蕴的共产主义的理想信念、舍生取义的高尚情操、艰苦奋斗的优良品质、团结协作的处事风格等是社会主义先进文化形成和发展的重要基础和来源。社会主义先进文化继承了中华优秀传统文化和红色革命文化的思想精华，并结合当今时代的特点和当下实践的需要进行了拓展提升，是中华优秀传统文化和红色革命文化与时俱进的重要体现和时代彰显。三者共同凝铸成中国特色社会主义文化，共同支撑起中国特色社会主义文化自信，共同服务于中国特色社会主义伟大实践，共同构成了中国特色社会主义建设实践的精神之根、精神之源和精神之魂，是推进国家现代化建设，实现民族复兴目标的精神动力和重要保障。

综合来看，中华优秀传统文化与红色革命文化、社会主义先进文化之间虽存在区别，但联系密切，彼此具有很强的关联性和统一性，因此，要推动中华优秀传统文化创造性转化与创新性发展，就要协调处理三者的关系，发挥红色革命文化和社会主义先进文化对中华优秀传统文化的积极促进作用，将中华优秀传统文化的转化发展纳入中国特色社会主义文化建设发展全局之中，通过三者的有效互动实现三者协同发展。

### （三）古为今用，洋为中用

推动中华优秀传统文化创造性转化与创新性发展，既要"坚持古为今用、推陈出新"，也要"坚持洋为中用、开拓创新"，即要坚持古为今用、洋为中用的原则，这是由传统与现代以及中华优秀传统文化与世界文化的关系决定的。事实上，中华优秀传统文化进入当代中国社会并试图通过创造创新实现自身转化发展，其必然要与当代中国社会现实和当今世界外来文化对话，即面临"古今""中外"的问题，其中，"古今"问题主要是指传统与现代的关系，对此要坚持古为今用，立足现实的原则，"中外"问题主要是指中华优秀传统文化与世界其他文化的关系，对此要坚持洋为中用、以我为主的原则。

传统与现代之间既具有异质性，又具有统一性，其中，异质性根源于迥然相异的经济基础和社会现实"，统一性体现在"历史发展和当前现代化建设的实践中。传统起源于农业生产实践，形成于封建社会生活，是一种农业文明，而现代根源于工业生产实践，形成于科技发达、文化进步、政治民主、社会法治的现代社会，是一种工业文明和信息文明，所以说，传统与现代由于各自生成的社会土壤不同而具有异质性。传统与现代还具有统一性，一方面，从历史发展的角度来看，传统是现代的基础和根源，现代源于传统超越传统且孕育新的传统。即是说，传统构成了现代的基础，现代是在继承和超越传统的过程中实现的，另外，随着历史的推进，现代又会成为新的传统，由此来看，传统和现代本身是相对概念，严格来说并不存在绝对的传统和现代，进行传统和现代的分析需要在历史的时间轴上参照进行。另一方面，从现代化建设的实践来看，传统和现代相互依靠，传统能成为现代发展前进的重要力量。即是说，传统和现代互为依据、相互促成，现代不能背弃传统，传统也不能背向现代，现代的发展进步需要借助传统的有利因素才能更好地实现，因此，要善于发挥传统的力量来推动现代社会向前发展。

中华优秀传统文化与当代中国社会发展建设的关系即是传统与现代的关系，其具有内在的统一性，遵循传统与现代之间双向互动的一般规律，这决定了当代弘扬发展中华优秀传统文化的根本目的是为中国特色社会主义发展提供历史借鉴，并且要实现中华优秀传统文化的转化发展，就离不开当代中国现代化建设实践的现实引导，所以说，要坚持古为今用、立足现实的原则。为此，一方面，中华优秀传统文化的转化发展要坚持以现实为导向。客观现实承载着中华优秀传统文化转化发展的价值所在，要坚持结合时代和实践的特点及要求进行创造和创新，坚持转化发展的新内涵新形式能够服务当代中国社会现实，能够有助于促进现实问题解决，能够有助于推进现代化建设实践，能够有助于推动实现民族复兴目标。另一方面，中华优秀传统文化的转化发展要坚持以现实为动力。现实实践是中华优秀传统文化转化发展的动力源泉，要通过结合社会现实挖掘中华优秀传统文化的时代价值以激活其生命力，通过结合新的时代要素赋予中华优秀传统文化新的时代内涵以实现其新发展，使中华优秀传统文化在社会实践的有力推动下不断实现自身转化发展。

中华文化与世界文化之间具有不可分离、相互促成的内在联系，这是由文化的世界性决定的。中华优秀传统文化与世界其他文化之间具有不可分离，相互促成的内在联系，这种内在联系客观上决定了中华优秀传统文化要实现自身的转化发展就必然要与其他异质文化交流对话，必然要吸纳和借鉴其他文化的优秀成果来实现自我完善。就中华优秀传统文化而言，其不仅具有世界性还具有民族性。中华优秀传统文化的民族性是中华民族文化心理、文化特质的集中呈现，是中华文化区别于其他文化的标识所在。中华优秀传统文化的民族性要求其在与世界文化的交流互动中要坚持以我为主、为我所用的原则，即要明确和坚定文化立场，坚持民族文化的本色与特性，保持中华优秀传统文化的主体性和独立性，自觉抵御文化殖民主义、文化霸权主义侵蚀，防止民族文化虚无主义和全盘西化错误倾向，不能割断历史、抛弃传统，不能妄自菲薄、崇洋媚外，发展具有民族本性、富有开放精神、集合百家之长的中国现代新型文化。

## 二、推动中华优秀传统文化创造性转化与创新性发展的方法遵循

推动中华优秀传统文化创造性转化与创新性发展需要遵循科学的方法，其中，文化发展的一般逻辑要求坚持历史继承与创新超越相互促进的方法，文化发展的客观动力要求坚持内在推动与外在促成有效结合的方法，文化发展的主观依靠要求坚持党的领导与人民主体有机统一的方法。

### （一）坚持历史继承与创新超越相互促进

不忘本来，才能开辟未来，善于继承才能更好地创新。文化的发展是文化继承与文化超越的统一，是文化的历史联系与发展创新的统一。实现中华优秀传统文化的转化发展，需要处理好继承与超越的关系，即把握中华文化发展的历史联系，在继承中华优秀传统文化既有成果的基础上，进行改造创新以促使其超越自身。其中，继承与超越是彼此联系、相互促进、不可分离的，两者共同构成文化发展的内在逻辑，是推动中华优秀传统文化转化发展的首要遵循。

文化在发展过程中总是呈现出历史连续性和历史阶段性的特征，所谓历史连续性，是指文化的前后相继、一脉相承，它表现为文化的量的积累过程；所谓历史阶段性，是指文化的创新与超越所引起的文化质变的标志。文化发展是一个不断从量变到质变的过程，量变要求文化不断进行积累和继承，质变则意味着文化超越自身而进入新的发展阶段，量变与质变的互动转换决定了文化发展的历史连续性与历史阶段性的有机统一。此外，无论是文化继承还是文化超越，都离不开文化创新，文化创新是科学鉴别文化内容并肯定保留精华，以实现继承和否定克服糟粕以实现超越的必然要求。对于中华优秀传统文化的转化发展而言，其也是一个从量变到质变的过程，是历史继承性与历史阶段性相统一的过程，其中，"转化"和"发展"是中华优秀传统文化实现质变而进入新的发展阶段的目标和要求，

"创造"和"创新"是有效促进量变进行和刺激质变发生，以达到这一目标和要求的具体方法和途径，因此说，通过"创造"和"创新"实现中华优秀传统文化的"转化"和"发展"要坚持历史连续性与历史阶段性有机统一，坚持历史继承与创新超越相互促进。

坚持历史继承与创新超越相互促进要求一方面要继承好中华优秀传统文化，通过继承创造超越的基础和条件，一方面要发展好中华优秀传统文化，通过超越实现继承的目的和归宿。继承好中华优秀传统文化重在对其蕴含的具有时代价值的思想精华进行提炼，对此可以借鉴冯友兰先生提出的"抽象继承法"，注意提炼中华优秀传统文化蕴含的"普遍性的思想因素"，这些"普遍性的思想因素"正是那些超越时空局限、符合当今时代要求并能够服务当代社会发展的需要继承的内容。

发展好中华优秀传统文化重在进行创新，创新是文化发展的实质与核心，张岱年先生提出的"综合创新"对此具有重要借鉴意义。"综合创新"要求"综合"多种文化的特点和优势进行"创新"以培育出新的文化。"综合创新"诠释了文化发展的基本要求和基本规律，是中华优秀传统文化转化发展需要遵循的重要方法原则。按照"综合创新"的要求，中华优秀传统文化的"创造"和"创新"要在综合其他优秀文化成果的基础上进行，要充分分析、鉴别、整合多种文化的特点与优势，积极批判、改造、提升自身文化，不断结合文化现实和时代要求实现自身"转化"和"发展"。

### （二）坚持内在推动与外在促成有效结合

文化发展是在多种力量的共同推动下进行的，就客观动力而言，主要包括内在动力和外在动力两股力量，其中，内在动力由文化发展的基本矛盾决定，是推动文化发展的根本力量，外在动力主要体现在社会需要和文化现实两个方面，其是推动文化发展的重要力量。中华优秀传统文化的转化发展遵循文化发展的一般规律，其在内外两种力量的合力推动下进行，把握和运用好这两种力量，坚持内在推动与外在促成有效结合，是推动中华优秀传统文化转化发展的基本方法。

党的十九大报告明确指出了新时代我国社会的主要矛盾，这种矛盾是综合的、系统的、多维度的矛盾统一体，其内在蕴含了文化层面的基本矛盾，体现了文化发展的内在要求。从文化视角来看，"美好生活需要"包含着人们对精神文化生活的要求，"不平衡不充分的发展"包括文化生产的不平衡不充分，两者的矛盾体现在文化层面就是文化需求和文化生产的矛盾，而文化需求和文化生产的矛盾是文化发展的基本矛盾，这一矛盾构成了推动文化发展的根本力量。在当代中国，人们的精神文化需求伴随着物质生活条件的改善而不断增强，且飞速发展的社会主义市场经济不可避免地冲击着人们的精神世界并造成了一定程度的文化迷失和价值观错乱，而以经济建设为中心的发展路线又决定了文化生产的局限性，这在客观上，造成了当代中国社会文化需求和文化生产之间的矛盾，也在客观上推动了中华优秀传统文化的"再出场"和现代转型。要处理和运用好文化需求和文化生产的矛盾关系，积极促进中华优秀传统文化融入和服务当代中国社会的文化生产以满足人们的文化需求，合理把控和引导人们对中华优秀传统文化的文化需求以刺激和带动当代中国社会的文化生产，通过文化生产和文化需求的有效互动推动中华优秀传统文化创造性转化与创新性发展。

当前，新时代中国特色社会主义建设实践的客观需要，以及多元文化交流互鉴的有利条件是推动中华优秀传统文化转化发展的外在动力。坚持和发展新时代中国特色社会主义需要从中华优秀传统文化中汲取治国理政智慧，并且中华优秀传统文化一旦为社会发展所需要，执政者便会采取一系列有利的方针政策，这会在客观上为中华优秀传统文化的转化发展提供良好的社会环境、政治保障、技术手段、人才力量和资源条件。当代中国多元文化的并存和交流也是推动中华优秀传统文化转化发展的重要力量。这就是说，一种文化的发展需要在自身和其他文化的交流互动中实现，文化交流是文化发展的外在动力。所以，实现中华优秀传统文化的转化发展要积极推动其与其他文化交流对话，使社会主义先进文化、革命文化以及世界其他优秀文化成为中华优秀传统文化丰富完善自身的宝贵借鉴。

### （三）坚持发展逻辑与主观创造有机统一

中华优秀传统文化的创造性转化与创新性发展，是在文化发展自身逻辑和人民群众主观创造的共同作用下实现的，其中，文化发展自身逻辑是基础，决定了中华优秀传统文化创造性转化与创新性发展的客观要求和方向进路，人民群众主观创造是关键，决定了中华优秀传统文化创造性转化创新性发展的主观要求和实现效率，要坚持发展逻辑与主观创造有机统一，从主观客观两个维度推动中华优秀传统文化创造性转化与创新性发展。

坚持发展逻辑，科学把握客观规律性，就要掌握文化发展一般规律，遵循文化发展基本逻辑。文化发展具有其内在规律性，这些规律是不以人的意志为转移的，任何主观创造都要在尊重客观规律的基础上进行。就中华优秀传统文化的发展规律而言，其既体现文化发展的一般规律，如经济发展是文化发展的基础、文化累积是文化发展的条件、文化交流是文化发展的重要动力等，还体现文化发展的民族特性，如中华优秀传统文化的自然经济基础、奴隶制和封建制的政治制度、相对封闭的社会环境以及多元复杂的文化元素等，中华优秀传统文化发展的一般规律和民族性特征，是推动中华优秀传统文化创造性转化与创新性发展需要遵循的基本逻辑。其中，一般规律要求树立正确的文化发展观，采取科学的文化发展方式，掌握基本的文化分析方法，着眼于文化发展全局促进文化发展。民族性特征要求充分把握中华文化产生和发展的历史条件，掌握中华优秀传统文化发展的基本实际，将文化发展的一般规律和中华优秀传统文化自身的民族性特征结合起来，最大限度地"对症下药"。

坚持主观创造，充分发挥主观能动性，就要坚持人民的主体地位，发挥人民首创精神。人民群众是推动文化发展进步需要依靠的主要力量。人民群众是社会精神财富的创造者和享有者，任何文化的产生和发展从根本上说都源于人们的实践活动，是人们进行精神文化活动的实践产物。中华优秀传统文化就是古代中国人民在长期的生产生活实践中创造和积累形成的文化成果。因此，要坚持人民主体地位，充分挖掘中华优秀传统文化内蕴的崇德修身、经世致用、天人合一等对现代人身心发展有价值的思想内容，将其作为创造性转化与创新性发展的重要对象。要以发挥人民群众的首创精神为关键核心，积极调动人们的文化生产积极性，积极引导人们进行文化创造和创新活动，大力培养文化人才，不断优化和壮大弘扬发展中华优秀传统文化的人才队伍。要以实现人民群众的文化共享为重要保障，人民群众是文化的创造者，理应成为文化的占有者和享用者，只有让人们真正占有和自由消费自己创造的文化成果，才能保护好人们的积极性和创新性，才能保证中华优秀传统文化转化发展的主体力量始终充满活力。

# 第五章　中华优秀传统文化创造性转化与创新性发展的生动实践

马克思主义坚持理论与实践的有机统一，不仅强调理论指导实践，还认为"实践是理论之源"，故而马克思指出，一步实际运动比一打纲领更重要。新时代，以习近平同志为主要代表的中国共产党人不仅重视对中华优秀传统文化创造性转化与创新性发展的理论建构，还推动了中华优秀传统文化创造性转化和创新性发展的生动实践，催生了一系列的新思想与新观念，为中华民族伟大复兴事业的开展及人类问题的解决贡献了智慧。本章主要以新时代以来党的治国理政为考察对象，简要探析中华优秀传统文化在"五位一体"总体布局、"四个全面"战略布局、"五大发展理念"、"一带一路"建设、"构建人类命运共同体"等中的创造性转化和创新性发展，以揭示中华优秀传统文化创造性转化与创新性发展的内在规律，为新时代中华优秀传统文化创造性转化与创新性发展的广泛实践提供借鉴。

## 第一节　中华优秀传统文化在"五位一体"总体布局中的创造性转化与创新性发展

"五位一体"总体布局是党的十八大从经济、政治、文化、社会、生态文明等五个方面制定的建设中国特色社会主义的战略目标。所谓"五位一体"，指的是经济建设、政治建设、文化建设、社会建设、生态文明建设的"五位一体"，也就是要"建设社会主义市场经济、民主政治、先进文化、生态文明、和谐社会，协同推进人民富裕、国家强盛、中国美丽"。尽管"五位一体"总体布局是党的十八大以来提出的新思想，有着"新时代"的话语特色，但是我们依然可以发现它对中华优秀传统文化的汲取，并探寻到它对传统经济、政治、文化、社会、生态文明等优秀思想观念的创造性转化与创新性发展。不难理解，"五位一体"总体布局置身于文化复兴呼声高涨的时代背景下，中华优秀传统文化的丰沃土壤为其提供了必要的思想基础和文化支撑。当然，这种汲取是全方位的、包容的，也是开放的，正如习近平指出，"中国立足自身国情和实践，从中华文明中汲取智慧，博采东西方各家之长……在不断探索中形成了自己的发展道路"。将中华优秀传统文化作为智慧"汲取"的一个重要向度，是发展中国特色社会主义的必然选择，也是新时代统筹推进"五位一体"总体布局这一开创性事业的重要智慧保障。

## 一、"经济建设"对古代经济发展思想的创造性转化与创新性发展

经济发展是历史发展的重要推力，也是社会进步的基本保障。在恩格斯看来，每一时代的社会经济结构形成现实基础，每一个历史时期的由法的设施和政治设施以及宗教的、哲学的和其他的观念形式所构成的全部上层建筑，归根结底都应由这个基础来说明。在我国古代社会，无论是拥有阶级统治权的上层权贵，还是"士大夫"，乃至黎民百姓，无不重视生产与发展，诸如武则天提出的"劝农桑，薄徭赋"、张居正主张的"轻关市以厚商而利农"、黄宗羲提出的"工商皆本"等都凸显了对经济发展的倡导。其重要性如同司马迁援引《周书》所言，"'农不出则乏其食，工不出则乏其事，商不出则三宝绝，虞不出则财匮少'。财匮少而山泽不辟矣。此四者，民所衣食之原也"。离开了生产发展，不但"民"贫，而且"国"必然会弱，社会则难以实现繁荣与发展。实际上，我国在历史发展的长河中，形成了"富国""利民""富而后教"等经济发展理念，这些理念不但指导了古代社会的生产发展，而且其中的优秀成分通过创造性转化和创新性发展成为新时代"五位一体"总体布局中的"经济建设"的重要思想观念，从而为新时代中国特色社会主义经济发展提供了思想启迪与智慧支持。

"满足人民日益增长的物质需求"对传统"利民"理念的创造性转化与创新性发展。尽管古代社会有着鲜明的阶级性，但是在生产发展上却形成了"利民"的思想理念，不但影响巨大，而且赓续千年。古代先贤将"利民"，即某种意义上的"富民"，视为治国安邦之关键，正所谓"凡治国之道，必先富民"。实际上，古代思想家针对"利民"和"富民"的探讨数不胜数。在孔子看来，"足食，足兵，民信之矣"；淮南王刘安则强调，"为治之本，务在于安民；安民之本，在于足用"；而贾谊则提出了"富安天下"的口号，认为"民非足也，而可治之者，自古及今，未之尝闻"。可见，古人强调的"足民"也好，"富民"也罢，皆是为了"安民""富民"，旨在治国，即为了政治秩序的稳定与巩固。新时代，以习近平同志为主要代表的中国共产党人吸收借鉴了这一思想，摒弃了传统"利民"理念的阶级局限性，揭示了它的物质属性，以及满足人民物质需要的根本特征，提出"满足人民日益增长的物质需求，必须抓好经济社会建设，增加社会的物质财富"。显然，将"满足人民日益增长的物质需求"视为"经济建设"的根本价值旨趣，继承了传统"利民"理念的价值追求，汲取了古代先贤将"利民"视为生产发展旨趣的

思想。当然，传统"利民"理念强调"利民"和"富民"给百姓带来了实惠，也促进了生产发展的良性运转，但它是统治阶级基于统治需要而让"利"于"民"的，并非权贵阶级的政治自觉。新时代"满足人民日益增长的物质需求"则更具人民性，也更富有时代话语气息，它是中国共产党发自内心的一种政治自觉，也是对"全心全意为人民服务"宗旨的真情恪守，显然这是对传统"利民"理念的一种发展与超越。

"以经济建设为中心是兴国之要"对传统"富国"理念的创造性转化与创新性发展。在古代社会，无论是权贵阶级，还是士大夫阶层，乃至百姓，无不希望国家富足，如墨子所指，"今者王公大人为政于国家者，皆欲国家之富，人民之众，刑政之治"。那么，以商鞅为代表的法家认为，"故治国者，其抟力也，以富国强兵也"，"民无逃粟，野无荒草，则国富，国富者强"。《管子》曾就"富国"的途径提出了"五条"建议；同时，北宋李觏认为，"治国之实，必本于财用……是故贤圣之君，经济之士，必先富其国焉"；王安石则指出，"富其家者资之国，富其国者资之天下，欲富天下则资之天地"。这些"富国"的主张或论断往往以生产发展为路径，并且大多主张俭用，尽管它们带有一定的历史性局限，却促进了生产与发展，推动了社会财富的积累。中国共产党人吸收借鉴了传统的"富国"思想，重视生产发展，强调经济建设对国家物质积累的重要作用，并通过对其进行创造性转化和创新性发展，提出了"以经济建设为中心是兴国之要"的观点，继而凸显了"经济建设"的重要地位。毋庸置疑，无论是古代社会，还是当下，人们对生产发展作用的认识是一致的。只不过，新时代人们对"富国"做出了新的诠释和新的话语表达，并突出强调"经济建设"处于中心地位，恪守了马克思主义唯物史观，为社会发展提供了科学的思想指导。

"在经济发展的基础上推动社会全面进步"对传统"富而思进"思想的创造性转化与创新性发展。古圣先贤注重生产发展，期盼富国与利民，绝非为了富而富，而在于"富而思教"，从而"富而思进"。正如孔子以"教之"来回答其弟子子路所提出的"既富矣，又何加焉"的问题。在孔子看来，富裕起来了，就要广泛开展教育，继而"思进"，以提高道德素养，推动社会全面进步。"富而思教"影响甚远，而这种"思教"实质上就是一种"思进"，它不同于"温饱而思淫"的消极与沉沦，它是一条能够催人奋进的、积极的、进步的、充满理想的道路。千百年来，"富而思进"思想引导着人们，尤其是士大夫阶层将更多的财力和精力运用到文化、教育、艺术、科学等事业上，既维系了古代社会的稳定，也推动了古代社会不断进步发展。新时代，以习近平同志为主要代表的中国共产党人积极地汲取这一思想，并且抓住了"富而思进"的积极内涵，重视"富"的必要性，认可管仲所言的"仓廪实则知礼节，衣食足则知荣辱"的朴素唯物思想，突出了"思进"

的积极作用，通过对其的创造性转化与创新性发展，提出"中国目前的中心任务依然是经济建设，并在经济发展的基础上推动社会全面进步"。显然，"在经济发展的基础上推动社会全面进步"汲取了"富而思进"的精神内涵，强调"经济发展"的先决性，追求"社会全面进步"，同时丰富了传统"思进"的内容。这种创新性论述恪守了历史唯物主义的立场，遵循了马克思主义对社会全面进步的理想夙愿，同时超越了传统"思进"的道德追求，并赋予其更为广泛的社会性内涵。

## 二、"政治建设"对传统执政理念的创造性转化与创新性发展

政治秩序的维系与巩固，离不开执政者对政治的建设。尤其在以实现共产主义为伟大理想，以谋求人的解放为崇高追求的中国，更是需要不断地推动政治建设，并通过政治建设实现政治文明，推进中华民族伟大复兴事业的实现。自诞生之日起，中国共产党就围绕政治建设进行了不懈的探索与实践，取得了斐然的成就。迈入中国特色社会主义新时代，我国社会主要矛盾已经转化为人民日益增长的美好生活需要和不平衡不充分的发展之间的矛盾，国际环境与国内环境发生了变化，"我们的民主法治建设同扩大人民民主和经济社会发展的要求还不完全适应，社会主义民主政治的体制、机制、程序、规范以及具体运行上还存在不完善的地方，在保障人民民主权利、发挥人民创造精神方面也还存在一些不足"。新时代政治建设，依然需要中华优秀传统文化的滋养，并需要汲取其中优秀的政治思想理念。事实上，以习近平同志为主要代表的中国共产党人在推动政治建设的过程中，对诸如民本思想、德治理念、政治改革思想等传统思想理念进行了吸收与借鉴，并通过创造性转化和创新性发展，推动了其在当下的新生，继而使这些思想理念依然可以裨益于新时代的政治建设。

"坚持以人民为中心"对传统民本思想的创造性转化与创新性发展。古代先贤对"民"的认识经历了不断深化的过程，从"重天敬鬼"到"敬德保民"，从"重民轻天"到"民贵君轻"，越发肯定"民"的作用，并逐步形成了传统的民本思想——古代重要的统治理念之一，可以说，"中华帝制的政治原理是以民本思想为主体框架之一而精心构筑的庞大的思想体系"。民本思想的要义是"以民为本"，其核心包括主张"天之立君，以为民也"的"立君为民"理念，主张"民惟邦本，本固邦宁"和"君，末也；民，本也"的"民为国本"理念，以及强调"德惟善政，政在养民"的"政在养民"理念。传统民本思想凸显了"民"的重要地位，突出强调了"民"的政治性作用，展现了"民"与国家、君主之间的关系，对古代统治产生重要的影响。以习近平同志为主要代表的中国共产党人，不仅高度肯定了民本思想的政治价值及文化意义，还汲取了民本思想的"重民""尊民""爱民""为民"的优秀理念，抛弃了"民本"的阶级性局限，通过对其进行创造性转

化和创新性发展，形成了"以人民为中心"的思想。在习近平看来，"以人民为中心"，"必须以最广大人民根本利益为我们一切工作的根本出发点和落脚点，坚持把人民拥护不拥护、赞成不赞成、高兴不高兴作为制定政策的依据，顺应民心、尊重民意、关注民情、致力民生"。"以人民为中心"是对传统民本思想的批判继承，它汲取了"民本"的积极因素，肯定了"民"的历史作用，并以"人民"升华"民"的内涵，同时以新的话语表达形式来诠释"民"的地位与价值，不但突出"民"的历史主体地位，而且树立"民"的价值旨归，从而使传统民本思想以新的形式服务于当今时代。

"发展社会主义政治文明"对传统"仁政"思想的创造性转化与创新性发展。由孔子提出，并经孟子等发展与完善的"仁政"思想是我国古代社会的统治思想，亦奠定了古代政治伦理的基础。孔子以"爱人"诠释"仁者"，孟子则提出"夫仁政，必自经界始"。所谓"仁政"不仅是一种宽以待人之"策"，也是一种高贵的施政品格。儒家的"仁政"视"人"为善，主张宽厚待民，施以恩惠，倡导王道政治，"以得民心为本"，而不是诉求"霸道"，以刀枪相加与严刑酷法施民以暴。"仁政"即为"德政"，主张以民为本，倡导礼乐之治，同时要求统治者注重道德修养，重视道德教化，德主刑辅。事实上，儒家仁政思想倡导爱民、惠民、利民、济民，要求统治者"克己""自省""内修"，以及创造宽松的政治氛围，不但影响了数千年的封建王朝，而且对当代依然有重要的借鉴与启迪意义。以习近平同志为主要代表的中国共产党人积极地吸纳视"民"为善的政治伦理，汲取宽以待民的政治情怀，科学地继承了执政者克己与自省、内修的观念。在习近平看来，"我们要坚定不移走中国特色社会主义政治发展道路，继续推进社会主义民主政治建设、发展社会主义政治文明"。"发展社会主义政治文明"不仅是对传统"仁政"思想的科学继承，也是对其的创造性转化和创新性发展。不难理解，传统"仁政"思想的核心内容及优秀理念，诸如宽厚待民、王道政治、为政者正等都为社会主义政治文明建设所吸纳，而社会主义政治文明所主张的建设廉洁政治、注重官德建设等无不厚植于传统"仁政"思想的基础之上。只不过，"发展社会主义政治文明"摒弃了传统"仁政"思想的以"仁"来笼络"民心"、偏倚于德治而轻视法治等，只是将"仁政"的积极因素进行创造性转化与创新性发展，并赋予其时代内涵，以使其焕发出新的思想魅力，从而裨益于当代政治建设。

"积极稳妥推进政治体制改革"对古代"变法"思想的创造性转化与创新性发展。在历史发展长河中，那些有作为的政治家不甘于墨守成规，而是突破陈规旧制，力主变法，试图通过变法打破腐朽的政治结构，建构新的政治秩序，从而构建新的政治结构，诸如魏国的李悝变法、楚国的吴起变法、齐国的邹忌改革、韩国的申不害变法、秦国的商鞅变法、宋朝的王安石变法、清朝的戊戌变法等概莫能外。"变法"是古代推动社会发展的一种必然选择，是统治阶级自我调整利益关系的一种措施。"变法"思想的核心是"变"，正所谓适时因革，"变通者，趣时者也"。之所以求"变"，则在于"穷则变，变则通，通则久"。尽管古代变法及其思想，基本上属于变形式而不变实质、变适用而不变本体的改良主义，但是这种以"变"求"通"的理念、敢于突破陈规与革除旧制的勇气、变法图强的愿景，以及舍生忘死推行变法的情怀等都具有不朽精神，并值得现代学习与借鉴。在习近平看来，"自古以来，中国大地上发生了无数变法变革图强运动，留下了'治世不一道，便国不法古'等豪迈宣言"。新时代，以习近平同志为主要代表的中国共产党人吸收借鉴了古代"变法"思想中那些积极与不朽的要素，同时对其创造性转化和创新性发展，提出"进程中，我们要积极稳妥地推进政治体制改革，以保证人民当家作主为根本，以增强党和国家活力、调动人民积极性为目标，不断建设社会主义政治文明"。"积极稳妥推进政治体制改革"沿袭了以"变"求通、以"变"求强的核心思想，继承了敢于突破旧制、勇于打破陈规的崇高精神，同时创新了古代"变法"的话语，突破了古代"变法"思想的意识形态局限。"积极稳妥推进政治体制改革"被赋予了更为丰富的思想内涵，同时在指导思想、方法论、价值诉求等方面实现了对古代"变法"思想的超越。新时代，古代"变法"思想并没有过时，而是通过创造性转化与创新性发展，使"变"的基本精神与理念得到了延续，并通过"积极稳妥推进政治体制改革"，获得了新思想布展，从而获得了新的生机。

## 三、"文化建设"对古代文化建设思想的创造性转化与创新性发展

文化建设是古代统治阶级十分重视的一项工作，它不但可以促进文化生产，满足人们文化生活的需要，而且可以通过核心价值观念的引导，巩固社会秩序，巩固阶级统治。我国古代社会对文化建设的探索与实践，形成了具有中华民族特色的文化建设思想，而这些思想囊括了古人对文化发展、文化交流传播、价值观塑造、道德规范建设、人文精神培育等诸方面内容的思考，以及由此形成的各种观念及主张。尽管这一思想诞生于阶级社会，具有鲜明的意识形态属性，但是它重视文化发展、主张文化交流交融、强调核心价值的引导作用等在当下皆具有现实意义，也是当前我们推动文化建设所需要学习和借鉴的。新时代，以习近平同志为主要代表的中国共产党人高度重视文化建设，认为"满足人民日益增长的精神文化需求，必须抓好文化建设，增加社会的精神文化财富"，并强调"文化建设"需要多向度的智力汲取，不仅注重对古代文化建设思想的吸收借鉴，还对其进行创造性转化与创新性发展，从而使这些思想焕发生机，并使其推动新时代的文化发展。下面我们从核心价值观念塑造、文化繁荣发展、文化交流等三个方面

来探讨新时代"文化建设"对古代文化建设相关思想观念的创造性转化与创新性发展，以展现新时代在"文化建设"上对中华优秀传统文化的汲取与借鉴。

一是"社会主义核心价值观"对传统价值理念的创造性转化与创新性发展。中华民族在人与人、人与自然、人与社会、人与自身等关系的处理上形成了诸如仁爱、和合、正义、诚信、大同、恕道、爱国等基本价值理念，而这些价值理念成为千百年来人们在生产、生活，乃至所有生命实践中所信奉和遵循的基本行为原则。传统价值理念蕴含着仁、义、礼、智、信、温、良、恭、俭、让、忠、孝、悌、节、恕、勇等美德，展现了个体对国家和民族的热爱、对群体利益的守护、对他人的谦让与友爱、对自身的克制与严律。传统价值理念为古代人民提供了积极的价值引导，为秩序社会的构建奠定了基础，它不仅富有迷人的思想魅力，更具有不朽的价值引导意义。因而我们要"深入挖掘和阐发中华优秀传统文化讲仁爱、重民本、守诚信、崇正义、尚和合、求大同的时代价值"，同时，"对历史文化特别是先人传承下来的价值理念和道德规范，要坚持古为今用、推陈出新，有鉴别地加以对待，有扬弃地予以继承，努力用中华民族创造的一切精神财富来以文化人、以文育人"。新时代，以习近平同志为主要代表的中国共产党人不仅注重对仁爱、和合、大同、正义、爱国等传统价值理念的科学继承，还将其创造性转化和创新性发展为"社会主义核心价值观"，以凝聚共识、汇聚力量，并使其"内化为人们的精神追求，外化为人们的自觉行动"。"社会主义核心价值观"在国家层面，将传统价值观念的富国、强国、文明、和平、协和等转化发展为"富强、民主、文明、和谐"；在社会层面，将"逍遥"、公平、守正、法制等转化发展为"自由、平等、公正、法治"；在个人层面，将爱国精神、守业情怀、诚与信的思想、睦邻、友善、友爱等转化发展为"爱国、敬业、诚信、友善"，我们提倡的社会主义核心价值观，就充分体现了对中华优秀传统文化的传承和升华。当然，"社会主义核心价值观"对传统价值理念的升华贯穿"创造性转化与创新性发展"过程的始终，不仅突破了传统价值理念的意识形态局限，摒弃了那些桎梏人的自由发展与禁锢人性的糟粕性因素，还对话语表达形式进行了创新，并且赋予了"自由""法治""友善""文明"等新的内涵，从而促使其优秀的文化基因得到延传与发展，最终使那些不朽的价值理念跨越时空依然散发出思想魅力，依然发挥着对生产生活的价值指导。

二是"推动文化事业和文化产业发展"对古代文化事业发展观的创造性转化与创新性发展。文化事业的发展不仅能教化百姓、繁荣经济，还能促进社会发展，裨益于阶级统治。古代中国有为的政治家及地方贤能，大都重视文化事业的发展。在国家层面，注重太学、翰林院、国子监等的建设，编修史书及编撰典籍，做好档案工作等；在社会层面，兴办书院、发展印刷、书坊，兴办各门类艺术团体等；

在个人层面，著书立说、继承并发扬各类文艺等。古代中国无不以各种方式促进文化事业的发展，同时形成了兴文重教、以学资政等为核心理念的古代文化事业发展观。尽管古代文化事业发展没有脱离"利"的追求，但是在弘扬道义、推动教化上却始终如一。显然，古代文化事业发展观有教化百姓、改善社会风气、稳定社会秩序的价值追求。在新时代，古代文化事业发展观并没有过时，以习近平同志为主要代表的中国共产党人不仅对其进行了批判继承，而且对其进行创造性转化与创新性发展，提出了"推动文化事业和文化产业发展"的新观念。"推动文化事业和文化产业发展"汲取了古代文化事业发展观的"民本"性，强调事业与产业的发展必须以"人民为中心"，因而满足人民过上美好生活的新期待，必须提供丰富的精神食粮；推动文化事业和文化产业发展，继承了古代文化事业发展观的"弘义"性，强调把社会效益放在首位、社会效益和经济效益相统一，并且经济效益要服从社会效益，市场价值要服从社会价值。当然，在对古代文化事业发展观进行创造性转化和创新性发展的过程中不可避免地摒弃了那些有悖于现代文明及当代事业发展的因子，创新了它的话语表现形式，赋予了它新时代的内涵，从而使其焕发生机，并有益于新时代文化事业与文化产业的发展。

三是"加强中外人文交流"对古代文化交往观的创造性转化与创新性发展。文化是流动的，也在不断向外扩散与传播，其因相互包容而和谐共存，因相互交流而繁荣发展，因相互借鉴而丰富多彩。我国有着悠久而丰富的文化交往史，不仅有鉴真东渡、郑和下西洋，而且马可·波罗与利玛窦的东游、日本与朝鲜使者及僧侣的西行等都丰富了我国文化交往史。古代中国在中外文化交往过程中逐步形成了以包容、交流、借鉴等为核心理念的传统文化交往观，推动了文化的交流交融，也促进了我国古代文化的繁荣发展。实际上，在大多数历史阶段中国都秉持开放包容的文化心理，尤其在对待外来文化或外来文明时常常怀着海纳百川的态度，诸如佛教、基督教、天主教等宗教文化在中国的传播及与中国本土文化的碰撞融合，就充分展现了这一点。古代中国在文化交往上坚守"各美其美"和"美人之美，美美与共"，而不是宣扬文化霸权，固守文化中心主义。新时代，以习近平同志为主要代表的中国共产党人肯定了古代文化交往的壮举，继承了传统文化交往观，同时通过创造性转化与创新性发展，提出了"加强中外人文交流"的观念。"加强中外人文交流"汲取了传统文化交往观的政治功能与社会功能，恰如习近平指出的，"深化人文交流互鉴是消除隔阂和误解、促进民心相知相通的重要途径"，人文交流是促进和平发展的积极要素，也是经济发展的重要推动力。因而，我们要加强世界上不同国家、不同民族、不同文化的交流互鉴，夯实共建亚洲命运共同体、人类命运共同体的人文基础。此外，"加强中外人文交流"继承了传统文化交往观的坚守中华文化主体地位，强调在文化交流中"以我为主、兼收并蓄"，而不是抛弃中华文化主体地位，陷入全盘西化的窠臼。"加强中外人文交流"还秉承了传统文化交往观的开放、包容、借鉴等精神，摈弃了传统文化交往观中那些盲目自大、狭隘民族主义、重器物而轻制度等偏见，同时清除了它的意识形态属性，不仅赋予其新的内涵，拓展了其外延，还以新的话语表现形式激活了其在新时代的生命力，从而为当前文化交流提供思想指导。

## 四、"社会建设"对传统社会建设思想的创造性转化与创新性发展

中国古代社会并不是无序的，而是得到了治理，尽管这种治理时常遭受战争、灾荒、匪患等的挑战，但是有作为的政治家及思想家无不致力于社会建设，并提出了"礼乐治国""德主刑辅""无为而治""天人合一""大同""小康""恻隐之心"等观点及主张，形成了以道德建设为核心的传统社会建设思想。虽然这一思想形成于中国古代漫长的封建社会，扎根于传统自然经济之上，但是它在"愿景"、社会治理、社会救助等方面的观念及主张，具有不朽的魅力，并对当下有着重要的启迪意义。新时代，以习近平同志为主要代表的中国共产党人注重对社会发展的推动，尤其是在社会治理上，注重对中华优秀传统文化的汲取，不但对传统社会建设思想进行了科学继承，而且对其进行创造性转化和创新性发展，形成了新时代"社会建设"思想。作为"五位一体"重要一环的"社会建设"，其以"和谐社会"为旨归，以社会的有序治理为手段，以社会保障建设为底线，无不根植于中华优秀传统文化的沃土。下面，我们主要从社会建设愿景、社会治理、社会救助等方面，围绕内涵与话语表现形式的赋新，探讨"社会建设"对传统社会建设思想的创造性转化与创新性发展，以揭示传统社会建设思想在新时代的延续及新生。

一是"建设和谐社会"对传统社会和谐思想的创造性转化与创新性发展。中国古代社会的建构始终秉持着"天人合一"的原则，以"社会和谐"为愿景。在国家层面，"河小康"，夙愿"天下大同"，追求"国泰民安""兵销革偃""四海升平""海晏河清"；在社会层面，主张"无讼"，倡导"老吾老，以及人之老；幼吾幼，以及人之幼"，追求邻里和睦，人与人友善相处，官清民自安；在家庭层面，诉求家庭和睦，"事父母，能竭其力"；在个人层面，主张"三省其身"，克己自律，存心养性，修己安人。可见，传统社会和谐思想的内容涉及以上多个层面，关乎人与人、人与社会、人与国家、人与自身，乃至人与自然等各个方面，核心精神是"和谐"，诉求中和、和平、协和、泰和、和睦、和合等。传统社会和谐思想展现了古人对"社会"建设的理想追求，其核心精神及优秀的思想观念，已经跨越时空，成为不朽的思想遗产，为世人所学习与借鉴。新时代，习近平在多个场合对传统社会和谐思想进行赞誉，不仅科学继承了这种思想的精髓，还对其进

行创造性转化与创新性发展，提出了"建设和谐社会"。实际上，"建设和谐社会"汲取了传统社会和谐思想的核心理念——"和谐"，借鉴了它从国家、社会、家庭、个人等多层面的内容指涉，吸纳了其"天人合一"的遵循原则，科学继承了古人以"发展"谋"和谐"的精神。同时，摒弃了传统社会和谐思想中的那些"无为而治""小国寡民""无何有之乡""至平""神仙社会"，以及过度倚重道德说教和礼乐之治而忽视律法等不足。以习近平同志为主要代表的中国共产党人赋予"建设和谐社会"更丰富的内涵，并将其提升到"本质属性"的高度，恰如"社会和谐是中国特色社会主义的本质属性，所以必须团结一切可以团结的力量，最大限度地增加和谐因素，增强社会创造活力，确保人民安居乐业、社会安定有序、国家长治久安"。此外，以习近平同志为主要代表的中国共产党人还对"建设和谐社会"进行了深刻的诠释，强调其作用，即"和谐稳定是经济社会发展、市民安居乐业的根基"，并指明了其实现的方法，即"真正实现社会和谐稳定、国家长治久安，还是要靠制度，靠我们在国家治理上的高超能力，靠高素质干部队伍"。可见，"建设和谐社会"抛弃了传统社会和谐思想的理想性，继承了其现实性中的积极因素，并且还在话语表达上进行了创新，最终推动了传统社会和谐思想向当代的延续。

二是"加强和创新社会治理"对传统社会治理思想的创造性转化与创新性发展。中国古代社会的大多数时期都是有序治理的，当遭遇外敌入侵、战乱、匪患、灾荒等时会出现短暂的失序，但在以上情况下，传统的道德训条依然发挥着规训作用。传统社会治理思想的核心是"德治"，即倡导礼乐之治，主张修齐治平，始终将"修"——主体德性修养的提升放在首位，修身，然后齐家、治国、平天下，所谓"君子不可以不修身；思修身，不可以不事亲；思事亲，不可以不知人；思知人，不可以不知天"。同时古代思想家还为生产生活中的人民树立了积极的价值引导，建构了"善"的道德标准。如"从善如登，从恶如崩""勿以恶小而为之，勿以善小而不为""略己而责人者不治，自厚而薄人者弃废""其身正，不令而行；其身不正，虽令不从""君子耳不听淫声，目不视女色，口不出恶言"等。当然，在德治之外，古代社会还常常利用"法治"来弥补德治之不足，以实现社会的有效治理。传统社会治理的主体是社会的全体成员，"治理"的核心是德性修养，"治理"的对象涉及社会的各方面，"治理"的手段是纲常伦纪以及刑罚，"治理"的目的是强化社会秩序，维护阶级统治。新时代，以习近平同志为主要代表的中国共产党人辩证地看待传统社会治理思想，摒弃了其阶级性，并通过创造性转化和创新性发展，提出了"加强和创新社会治理"的主张。新时代，"加强和创新社会治理"不仅科学地继承了传统社会治理思想中重视"德治"的观念、维系社会稳定的追求等优秀的部分，而且实现了对传统社会治理思想的创新性发展，诸如在"治理"旨趣上更加坚持人民性，强调"维护社会和谐稳定，确保国家长治久安、人民安居乐业"；突出制度建设，"我们要加强社会治理制度建设，不断促进社会公平正义，保持社会安定有序"；强化人民参与，而不是一味地付诸道德说教，"可以广泛形成人民群众参与各层次管理和治理的机制"；在治理方法上，用改革的思维、创新的方法提升社会治理效能。可见，"加强和创新社会治理"实现了对传统社会治理思想的话语创新，赋予其新的内容和新的诠释。传统社会治理思想的积极因素通过"加强和创新社会治理"实现了时代性延续，并服务于当代社会治理。

三是"加强社会保障体系建设"对传统社会救助思想的创造性转化与创新性发展。古代中国社会依然有社会救助体系的建构，而那些思想家提出的，"矜寡孤独废疾者，皆有所养""保息六政""社仓乡约""九惠之教""恻隐之心，仁之端也""济贫救弱""博施于民而能济众"，以及"守望相助，疾病相扶持"等，形成了传统社会救助思想，为古代社会救济提供了思想指导，为古代社会的稳定与和谐提供了思想保障。传统社会救助思想是儒家"仁爱"观与墨家"兼爱"观的社会化阐释，它以"仁爱"为本，主张"人为贵"，既有国家层面的赈灾救济，也有社会层面的前瞻性预防，更有个人层面的施舍与慈善。传统的社会救助是最基本最朴素的社会保障行为，"底线"是在灾荒面前使人维持基本的生存，使那些"矜寡孤独废疾者"得到基本的救助。传统社会救助思想闪烁着朴素的道德光辉，体现了"人"的群居性与互助性特征。当然，这一思想闪烁着"人性"的光芒，其核心精神一直延续至今，并为当代社会救助思想所吸纳。新时代，以习近平同志为主要代表的中国共产党人肯定并科学地继承了这一思想，将其付诸创造性转化和创新性发展，提出了"加强社会保障体系建设"这一观念。实际上，一方面，"加强社会保障体系建设"继承了传统社会救助思想的"救弱"原则，秉承了其互帮互助的精神，继承了其多层面发力与多方位推动的观念，吸纳了其前瞻性、科学化、常态化运行的基本思想；另一方面，"加强社会保障体系建设"还对传统社会救助思想进行了新的诠释与发展，它主张"兜底"原则，"对没有劳动能力的特殊贫困人口要强化社会保障兜底，实现应保尽保"；注重体系化与制度化建设，"全面建成覆盖全民、城乡统筹、权责清晰、保障适度、可持续的多层次社会保障体系……统筹城乡社会救助体系，完善最低生活保障制度"；针对特定人群加大救助力度，"对贫困人口中完全或部分丧失劳动能力的人，由社会保障来兜底，统筹协调农村扶贫标准和农村低保标准，加大其他形式的社会救助力度"。新时代共产党人不仅赋予了传统社会救助思想新的内涵，而且赋予其新的话语表现形式，并促使其核心的思想、理念及精神得以延续与发展，从而使其以新的面貌焕发出新的思想魅力，并有利于当代社会救助、慈善等事业的开展。

## 五、"生态文明建设"对古代生态文明思想的创造性转化与创新性发展

人处在自然之中，而又生活于自然之外。人是大自然的改造者，更是大自然的一部分。我国古代先贤在人与自然关系的处理上，向来主张"天人和合"，人与自然为一体，可谓"以类合之，天人一也"，"天地与我并生，而万物与我为一"。既然人与自然是统一的，那么古代思想家则认为不应该征伐自然、破坏自然、过度地剥夺自然，而是要"天人协调""仁爱万物""万物并育""取之有度"。古代思想家有关生态和谐、生态保护、生态价值的思考及观念形成了朴素的生态文明思想，这些思想不仅为古代生态环境的保护和利用提供了指导，其中的精髓也延续至今。新时代，以习近平同志为主要代表的中国共产党人对古代生态文明思想进行了积极有效的汲取，同时还通过创造性转化与创新性发展，提出"生态文明建设"的主张，认为作为"五位一体"总体布局之一的"生态文明建设"，"事关中华民族永续发展和'两个一百年'奋斗目标的实现"，不仅关乎人民幸福生活，而且关乎民族未来发展。

"生态文明建设"对古代生态文明思想的创造性转化与创新性发展，不仅展现在对其核心思想理念及精神的科学继承上，还表现在对其核心观念的新诠释与新表达上。

一是"人与自然和谐发展"对古代生态和谐观的创造性转化与创新性发展。在古人看来，天、地、人是一体的，如董仲舒所言，"天人之际，合而为一""天地人，万物之本也"。人与天地并存而不是相克相斗，万物并育而不是相互伤害，这种"天人合一"、人与自然和谐共生的观点及主张，最终建构成一种朴素的生态和谐观。古代生态和谐观的核心主张是"天人和合""爱无差等"，因而主张"仁爱万物""和谐共生"。这种观念强调人应与自然和谐共存，而不是一味地向自然索取，更不是一味地伐木山林、杀鸡取卵、竭泽而渔。当然，这种生态和谐还表现在对山、河、田的科学治理上，而不是一味地任由洪水泛滥、山地荒废、虫害频生。因此，古人完成了兴修都江堰、治理黄河、治理虫害、屯垦戍边等壮举。古代生态和谐观为人利用自然、依赖自然、尊重自然提供了思想指导，促进了人与自然的和谐共生。尽管这一观念比较朴素，但是其核心的思想理念及精神已经跨越时空，流传至今。新时代，以习近平同志为主要代表的中国共产党人不仅对古代生态和谐观进行了吸收借鉴，而且将其创造性转化和创新性发展为"人与自然和谐发展"的新理念。"人与自然和谐发展"秉承了古代生态和谐观对自然的认识，继承了人与自然和谐共生的核心思想，汲取了合理利用自然、科学对待自然的精神，还对古代生态和谐观进行了新的诠释。在习近平看来，"我们要坚持人与自然和谐共生"，人与自然和谐问题的解决需要付诸"绿色发展"，因而，我们要

牢固树立社会主义生态文明观，推动形成人与自然和谐发展现代化建设新格局，为保护生态环境做出我们这代人的努力！显然，以习近平同志为主要代表的中国共产党人将"人与自然和谐发展"置于新时代的历史背景之下，并直面当前生态"不和谐"的问题，以"生态文明建设"为追求，以社会的可持续发展及人的全面发展为出发点和归宿。可见，"人与自然和谐发展"是对古代生态和谐观的思想继承及话语创新，而古代生态和谐观通过"人与自然和谐发展"实现了基因的流传和精神的赓续。

二是"绿水青山就是金山银山"对古代生态价值观的创造性转化与创新性发展。古人爱护自然、保护自然，将天地人视为一体，但绝不意味着要远离"自然"。人生活在"自然"之中，需要从"自然"中汲取生活生产资料，也需要合理地利用"自然"实现发展。这进而涉及何以看待"自然"的价值，即生态价值观的问题。实际上，我国古代思想家，一方面看到了人的生存与发展离不开生态环境，可谓"教民养育六畜，以时种树，务修田畴，滋植桑麻，肥烧高下，各因其宜，丘陵阪险不生五谷者，以树竹木。春伐枯槁，夏取果，秋畜疏食，冬伐薪蒸，以为民资。是故生无乏用，死无转尸""观鸟兽之文与地之宜，近取诸身，远取诸物……作结绳而为罔罟，以佃以渔"；另一方面看到了人可以通过保护生态、爱护生态而受益，"是故草木之发若蒸气，禽兽之归若流泉，飞鸟之归若烟云，有所以致之也"。因而古人强调，"山林非时，不升斤斧，以成草木之长"。如若违背生态规律，肆意破坏生态，"凿地数百丈，销阴气之精，地臧空虚，不能含气出云，斩伐林木亡有时禁，水旱之灾未必不由此也"。古代生态价值观评估了生态的价值及保护的意义，为古代社会的生态保护提供了思想指导。新时代，以习近平同志为主要代表的中国共产党人对这一思想观念进行了科学继承，同时赋予它新的内涵及新的表现形式，并将其转化发展为"绿水青山就是金山银山"。"绿水青山就是金山银山"在话语上实现了对古代生态价值观的通俗化、意象化表达，同时它还汲取了古代生态价值观中核心的思想理念及生态获益精神。

此外，新时代围绕"绿水青山就是金山银山"的深入探讨，丰富了古代生态价值观的内涵，诸如辩证地看待绿水青山与金山银山，提高把"绿水青山"转变为"金山银山"的能力，"积极探索推广绿水青山转化为金山银山的路径，选择具备条件的地区开展生态产品价值实现机制试点，探索政府主导、企业和社会各界参与、市场化运作、可持续的生态产品价值实现路径"。显然，古代生态价值观的核心思想通过"绿水青山就是金山银山"实现了延续，并焕发生机，而"绿水青山就是金山银山"根植于古代生态价值观的沃土，引导人们保护生态，爱护生态。

三是"维护生态安全"对古代生态保护观的创造性转化与创新性发展。古人受"中和"思想的影响，生发了"先王之法，畋不掩群，不取麛夭，不涸泽而渔"

"焚林而田，偷取多兽，后必无兽""故苟得其养，无物不长；苟失其养，无物不消"等朴素的生态保护观。古代生态保护观充满思辨色彩，强调人与自然万物之和谐，重视从禁时、限用等方面来引导民众对生态的保护，诸如《国语·鲁语》指出："山不槎蘖，泽不伐夭。"又如《管子·八观》所言，"山林虽广，草木虽美，禁发必有时"。所以，《管子·禁藏》云："当春三月……毋伐木，毋夭英，毋拊竿，所以息百长也。"而《荀子·王制》指出："草木荣华滋硕之时则斧斤不入山林，不夭其生，不绝其长也。"古代生态保护观从"用"的限制出发，强调"罔罟必有正"，即呼吁民众的自觉与自律，甚至出台了一系列乡规民约，乃至诉求"圣王之制"来维护生态保护。显然，这些思想、观念及做法为古代生态保护提供了保障，同时为现代生态安全及生态治理提供了借鉴。新时代，以习近平同志为主要代表的中国共产党人对古代生态保护观进行创造性转化和创新性发展，提出了"维护生态安全"的观念。"维护生态安全"科学继承了古代生态保护观中诸如禁时、限用等思想，汲取了约束机制建设、民众参与的主张，同时还在生态保护的内涵及方法上进行了丰富及拓展。"维护生态安全"，诉求于制度建设，即"只有实行最严格的制度、最严密的法治，才能为生态文明建设提供可靠保障"。具体言之，"健全自然资源资产管理体制，加强自然资源和生态环境监管，推进环境保护督察，落实生态环境损害赔偿制度，完善环境保护公众参与制度"，还要建立责任追究制度，对那些不顾生态环境盲目决策从而造成严重后果的人，必须追究其责任，而且应该终身追究。诉求于多主体的参与，各级党委、政府及各有关方面要把生态文明建设作为一项重要任务，同时生态文明建设也与每个人息息相关，每个人都应该做践行者、推动者，还要动员全社会力量推进生态文明建设，让人民群众在绿水青山中共享自然之美、生命之美、生活之美，走出一条生产发展、生活富裕、生态良好的文明发展道路。可见，"维护生态安全"不仅在话语表达上，而且在内涵上都对古代生态保护观进行了赋新，从而使其核心思想及人文精神实现新发展。

可见，"五位一体"总体布局对中华优秀传统文化绝非简单地汲取，而是经历了创造性转化和创新性发展。而创造性转化和创新性发展促进了古代经济发展思想、传统执政理念、古代文化建设思想、传统社会建设思想、古代生态文明思想等的核心思想理念及人文精神的延展，并赋予它们新的内涵及话语表现形式，使其焕发新的生机与活力。同时，对中华优秀传统文化的"创造性转化和创新性发展"为"五位一体"总体布局提供了思想借鉴、智慧支持及人文精神，增强了"五位一体"总体布局对中华优秀传统文化的汲取力度，并展现了新时代"五位一体"总体布局对中华优秀传统文化的继承与发展。显然，中华优秀传统文化在"五位一体"总体布局的创造性转化和创新性发展，是其新时代延续的重要形式之一，也是新时代复兴与繁荣中华文化的重要举措与表现之一。传统文化的延续是缓慢的，而新时代文化建设的开放、包容，肯定了传统文化中优秀因子的时代价值，推动了传统文化的时代延续。当然，在"创造性转化和创新性发展"过程中，还需要认识到"传统"的局限性及意识形态性，因而绝不能拔高中华优秀传统文化对"五位一体"总体布局的作用，以警惕"文化保守主义"的反扑。此外，需要给予阐明的是，"五位一体"总体布局具有系统性，要全面推进经济建设、政治建设、文化建设、社会建设、生态文明建设，促进现代化建设各个环节、各个方面协调发展，不能长的很长、短的很短。本节将经济建设、政治建设、文化建设、社会建设、生态文明建设逐一列出并与传统文化中的相关思想观念一一对应，只是为了更好地展现对主题的诠释，绝非意在撕裂它们的整体性。

## 第二节　中华优秀传统文化在"四个全面"战略布局中的创造性转化与创新性发展

党的二十大党章修正案在总纲第十一自然段，对"四个全面"战略布局内容作了适当调整，将"协调推进全面建成小康社会、全面深化改革、全面依法治国、全面从严治党"修改为"协调推进全面建设社会主义现代化国家、全面深化改革、全面依法治国、全面从严治党"。将"四个全面"战略布局写入党章，并与时俱进对其内容作适当调整，是新形势新目标新任务的必然要求，对于继续推进新时代中国特色社会主义伟大事业具有重要意义。

"四个全面"战略布局是我们党在新形势下治国理政的总方略。党的十八大以来，以习近平同志为核心的党中央从坚持和发展中国特色社会主义全局出发，提出并形成了全面建成小康社会、全面深化改革、全面依法治国、全面从严治党"四个全面"战略布局，确立了新形势下党和国家工作的战略目标和战略举措，为实现"两个一百年"奋斗目标、实现中华民族伟大复兴的中国梦提供了理论指导和实践指南。党的十九大报告指出："从十九大到二十大，是'两个一百年'奋斗目标的历史交汇期。我们既要全面建成小康社会、实现第一个百年奋斗目标，又要乘势而上开启全面建设社会主义现代化国家新征程，向第二个百年奋斗目标进军。"党的十九届五中全会明确"十四五"时期经济社会发展主要目标和2035年远景目标，并进一步提出协调推进全面建设社会主义现代化国家、全面深化改革、全面依法治国、全面从严治党的战略布局。习近平总书记2021年7月1日在庆祝中国共产党成立100周年大会上的讲话中代表党和人民庄严宣告："我们实现了第一个百年奋斗目标，在中华大地上全面建成了小康社会，历史性地解决了绝对贫困问题，正在意气风发向着全面建成社会主义现代化强国的第二个百年奋斗目标迈进。"党的十九届六中全会指出，习近平新时代中国特色社会主义思想明确中国特色社会主义事业"战略布局是全面建设社会主义现代化国家、全面深化改革、全面依法治国、全面从严治党四个全面"。党的二十大报告指出,"未来五年是全面建设社会主义现代化国家开局起步的关键时期"。"四个全面"战略布局,是党在新时代把握我国发展新特征确定的治国理政新方略,抓住了党和国家事业发展中根本性、全局性、紧迫性的重大问题,完善了推进改革开放和现代化建设的顶层设计,集中体现了党和国家事业长远发展的战略目标和举措。

全面建设社会主义现代化国家,是我们党在全面建成小康社会奋斗目标完成之后新的奋斗目标,是我国社会主义现代化建设"三步走"总体战略的继续和深入,是我们党在综合分析国际国内形势和我国发展基础上作出的重大决策,是我们党适应我国发展实际作出的必然选择。在"四个全面"战略布局中,全面建设社会主义现代化国家是战略目标,居于引领地位,我们所有奋斗都要聚焦于这个目标。二十大党章修正案对"四个全面"战略布局内容作适当调整,明确写入全面建设社会主义现代化国家,有利于各级党组织和广大党员、干部更加深刻地领会全面建设社会主义现代化国家这个战略目标,准确把握新时代新征程党的使命任务,团结一致向前进;有利于强化广大党员、干部的总体战略意识,深刻理解和把握"四个全面"战略布局的整体性和协调性,更好解决我国当前存在的突出问题,推动经济社会协调发展,推动实现第二个百年奋斗目标、实现中华民族伟大复兴的中国梦。

## 一、"全面建成小康社会"对传统小康思想的创造性转化与创新性发展

"小康"是古人对美好生活的一种憧憬,最早源于《诗经·大雅》,所谓"民亦劳止,汽可小康"。孔子在《礼记·礼运》中将其阐释为:"以著其义,以考其信,著有过,刑仁讲让,示民有常。如有不由此者,在执者去,众以为殃,是谓小康。"此外,宋代文学家洪迈的《夷坚志》则称:"久困于穷,冀以小康。"明成祖朱棣也曾言:"如得斯民小康,朕之愿也。"作为古人所追求的一种理想社会状态,"小康"可谓是国家有治、社会有序、百姓安定。改革开放以来,邓小平对"小康"进行了"中国式的现代化"的诠释,从而将"小康"带入现代社会。党的十八大以来,以习近平同志为主要代表的中国共产党人对传统小康思想进行了新的诠释及发展,并最终将其创造性转化和创新性发展为"全面建成小康社会"的新思想。

一是"小康讲的是发展水平"对传统小康内涵的创造性转化和创新性发展。在古代社会,"民亦劳止"的残酷现实,迫使人们梦想着"小康",因而"小康"最初意指安乐祥和的一种生活状态。此外,洪迈则将"小康"意指为"经济宽裕",明成祖朱棣则认为,"家给人足"则为"小康"。而在改革开放的总设计师邓

小平看来，"小康"就是一种"丰衣足食"的状态，正如他所言，"所谓小康社会，就是虽不富裕，但日子好过"。在经济指标上，"所谓小康，从国民生产总值来说，就是年人均达到八百美元"。可见，新时代将"小康"的内涵从最初的"生活安乐""经济宽裕"，以及改革开放以来的"丰衣足食"，进一步创造性诠释为"发展水平"，不仅赋予"小康"新的时代性意涵，而且拓宽了"小康"的语义，丰富了"小康"的"所应是"。

二是"全面小康"对传统小康外延的丰富及发展。在习近平看来，"全面建成小康社会，强调的不仅是'小康'，而且更重要的也是更难做到的是'全面'"。而"'全面'讲的是发展的平衡性、协调性、可持续性"，具体表现为覆盖领域的全面，是"五位一体"全面进步的小康；覆盖人口的全面，是"惠及全体人民的小康"；覆盖区域的全面，是城乡区域共同发展的小康。而传统"小康"概念的外延即便如孔子所言："今大道既隐，天下为家，各亲其亲，各子其子，货力为己，大人世及以为礼。城郭沟池以为固，礼义以为纪；以正君臣，以笃父子，以睦兄弟，以和夫妇，以设制度，以立田里，以贤勇知，以功为己。"涉及"礼"、财物、劳力、权力等诸多方面，但是同新时代"全面小康"相比依然相对狭窄。"全面小康"不仅对"小康"的外延进行了时代化表达，还使其进一步丰富。

三是"全面建成小康社会"对传统小康社会定位的科学继承及发展。尽管"小康"是古人所追求的一种理想社会，但是在孔子看来，"小康"还只是一种低级的理想社会状态，"大同"社会才是人类所追求的一种更高等级的理想社会。实际上，"大同"最早出自《礼记·礼运》，是一种人人为公的理想社会。它优于"小康"社会，基本特征是人与人之间平等、友爱、互助，家家安居乐业，没有纷争。后来经过陶渊明的"桃花源"、康有为的"大同理想"等的进一步诠释及发展，最终成为古代理想社会的一种象征性符号。"小康"社会是"天下为家"，"大同"社会则是"天下为公"，"小康"只是解决了温饱和社会安定，而"大同"使人更具尊严，更为富足，并使人最终成为"人"，因此孔子将"小康"社会视为通往"大同"社会的阶段性目标。新时代，以习近平同志为主要代表的中国共产党人继承了传统"小康"的社会定位，提出"全面建成小康社会，是我们奋斗目标的第一步，也是关键一步"，从而实现了对"小康"社会的科学看待。实际上，"小康"只是现阶段的奋斗目标，之后还有"基本实现现代化""中华民族伟大复兴""实现共产主义"等伟大目标，而将"全面建成小康社会"视为奋斗目标的第一步，则是新时代对传统"小康"社会历史性定位的重要发展。

四是"全面建成小康社会"对传统小康的时代化表达及话语上的创新。在习近平看来，"使用'小康'这个概念来确立中国的发展目标，既符合中国发展实际，也容易得到最广大人民理解和支持"。此外，以习近平同志为主要代表的中国共产党人还对"全面建成小康社会"的原因、根本目的、基本标志、重要任务、意义等进行了阐释，促进了"全面建成小康社会"内涵的丰富，并最终使"全面建成小康社会"成为一个具有固定表述形式及内涵日趋丰富的词，从而实现了对传统小康思想的创造性转化和创新性发展。

### 二、"全面深化改革"对传统变革观的创造性转化与创新性发展

人类社会始终处于不断变化和发展之中，尤其是当社会长期处于僵化状态，旧的生产关系难以适应生产力发展需要之际，变革则成为推动社会发展进步的重要力量。我国古代思想家们对社会的变革有着深刻的认识，提出了"改易更化""革故鼎新""穷则变，变则通"等传统"变革"观念。这些观念反映了古代劳动人民对变化、革故、求新的强烈诉求，正是在这些思想观念的指引下，"在几千年历史长河中，中国人民始终革故鼎新、自强不息"，留下了商鞅变法、王莽改制、北魏孝文帝改革、庆历新政、王安石变法、戊戌变法等革故求新的壮举。邓小平在科学继承传统变革观的基础上，结合时代要求，提出了"改革开放"的主张，并赋予"改革"新的内涵。党的十八大以来，以习近平同志为主要代表的中国共产党人通过对传统变革观的创造性转化和创新性发展，提出了"全面深化改革"的新理念，为中国特色社会主义改革开放的再出发提供了思想指引。

一是"推进国家治理体系和治理能力现代化"对"改易更化"思想的创造性转化和创新性发展。"改易更化"是传统变革观的重要主张，其中"易"来自《易经》，常指"变化"，而"更化"语出《汉书·董仲舒传》，所谓"譬之琴瑟不调，甚者必解而更张之，乃可鼓也；为政而不行，甚者必变而更化之，乃可理也"。在董仲舒看来，"更化"是对治理策略和治理方法的改变。"改易更化"是要在国家治理方略上不断谋求变化，使封建皇权巩固、社会有序、民众安居乐业。新时代，以习近平同志为主要代表的中国共产党人在批判继承"改易更化"观念的基础上，提出"完善和发展中国特色社会主义制度，推进国家治理体系和治理能力现代化"。由此可见，全面深化改革的总目标为"制度"的不断完善与"治理"能力的不断提升。显然，"推进国家治理体系和治理能力现代化"对"改易更化"之改变治理策略的意涵进行了吸收借鉴，同时对其进行了发展，不仅扩充了其语义，而且丰富了其能指与所指，最终使其成为一个更富时代内涵、更符合当代话语表达习惯、更容易为人们所认知和接受的新理念。

二是"自觉通过完善上层建筑适应经济基础发展要求"对"穷则变，变则通"思想的科学继承发展。古人云："易穷则变，变则通，通则久，是以自天佑之，吉无不利。""穷则变，变则通"揭示了变革的前置性及必要性，同时指明了"变"的结果为"通"。实际上，古代思想家对"变"的必要性、时机及结果有着深刻的

认识，如《周易》云："文明以说，大亨以正。革而当，其悔乃亡。天地革而四时成，汤武革命，顺乎天而应乎人。革之时大矣哉！"葛洪指出："变化者，乃天地之自然。"在宋代理学家程颐看来："事之当革，若畏惧而不为，则失时为害。"新时代，以习近平同志为主要代表的中国共产党人在吸收借鉴以上观念的基础上，对"穷则变，变则通"进行了科学继承，认为"我们要勇于全面深化改革……自觉通过完善上层建筑适应经济基础发展要求，让中国特色社会主义更加符合规律地向前发展"。"自觉通过完善上层建筑适应经济基础发展要求"是一个自觉调整的过程，亦是一个"变"的过程，弘扬了古人的"求变"精神，旨在促进中国特色社会主义实现更好的发展，实现了对"变则通"之"通"的时代化阐释及发展。

三是"让发展成果更多更公平惠及全体人民"对传统"变革"理念的创造性转化和创新性发展。古代思想家对变革的不懈追求，往往是为了扭转动荡的时局、僵化的社会、禁锢的思想、腐败不堪的统治，以转乱为治、转危为安。然而，基于阶级的局限，历史上大多数"变革"，往往是为了维护阶级统治，巩固皇权，以实现永治久安。正如曾巩所言："变革因循，号令必信，使海内观听莫不震动。"也如贾谊所指："变化应时，故旷日长久而社稷安矣。"新时代，以习近平同志为主要代表的中国共产党人继承了"变革"稳固社会秩序、增强社会活力、济民安民的目的，摒弃了其维护帝王统治的阶级诉求，最终将其转化为"让发展成果更多更公平惠及全体人民"。"让发展成果更多更公平惠及全体人民"是全面深化改革的根本旨趣，是对传统为民、利民、惠民思想的时代化表达，同时摒弃了阶级属性，推动了其在新时代的创造性转化和创新性发展。实际上，古往今来，无论是"改易更化""革故鼎新"，还是"改革开放""全面深化改革"，都体现了人民变革图强的追求，而这种求变、求新、求强的精神必将一代又一代延续下去，因此人们对于传统变革观的创造性转化和创新性发展也将永不止息。

## 三、"全面依法治国"对传统法治思想的创造性转化与创新性发展

中华民族创造了无比璀璨的文化，也积累了丰富的治国理政经验。实际上，"我国古代思想家很早就认识到法治的重要性"，早在夏商之时就留下了"夏有乱政而作《禹刑》"（《左传》）的记载。在漫长的历史发展进程中，古代思想家围绕法治的可行性、重要性、科学性、局限性等提出了"故治国无法则乱，守法而弗变则悖""法令行则国治，法令弛则国乱""天下之事，不难于立法，而难于法之必行"等观点，形成了传统法治思想，并对现代法治建设产生了重要的影响。改革开放以来，邓小平、江泽民、胡锦涛等党和国家的领导人高度重视"法治"的作用，提出了"依法治国"的理念。在党的十五大上，江泽民明确地将依法治国作为一项重要的基本方略，从而推动了国家治理的法治化进程。新时代，以习

近平同志为主要代表的中国共产党人在继承"依法治国"思想的基础上，通过对传统法治思想的创造性转化和创新性发展，提出了"全面依法治国"的新论断。

一是"建设中国特色社会主义法治体系，建设社会主义法治国家"对"道法者治"思想的创造性转化和创新性发展。古代政治家及思想家对法治的追崇，归根到底皆源于"道法者治"，正所谓"道私者乱，道法者治"，在古人看来，法治是国家治理的重要手段，也是实现天下大治的重要方法。故商鞅指出："明主之治天下也，缘法而治。""法令者，民之命也，为治之本也。"韩非子则云："国无常强，无常弱。奉法者强则国强，奉法者弱则国弱。"同时，古人早已认识到法律的制定及实行，不仅关乎国家的长治久安、社会的安定有序，而且还影响国家的强盛、皇权的巩固，提出了"道法者治"的思想观念，并留下了《法经》《秦律》《九章律》《晋律》《武德律》《贞观律》《唐律疏议》等数不胜数的律法规章，从而促进了古代法治思想的发展，为古代社会的有法可循、有法可依提供了重要支撑。新时代共产党人科学继承了"道法者治"的思想观念，并将其创造性转化和创新性发展为全面依法治国的总目标，即"建设中国特色社会主义法治体系""建设社会主义法治国家"。全面依法治国关系到治国理政的井然有序，关系到国家各项战略目标、民族复兴伟业的实现，可谓"不全面依法治国，国家生活和社会生活就不能有序运行，就难以实现社会和谐稳定"。实际上，"建设中国特色社会主义法治体系"不仅是对传统立法观念的继承，而且实现了对其话语的时代性表达及立法内容的时代性发展。而"建设社会主义法治国家"直接继承了"道法者治"的重"法"思想，同时根据时代要求进一步创造性转化和创新性发展，并赋予其社会主义色彩。

二是"坚持依法治国和以德治国相结合"对"礼法合治"思想的创造性转化和创新性发展。尽管"法治"作为一种强制性的治理方式，能够促进国家规范治理，但是若一味地强调"法治"，往往会走上"暴政"。古代思想家很早就认识到"法治"的局限及"德治"对其的必要补充，如康有为所言，"夫有法制，而无道德以为之本，则法律皆伪，政治皆敝"，因而提出了"礼法合治"的思想观念，试图以"礼治"来补充"法治"，实现德治与法治的良性结合。作为"法治"有效补充的"礼治"，是以"亲亲"和"尊尊"观念为基础的，主张"以礼制欲"，试图通过一套纲常为本的伦理秩序实现天下的大治，显然这是一种软性的治理方式，对"法治"的刚性治理起到了调和作用，从而使社会张弛有度，国家日趋善治。以习近平同志为主要代表的中国共产党人科学继承了"礼法合治"的观念，吸收了其德治与法治相结合的思想意涵，同时扬弃了它所带有的阶级色彩及历史局限，赋予其新时代的内涵，最终将其创造性转化和创新性发展为"坚持依法治国和以德治国相结合"。在习近平看来，坚持依法治国和以德治国相结合，就要重视发挥道德的教化作用，提高全社会文明程度，为全面依法治国创造良好的人文环境。坚持依法治国和以德治国相结合，不仅吸收借鉴了"礼法合治"的核心思想，而且还根据当今时代的话语特点及新时代治国理政的实际需要，赋予"礼法合治"新的话语表现形式及新的语义所指，从而使"礼法合治"焕发新的生机与活力。

三是"必须紧紧围绕保障和促进社会公平正义来进行"对"中者立法之本"思想的科学继承发展。全面依法治国的根本要求是"必须紧紧围绕保障和促进社会公平正义来进行"。如果丢弃了公平正义，全面依法治国则违背了初衷，并丧失了合法性。这源自对"中者立法之本"的科学继承发展。古人云："中者立法之本，信者行法之要。"揭示了公平正义的重要意义。实际上，"中者立法之本"强调"法治"效用的发挥以公平正义为出发点，也以其为归宿，即"法治"的初衷是保障和促进社会公平正义，故有"法分明则贤不得夺不肖，强不得侵弱，众不得暴寡"。同时，"法治"在运行的过程中还要秉持公平正义，可谓"法者天下之公器，惟善持法者，亲疏如一"。新时代，以习近平同志为主要代表的中国共产党人提出的"必须紧紧围绕保障和促进社会公平正义来进行"，吸收借鉴了"中者立法之本"对公平正义的要求，同时摒弃了其封建社会属性，赋予其更富现代色彩的话语表达，使"中者立法之本"的核心思想以新的表现形式为当代法治建设贡献智慧。

## 四、"全面从严治党"对传统吏治思想的创造性转化与创新性发展

自古以来，国家公职人员的治理关系着政权的巩固和国家的长治久安。韩非子说："吏者，民之本纲者也，故圣人治吏不治民。"在我国历史发展长河中，古代思想家们提出了"欲治国者必先治吏，欲治吏者务必从严"、清廉从政、勤勉奉公、修身正己等观念及主张，形成了一套传统的吏治思想，为古代官吏治理提供了指导。尽管传统吏治思想产生于特定的阶级社会，"也带有明显的历史和阶级局限，其中有不少封建糟粕"，但是其廉洁操守、奉公品格、恤民精神等却对现代社会的政党治理有重要的借鉴价值。实际上，中国共产党人对传统吏治思想进行了积极借鉴，正如江泽民提出的"治国必先治党，治党务必从严"。党的十八大以来，以习近平同志为主要代表的中国共产党人特别强调从严治党，"注重把继承传统和改革创新结合起来，把总结自身经验和借鉴世界其他政党经验结合起来"。为此，以习近平同志为主要代表的中国共产党人通过对传统吏治思想的创造性转化和创新性发展，提出了"全面从严治党"的新观念。

一是"把党风廉政建设和反腐败斗争作为全面从严治党的重要内容"对传统廉政观的科学继承发展。"廉政"是古代吏治的核心内容，古人提出了"能吏寻常见，公廉第一难""廉者，民之表也""世路无如贪欲险，几人到此误平生"等

主张，并形成了一套极具阶级特色的传统"廉政"观。"廉政"意指官吏在履职中能够去私为公，清正廉明。"廉政"是古代官吏的基本操守，首先，它强调"廉"，正如《管子·牧民》所指出的，国有四维，而"廉"被列为第三。"廉"是一种高尚的修养和为官品格，一旦为官为吏者失去了廉德、廉心、廉能，必将导致贪腐，政治生态也必然遭到破坏，国之大厦随之将倾。其次，重视"奉公"。"奉公"即是要克制私欲，一心为公，彰显克己为公的高尚情怀，《韩非子·有度》中曾说："当今之时，能去私曲就公法者，民安而国治。""廉政"使官吏身清气正，使政治清明，使治国走向有序。有关廉政的一些传统箴言至今依然值得人们去学习领会，可谓"研究我国反腐倡廉历史，了解我国古代廉政文化，考察我国历史上反腐倡廉的成败得失，可以给人以深刻启迪，有利于我们运用历史智慧推进反腐倡廉建设"。实际上，新时代，以习近平同志为主要代表的中国共产党人提出"把党风廉政建设和反腐败斗争作为全面从严治党的重要内容"，扬弃继承了传统廉政观所蕴含的廉洁、清明、奉公等核心思想内容，弘扬发展了传统廉政精神，摒弃了传统廉政观的封建阶级属性，从而使其以新的话语表达散发出不朽的思想魅力。

二是"坚持思想建党和制度治党紧密结合"对传统治吏范式的创造性转化和创新性发展。传统社会在漫长的发展历程中形成了一套德法并举的治吏范式。一方面，以道德教化为手段，强调对官吏实施"德治"。古代社会重视"官德"教育，提出了"政者，正也""公生明，廉生威""立德、立功、立言""清、慎、勤"等教化主张，留下了《州县提纲》《作邑自箴》《官箴》《朱文公政训》《西山政训》《三事忠告》《官箴集要》等官箴，并试图通过思想道德教化来引导和规劝官吏树立"良吏"的人生目标，进而实现"吏治"之目的。另一方面，以法律制度为手段，通过"法治"促进对官吏的良性治理。古代社会围绕官吏治理形成了一整套相对完备的制度：早在周代就有了监察制度，"周制：三载考绩，三考黜陟"；唐代考课法作为《唐令》第一篇法规颁布施行，古代官吏考绩制度趋于完善。此外，古代还制定了严厉的官吏惩戒制度，西周《吕刑》规定"五过之疵"，而唐代的《唐律》、元代的《大元通制》、明代的《大明会典》、清代的《大清会典》等都有惩治官吏不法行为的规定。将官吏治理付诸法治，起到了刚性约束，是一种理性的治理方式。新时代，以习近平同志为主要代表的中国共产党人吸收借鉴了古代"德法并举"的治吏范式，提出"坚持思想建党和制度治党紧密结合"的治党主张。习近平认为，"从严治党靠教育，也靠制度，二者一柔一刚，要同向发力、同时发力"。"思想建党"则是要通过思想道德教化推动党的治理，显然这是对古代以德治吏思想的科学继承及发展。而"制度治党"强调"制度"在党员领导干部治理中的运用，是对古代以法治吏思想的科学继承及发展。当然，"坚持思想建党和制度治党紧密结合"摒弃了古代"德法并举"治吏范式的阶级性、规训性等不足，推动了话语表达的时代化及"能指"建构的科学化。

三是"作风建设永远在路上"对"修身正己"观念的创造性转化和创新性发展。古往今来的官吏治理，无不重视作风建设，尤其关注官吏之修养。古人曾提出"修身正己"的观念，试图通过修身，实现齐家、治国、平天下的目标。"修身正己"是儒家首倡的一种修养，追求以"道心"克制"人心"。"修身"意指涵养德行、陶冶身心，是治国平天下的开端，身不修则家不齐，家不齐则国不治，国不治则天下难以太平。所以孟子指出，"天下之本在国，国之本在家，家之本在身"。孟子又云："君子之守，修其身而天下平。""正己"则是端正自己的言行，严于律己。"正己"才能以身示范，故而孔子有言："子帅以正，孰敢不正？"而孟子则曰："大人者，正己而物正者也。"可见，"修身正己"是为官、为吏的基本修养。当然，古人以"修身正己"营造良好政风，凸显了对"自律"的强调，是值得学习与借鉴的。而"全面从严治党"强调"作风建设永远在路上"，正是继承发展了这种从"自身"为始的建设方法。"三严三实"继承发展了"修身正己"的严于修身、严于律己、严于自省的核心思想及慎独、慎初、慎微的精神。当然，以习近平同志为核心的党中央，结合新时代党的作风建设，丰富了作风建设的内涵及外延，并以群众路线教育实践活动、"三严三实"专题教育、"学党章党规、学系列讲话，做合格党员"学习教育、"不忘初心、牢记使命"主题教育、党史学习教育等丰富了作风建设的形式，从而实现了对"修身正己"观念的创造性转化和创新性发展。

可见，新时代"全面从严治党"广泛吸收借鉴了传统吏治思想的积极因素，并且更加强调全面、从严，而治理的"对象"也更为广泛。同时，"全面从严治党"的表述富有中国特色社会主义话语特色，也更能为当代人所传播和接受，进而在表达形式上实现了一定的创新。此外，以习近平同志为主要代表的中国共产党人还就"全面从严治党"的必要性、实施战略、目标等进行了阐述，使得"全面从严治党"的思想内涵日趋丰富，并最终成为一个富有时代气息的创新性思想理念。

## 第三节　中华优秀传统文化在"五大发展理念"中的创造性转化与创新性发展

理念引导行动，"一定的发展实践都是由一定的发展理念来引领的"。自党的十八大以来，以习近平同志为主要代表的中国共产党人根据中国特色社会主义的特点和民族复兴伟大实践的要求，提出了创新、协调、绿色、开放、共享的五大发展理念。尽管这些新的发展理念蕴含新的知识、新的经验及新的思想，但是它们都有着深厚的传统文化渊源。实际上，"五大发展理念"不仅大量吸收借鉴了中华优秀传统文化中的相关思想理念，而且还实现了对这些优秀传统思想理念的创造性转化和创新性发展，从而使它们焕发新的生机与活力，并以新的表达形式、新的思想内涵服务于当代社会发展。

## 一、"创新发展"对传统维新观的创造性转化与创新性发展

创新是人类社会发展进步的不竭动力，也是实现中华民族伟大复兴的重要保障。历史和现实证明，中华民族从来都不缺乏创新的基因，可谓"创新精神是中华民族最鲜明的禀赋"。我国古代思想家们很早就提出了"周虽旧邦，其命维新""不日新者必日退""苟日新，日日新，又日新"等维新观念。千百年来，这些维新观激励着中华儿女敢于突破陈规旧习、束缚偏见，并通过观念更新来推动社会的发展和历史的进步。传统维新观对现代创新理念的生成产生了重要的影响，并且通过创造性转化和创新性发展，最终转变成新时代的创新发展理念。

一是"把创新摆在国家发展全局的核心位置"对"旧邦维新"思想的创造性转化和创新性发展。"创新"是一个民族持之以求的事业，也是从国家层面推动的一项重要工作。《诗经·大雅》曾言："周虽旧邦，其命维新。"特别强调了"维新"是"旧邦"的重要使命。实际上，"旧邦维新"不仅展现了古代社会对求新、求变的伟大追求，还表征了古人对"维新"的高度重视。党的十八大以来，以习近平同志为主要代表的中国共产党人对"旧邦维新"思想进行了科学继承，吸收了其将"维新"视为"旧邦"使命的核心理念，并根据"创新"在国家发展中的实际地位，提出了"把创新摆在国家发展全局的核心位置"的观点。显然，"把创新摆在国家发展全局的核心位置"使"维新"创造性转化和创新性发展为"创新"，使传统的"旧邦"创造性转化和创新性发展为现代性的"国家"，同时申明了"创新"处于"核心位置"，进而实现了对"旧邦维新"意涵的拓展及话语形式的丰富。

二是"抓创新就是抓发展，谋创新就是谋未来"对"不日新者必日退"精神的弘扬传承。古人对"维新"的重视，皆源于"维新"对历史进步所起的重要推动作用。故而古人留下了"不日新者必日退"的箴言，其最初意指学业上的进取，后来人们警示后人应致力于对"新"的追求，否则将被时代所淘汰，并陷入退步的泥沼。"日新"与"日退"是一种辩证关系，"日新"带来发展，"日退"意味着丢弃了未来。新时代，以习近平同志为主要代表的中国共产党人继承了"不日新者必日退"的"日新"精神，肯定了"日新"推动历史进步的重要作用，并延伸为"抓创新就是抓发展，谋创新就是谋未来"，指出"把创新作为引领发展的第一动力"，同时对不断创新、持续创新进行了强调。显然，将"新"阐释为"创新"，将"退"反向引申为"发展"及"未来"，促进了"不日新者必日退"在新时代的

创造性转化和创新性发展。

三是"不断推进理论创新、制度创新、科技创新、文化创新等各方面创新，让创新贯穿党和国家一切工作，让创新在全社会蔚然成风"对"苟日新，日日新，又日新"思想的引申发展。在古人看来，"维新"是一项持续进行的事业，故而提出了"苟日新，日日新，又日新"的箴言，激励人们对维新的坚持。当然，"苟日新，日日新，又日新"不仅强调"日新"的不断坚持，还表征了"日新"的永无止境，并且将"日新"视为一种恒业。新时代，以习近平同志为主要代表的中国共产党人继承了"日新"的不懈努力，肯定了"日新"的持久性及对其的坚持，同时将"日新"创造性转化和创新性发展为"创新"，将"日新"在时间维度的延伸转变为空间维度的扩展，提出"不断推进理论创新、制度创新、科技创新、文化创新等各方面创新，让创新贯穿党和国家一切工作，让创新在全社会蔚然成风"，从而实现了对"苟日新，日日新，又日新"的科学继承发展。当然，无论是"苟日新，日日新，又日新"，还是新时代中国共产党人强调的不断创新及"让创新在全社会蔚然成风"，其旨趣皆在于古人所云的"日新之谓盛德"，也就是以创新推动发展，以创新发展促进中华民族伟大复兴的早日实现。

"创新发展"理念不仅从话语表达上使"创新"与"发展"科学嫁接，实现了对"旧邦维新""不日新者必日退""苟日新，日日新，又日新"等话语表达的创新，而且在思想内涵上进行了丰富及拓展。当然，"创新发展"对传统维新观的创造性转化和创新性发展，使它们以新的形式、新的意涵，在服务于新时代治国理政的同时，焕发新的生机与活力。

## 二、"协调发展"对传统"和合"理念的创造性转化与创新性发展

中华民族在漫长的发展历程中，形成了"和合"的理念，为社会关系的处理、人际关系的协调等提供了思想指引。"和"是中华文化的精髓，也是古代人民为人处世、谋事兴业的指导原则。故而《中庸》曰："和也者，天下之达道也。""合"多指融合、合作等，所以荀子言"合群者也"。"和合"理念蕴含着丰富的内涵，表现为"协和""中和""贵和"等方面。党的十八大以来，以习近平同志为主要代表的中国共产党人通过对传统"和合"理念的创造性转化和创新性发展，提出了"协调发展"的新理念，实现了对传统"和合"理念的进一步诠释及发展。

一是"促进现代化建设各个环节、各个方面协调发展"对"协和"思想的创造性转化和创新性发展。作为"和合"理念重要思想表现形式的"协和"，最早出自《尚书》，即"百姓昭明，协和万邦"。在古人看来，"协和"意指和睦融洽，通力协和，故而有言"协和阴阳，调训五品""上下交畅，然后万物协和，庶类获义"。可见，"协和"思想不仅强调万物之和，也强调力量之和。"促进现代化建设

各个环节、各个方面协调发展"的主张，就是强调促进城乡区域协调发展，促进经济社会的协调发展，促进新型工业化、信息化、城镇化、农业现代化的同步发展，促进国家硬实力与软实力的协同发展。这不仅科学继承了"协和"思想中融洽、协力的观念，而且还对"协和"的对象及能指进行了明确及丰富，使"协和"的外延得以扩展，并使其以新的诠释形式焕发生机。

二是"协调发展注重的是解决发展不平衡问题"对"中和"思想的创造性转化和创新性发展。传统"和合"理念的重要主张即是"中和"，又曰"持中"，"中"则是"中庸"。孔子指出，"中庸之为德也，其至矣乎"。《中庸》有言，"喜怒哀乐之未发，谓之中"。而朱熹则认为，"中者，不偏不倚，无过不及之名"。可见，"中和"则是贵和尚中，以中庸为操守，控制人的喜怒哀乐之情欲，避免偏、倚行为的发生。新时代，"协调发展"理念继承了这种"中和"的思想观念，正如习近平提出"协调发展注重的是解决发展不平衡问题"。而所谓的"解决发展不平衡问题"，就是要解决发展过程中的偏、倚问题。当然，"协调发展"并非如古人对"中和"思想的极端诠释，绝不可奉行不冒不进的保守主义，也不能搞平均主义，"而是更注重发展机会公平、更注重资源配置均衡"。"协调发展"摒弃了"中和"思想中的消极因素，而将其积极因素发扬光大，并赋予其新的意涵，从而实现了创造性转化和创新性发展。

三是"增强发展整体性"对"贵和"思想的创造性转化和创新性发展。古人将"和"上升为一种高尚的文化精神和具有普遍价值的道德操守，奉行以和为贵，以和为上，进而形成了"贵和"的思想。所以孔子曰："礼之用，和为贵。""贵和"思想是传统"和合"理念的重要表征，它强调和谐共生，协力共进，而非厚此薄彼、顾此失彼。"协调发展"理念对"增强发展整体性"的强调，科学继承了"贵和"的思想精髓，强调各个区域、行业、领域、环节等都要发展，而不是选择性发展或失调性发展。"增强发展整体性"是一种统筹性的工作，是协调发展的基本原则，也是"贵和"思想的要义所在，发展的不协调，会破坏和谐的局面，"和"也就失去了意义。当然，"贵和"思想作为一种传统理念，也有一味尚和、求和而打击主体积极性、丧失发展良机的弊端，因此"协调发展"理念实现了对其的扬弃，"协调是发展两点论和重点论的统一"。"协调发展"激活了"贵和"思想的核心理念，摒弃了其蕴含的消极因素，使其通过转化发展，为当代社会发展提供思想启迪。

新时代，以习近平同志为主要代表的中国共产党人结合时代特点和社会发展实际，将"协和""中和""贵和"等传统"和合"理念的重要思想注入协调发展的新理念之中，并通过新的话语表达形式，使其焕发生机，从而给当代社会发展提供思想启示。实际上，协调发展是一种政治智慧，也是全面建成小康社会、实现中华民族伟大复兴的内在要求。长期以来，我国社会发展处于一种不平衡、不协调的状态，地区之间、城乡之间、行业之间等都存在明显的差距，而协调发展理念的出场，为"木桶效应"的遏制、社会矛盾的化解等提供了思想指引。

## 三、"绿色发展"对传统生态发展观的创造性转化与创新性发展

人因自然而生，人与自然是一个相互依存的生命共同体。在人与自然关系的认识上，古代思想家们有深刻的见解，提出了"万物一体""道法自然""用之有节""万物并育""仁民而爱物"等传统生态发展观，不仅为人们正确认识自然、看待自然提供了指导，而且为人们正确处理人与自然的关系提供了重要启示。在中国特色社会主义新时代，基于我国生态环境保护的严峻形势，以习近平同志为主要代表的中国共产党人通过对传统生态发展观的创造性转化和创新性发展，提出了绿色发展的新理念。所谓坚持绿色发展，"必须坚持节约资源和保护环境的基本国策，坚持可持续发展，坚定走生产发展、生活富裕、生态良好的文明发展道路，加快建设资源节约型、环境友好型社会，形成人与自然和谐发展现代化建设新格局，推进美丽中国建设，为全球生态安全作出新贡献"。可见，"绿色发展"的实质要义"是要解决好人与自然和谐共生问题"，核心主张是尊重自然、顺应自然、保护自然。

一是"尊重自然"对"万物一体"思想的创造性转化和创新性发展。在如何看待自然上，古人并非将自然看成任人宰割的对象，而是将其视为与人地位同等的事物，可谓"万物一体"。正如庄子所云："天地与我并生，而万物与我为一。"在古人看来，人与自然相互依存，和谐共生，同为一体，人与万物同等高贵。为此，程颐指出，"仁者以天地万物为一体"。而明代王阳明则进一步解释："风、雨、露、雷、日、月、星、辰、禽、兽、草、木、山、川、土、石，与人原只一体。"古代"万物一体"思想赋予"万物"（自然）以人格，树立了尊重自然的典范。党的十八大以来，以习近平同志为主要代表的中国共产党人提出绿色发展理念，强调尊重自然，科学地继承了"万物一体"中视自然与人为一体的思想，并对"一体"进行了创造性发展，提出了人与自然共生共存的主张，而尊重自然就是要将人与自然视为共生共存的生命共同体。显然，新时代的"尊重自然"，不仅强调万物与人的同一，即相互依存、相互联系，而且强调站在人的全面自由发展的视域下来科学地看待及对待自然。这不仅实现了对"万物一体"内涵的丰富，而且对其进行了"命运共同体"的指认，从而使"万物一体"的核心思想得到了科学继承、发展及创新，同时为"人类中心主义""自然中心主义"等错误思潮的批判奠定了思想基础。

二是"顺应自然"对"道法自然"思想的科学继承发展。尊重自然，必然要

顺应自然，而不是一味地征伐自然，违背自然规律。古人提出的"道法自然"则指出了万事万物运行皆需遵守自然规律，可谓"人法地，地法天，天法道，道法自然"。在儒家看来，"道法自然"就是万物并育，即"万物并育而不相害，道并行而不相悖，小德川流，大德敦化，此天地之所以为大也"。"道法自然"就是要顺应自然，正孟子所言的"不违农时，谷不可胜食也"。同时遵守自然规律，不挑战自然，不破坏自然。新时代提出的"绿色发展"理念，对"顺应自然"的强调，不仅科学地继承了"道法自然"的思想，而且还从人与自然和谐关系的分析中把握自然，提出"人类发展活动必须尊重自然、顺应自然、保护自然，否则就会遭到大自然的报复，这个规律谁也无法抗拒"。此外，将"顺应自然"视为合理地开发自然，物尽其用，地尽其力，而不是远离自然，摒弃自然，可谓是对"道法自然"思想的拓展及丰富。

三是"保护自然"对"量入为出"思想的科学继承发展。古人有"节用"的观念，在物的利用上提出了"量入为出"的主张，正如唐代名相陆贽所言："地力之生物有大数，人力之成物有大限，取之有度，用之有节，则常足；取之无度，用之无节，则常不足。生物之丰败由天，用物之多少由人，是以圣王立程，量入为出。""量入为出"，一方面主张取之有度，即不杀鸡取卵、竭泽而渔，所谓"竭泽而渔，岂不获得？而明年无鱼；焚薮而田，岂不获得？而明年无兽"；另一方面强调用之有节，如孔子所指"钓而不纲，弋不射宿"。"量入为出"使自然不因人的过度索取而枯竭，既顺应了自然，也尊重了自然，进而保护了自然。"绿色发展"理念对保护自然的强调，科学地继承了"量入为出"思想所蕴含的取之有度、用之有节的意涵，提出对自然资源要合理利用、节约使用。因此，我们"必须坚持节约优先、保护优先、自然恢复为主的方针，形成节约资源和保护环境的空间格局、产业结构、生产方式、生活方式，还自然以宁静、和谐、美丽"。此外，"保护自然"注重对可持续发展的坚持，强调对节约资源和保护环境基本国策的坚持，追求人与自然的和谐发展，显然这是新时代对"量入为出"思想的进一步延伸及发展。

可见，"绿色发展"理念是对"万物一体""道法自然""量入为出"等传统生态发展理念的创造性转化和创新性发展。这种创造性转化和创新性发展表现为核心思想理念的科学继承、内涵的时代化诠释，以及话语叙述上的创新。"绿色发展"是一个较为流行的现代词语，具有较强的话语表现力及鲜明的意指。而"万物一体""道法自然""量入为出"等传统生态发展理念的核心思想被"绿色发展"所吸收借鉴，并最终通过"绿色发展"给当代社会发展提供思想指引。

## 四是"开放发展"对传统开放观的创造性转化与创新性发展

各国并不是孤立的，而是相互联系的，并因开放合作、交流互鉴而共同发展。尤其是迈入21世纪，随着全球化及信息化的发展，各国之间的联系与交往也越发密切，"开放发展"则成为全球化趋势下的一种必然选择。那种无视各国之间密切联系，实行贸易保护、闭关锁国的举措，不仅逆全球化趋势而行，而且是一种典型的"闭关主义"，可谓"把自己囚于自我封闭的孤岛没有前途"！中华民族在历史上很早就认识到国家开放的重要性，不仅谱写了万里驼铃万里波的丝路长歌，而且创造了万国衣冠会长安的盛唐气象。古人围绕国家开放提出了"招徕远人，阜通货贿""内守国财而外因天下""百货不通，生民日蹙"等主张，形成了一种互利、合作、互惠的传统开放观，为古代商贸、文化、社会的繁荣发展提供了重要的思想指导，并且对现代开放事业的开展产生重要影响。党的十八大以来，以习近平同志为主要代表的中国共产党人通过对传统开放观的创造性转化和创新性发展，提出了"开放发展"的新理念。坚持开放发展，"就是要奉行互利共赢的开放战略，发展更高层次的开放型经济，积极参与全球经济治理和公共产品供给，构建广泛的利益共同体"。新时代"开放发展"理念丰富了传统开放观的内涵，赋予其新的表达形式和新的语义，并促进了传统开放观的当代新生。

一是"奉行互利共赢的开放战略"继承并发展了传统开放观的义利原则。尽管中国曾有过闭关锁国的历史，但是"中国封建社会的开放是大规模的和长期的"。当然，古代的开放举措意在商品互通、社会繁荣、国强民富，并处理好了义与利之间的关系，建构了传统开放观的义利原则。首先，在"开放"的旨趣上注重对"利"的获取。古代中国的开放，并不忌讳对"利"的索取。政府为了推动开埠通商，设置有专门的机构，诸如秦朝设立"典客"，唐朝设立"市舶使"，宋代设置"市舶司"，明代设立会同馆、市舶司和督饷馆，清代设立"广州十三行"等，都是为了管理外贸业务，并从中获得丰厚的税收。其次，在"开放"的价值追求上崇尚"义"。中华民族有着尚"义"轻"利"的传统，尽管主张"义利相兼"，但是往往却"舍利取义"。在开放上，为了睦邻安邦，表达友善，常高扬道义而不惜让利，乃至不计利益。以上义利原则，在促进贸易往来、增强国家友好交往上发挥着积极作用，但是在可持续性、公平性、平等性等方面却都存在弊端。事实上，古代中国的开放是一种属于以自我为中心的开放，可谓"汉唐的开放只是相对的、片面的，即只是打开了中国的大门，容许外国、外族进来，却并没有让中国人走出去"。①新时代提出了"奉行互利共赢的开放战略",强调"开放发展"以互利共赢为价值追求,而不是一味地重视"利",抑或一味地注重"义",而应主张"义利相兼",显然这是对传统开放观之义利原则的扬弃继承及创新性发展。一方面,"开放发展"继承了传统开放观对"义"与"利"的追求,不轻视"利",也不丢弃"义";另一方面,"开放发展"摒弃了传统开放观以自我为中心的原则,强调"互利",因为只有"互利"才能使"开放"呈现平等及公平,才能使"开放"实现可持续,否则,"开放"将沦为单边的开放。此外,"开放发展"摒弃了传统开放观"单赢"的原则,强调"共赢",体现了价值追求上的互惠互利。

二是"发展更高层次的开放型经济,积极参与全球经济治理和公共产品供给"拓宽了传统开放观的"开放"内涵。古代中国的"开放",主要指中国与其他国家或地区在商贸上的互通往来,以及由此带来的文化、思想、技术等方面的交流互鉴。当然,这种"开放"尽管在形式上是一种双向的开放,既有走进来,也有走出去,但以"走进来"为主。在产品上,则以丝绸、茶叶、布匹、陶瓷、铁器等特产为主要出口商品,而以香料、马匹、玉石等为主要进口商品。显然,古代"开放"的层次比较低,只是为了商品的互通有无,最终"开放"也仅仅涉及简单的商品贸易及相互通商。新时代提出的"开放发展"是一种更高层次的"开放",它吸纳并继承了传统"开放"的商贸互通"内涵",同时以"全面开放""双向开放""高水平的开放"等丰富并深化了"开放"的意涵。新时代坚持开放发展,要发展更高层次的开放型经济,积极参与全球经济治理和公共产品供给,也就是要推进"全面开放","形成全方位、多层次、宽领域的全面开放新格局"②;推进"双向开放","形成陆海内外联动、东西双向互济的开放格局"③;推进"高水平的开放","加快实施自由贸易区战略,加快构建开放型经济新体制"。显然,"开放发展"所言的"开放"有多重语义指涉,其语义的范围也得到了拓展,并且还涉及对全球治理的参与及公共产品的供给,这是在传统开放观的基础上对"开放"进行的一种创新性发展。

三是"构建广泛的利益共同体"继承并发展了传统开放观的协同精神。尽管古代中国的开放是一种较浅层次与较低质量的开放,但是仍富有鲜明的协同精神。所谓"协同",《说文解字》有云:"协,众之同和也。同,合会也。"当然,这种

---

① 《葛剑雄文集》五《追寻时空》,广东人民出版社,2015,第270页。

② 习近平:《在庆祝改革开放40周年大会上的讲话》,人民出版社,2018,第33页。

③ 习近平:《决胜全面建成小康社会—夺取新时代中国特色社会主义伟大胜利——在中国共产党第十九次全国代表大会上的报告》,人民出版社,2017,第34~35页。

协同精神贯穿于传统开放历程的始终，并推动了中华民族与其他民族之间的数千年友好交往和发展。这种协同精神首先体现在求"利"初衷的相同。无论是"走出去"，还是"走进来"，都是为了货通四海，互通有无，虽然缘由众多，但无外乎一个"利"字，可谓"天下熙熙，皆为利来；天下攘攘，皆为利往"。无论是郑和乘"福船"七下西洋，还是波斯、大食等国的商人牵驼队沿"丝路"东行，都离不开协同精神的支撑。古代中国的开放，不仅实现了货物互通，促进了经济繁荣，推动了社会发展，而且使中华民族与其他民族形成了一种商贸往来频繁、经济依存密切的"协同体"。新时代，以习近平同志为主要代表的中国共产党人继承并发展了传统开放观的协同精神，提出了"构建广泛的利益共同体"的观点，试图通过"开放发展"将中国与其他国家打造成一种以"利益"为纽带的共同体，进而丰富了"协同"的内涵，并实现了对"协同精神"的创造性转化和创新性发展。"构建广泛的利益共同体"是当今时代的发展趋势，正如习近平指出，"随着商品、资金、信息、人才的高度流动，无论近邻还是远交，无论大国还是小国，无论发达国家还是发展中国家，正日益形成利益交融、安危与共的利益共同体和命运共同体"①。"构建广泛的利益共同体"吸纳了传统开放观的"协同精神"及协同意识，摒弃了古代社会因"利"而"协"、唯"利"而"同"的落后因素，赋予"利益"更为广泛性的意涵，并将传统"协同体"创造性转化和创新性发展为"利益共同体"，从而使其更富时代气息，更能实现对当代"开放"的话语表达。

"开放"是中华民族的永恒姿态，也是中华民族走向伟大复兴的必然要求。新时代，以习近平同志为主要代表的中国共产党人不仅继承了传统开放观的积极因素，而且将其创造性转化和创新性发展为"开放发展"的新理念。一方面使传统开放观最为核心的思想精髓得到了延续，另一方面又赋予传统开放观以新的话语表达形式，促进了传统开放观向当今时代的变迁，推动了新时代改革开放话语体系的建设。当然，"开放发展"新理念的健全及完善需要一个过程，因而这依然需要扎根于传统开放观的思想沃土之上，并推动其创造性转化和创新性发展。传统开放观也必将因创造性转化和创新性发展而实现"再生"，中华民族也必将因"开放发展"而实现繁荣与复兴。

## 五、"共享发展"对传统"天下为公"思想的创造性转化与创新性发展

"天下为公"是中华民族矢志不渝的社会追求，也是古代先贤所追崇的一种政治理想，《礼记》有云："大道之行也，天下为公。"传统"天下为公"思想强调天

---

① 《习近平谈治国理政》第2卷，外文出版社，2017，第99页。

下为天下人所共有，因此天下事为天下人所谋之，并形成了以天下为己任的担当与情怀。"为公"则需要去私，可谓"忠者，中也，至公无私"。"天下为公"蕴含朴素的民本思想，体现了爱民、利民、恤民、为民的高尚情怀。在孙中山看来，"天下为公"就是民有、民治、民享，他对"民"的内涵进行了丰富及拓展。新时代，以习近平同志为主要代表的中国共产党人从当前社会分配问题突出的实际出发，通过对传统"天下为公"思想的创造性转化和创新性发展，提出了"共享发展"的新理念。在习近平看来，"共享发展"的理念蕴含全民共享、全面共享、共建共享、渐进共享等内涵。因此，坚持共享发展，就是要坚持发展为了人民、发展依靠人民、发展成果由人民共享，使全体人民在共建共享发展中有更多获得感，朝着共同富裕方向稳步前进。

一是"全民共享"与"全面共享"对传统"民有"观的创造性转化和创新性发展。"全民共享"与"全面共享"强调发展为了人民、发展成果由人民共享。其中，"全民共享"是就覆盖面而言的，指人人共享，而"全面共享"是就内容而言的，可谓共享发展就要共享国家经济、政治、文化、社会、生态各方面建设成果，全面保障人民在各方面的合法权益。显然，"全民共享"与"全面共享"突出的是"民享"，只不过这里的"民"是人民，而不是传统"民有"理念中受统治阶级压迫的黎民百姓。"全民共享"与"全面共享"批判继承了"天下为公"思想中的"民有"理念，认同天下"共有"的主张，但是在"民"的指认上却有新的发展。一方面去除了"民"的阶级色彩，并将其转变为具有自由意志的"人民"，从而使"共有"的主体变成了"人民"；另一方面，对"民有"的内容进行了明确及细化，指出在政治、经济、文化、社会等各方面都共有。这在一定程度上拓展了"民有"的内涵，摒弃了"民有"的阶级色彩，并促使其通过"全民共享"与"全面共享"的表达形式，活跃于新时代。

二是"共建共享"与"渐进共享"对传统"使民"观的创造性转化和创新性发展。"共建共享"与"渐进共享"是对如何"共享发展"的回答，其中"共建共享"要广泛汇聚民智，最大限度地激发民力，以全民共建实现共享，而"渐进共享"意味着不可一蹴而就，因为"共享发展必将有一个从低级到高级、从不均衡到均衡的过程"。"共建共享"与"渐进共享"着重强调的是"建"，继承了"天下为公"蕴含的"用民""使民"理念。天下为天下人之天下，自然由天下人所谋之，故而儒家在强调"民本"的同时，还主张"用民""使民"，所以孔子曰："节用而爱人，使民以时。""共建共享"与"渐进共享"摒弃了传统"使民"理念中的劳民、伤民的糟粕因素，而继承了其全民共谋天下的积极因素，同时对其内涵进行了诠释及发展，升华了"民"的本质，从而使其所蕴含的积极因素通过创造性转化和创新性发展，为当今时代所使用。

三是"使全体人民在共建共享发展中有更多获得感，朝着共同富裕方向稳步前进"对传统"富民"观的创造性转化和创新性发展。新时代，以习近平同志为主要代表的中国共产党人还从获得感、共同富裕等方面来阐释"共享发展"，并指出，"保证全体人民在共建共享发展中有更多获得感，不断促进人的全面发展、全体人民共同富裕"。①使人民拥有获得感、走向共同富裕的观点科学地继承了传统"富民"观的利民、益民、惠民、恤民的精神。古人有云："天下之大务，莫大于恤民。""天下事有利于民者，则当厚其本，深其源。"而"共享发展"对获得感、共同富裕的强调，就是吸收借鉴了这种利民、重民的思想，不仅注入了中国特色社会主义的时代气息，将其创新性发展为"获得感"，而且还将传统"富民"观转化成"共同富裕"，强调人民的共富，扩大了"富"的对象，也明确了"富"的实质，从而促进了传统"富民"观的现代变迁及新生。

# 第四节　中华优秀传统文化在"一带一路"建设中的创造性转化与创新性发展

"一带一路"指"丝绸之路经济带"和"21世纪海上丝绸之路"，是习近平于2013年所提出并倡议建设的。在习近平看来，"'一带一路'是一条合作之路，更是一条希望之路、共赢之路"，当前推动"一带一路"建设，就是要把"一带一路"建设成和平之路、繁荣之路、开放之路、创新之路、文明之路。尽管"一带一路"建设是一个富有原创性及时代性的概念，但是它植根于丝绸之路的历史沃土，蕴含着深厚的中华优秀传统文化底蕴。古丝绸之路绵亘万里，延续千年，"积淀了以和平合作、开放包容、互学互鉴、互利共赢为核心的丝路精神"。新时代，以习近平同志为主要代表的中国共产党人弘扬和继承这些宝贵的"丝路精神"，并将其创造性转化和创新性发展为"'一带一路'建设"的新思想观念，不仅促进了"丝路精神"向当代的变迁，而且还为世界各国的和平交往和全球的繁荣发展贡献了新的智慧和方案。

## 一、"建成和平之路"对丝路"和平合作"精神的创造性转化与创新性发展

古丝绸之路是一条和平之路，无论是张骞出使西域、郑和七下西洋，还是马可·波罗沿丝路东行、伊本·白图泰漂洋过海，都架起了东西方和平合作的桥梁，谱写了震古烁今的丝路传奇。古丝绸之路彰显了宝贵的"和平合作"精

---

①习近平：《决胜全面建成小康社会—夺取新时代中国特色社会主义伟大胜利——在中国共产党第十九次全国代表大会上的报告》，人民出版社，2017，第23页。

神，促进了东西方世界的友好交往。新时代要将"一带一路"建成和平之路，这不仅是对丝路"和平合作"精神的弘扬和继承，而且还实现了对其的创造性转化和创新性发展，使丝路"和平合作"精神以新的话语表达形式及新的意涵，服务于"一带一路"建设，并对世界和平发展产生积极影响。

一是"'一带一路'建设离不开和平安宁的环境"对"和平合作"作用的创造性转化和创新性发展。古丝绸之路深受历史环境的影响，每逢和平之际则兴盛，每遇战乱之时则衰落，"和平合作"是古丝绸之路得以形成、不断发展、走向兴盛的重要保障，也是其连接东西方世界并延续千年的必要条件。否则，烽烟四起、兵戎相见，丝绸之路必然会中断。新时代，以习近平同志为主要代表的中国共产党人洞悉"和平合作"的重要作用，提出了"'一带一路'建设离不开和平安宁的环境"的重要论断。不难理解，"和平安宁"环境的营造关系到"一带一路"建设的有效开展及维护，也关系到"一带一路"建设成果的巩固，倘若失去这一要素的支持，各国之间将难以达成共商共建"一带一路"的共识，更无法共享"一带一路"建设成果，继而"一带一路"建设将沦为空谈。为此，在"一带一路"建设过程中，应注重新型国际关系的构建，"打造对话不对抗、结伴不结盟的伙伴关系"。显然，以习近平同志为主要代表的中国共产党人对"和平安宁"环境营造的阐述，拓宽了丝路"和平合作"精神的语义范畴，深化了对"和平合作"重要性的认识，从而推动了丝路"和平合作"精神在新时代的弘扬、传承及发展。

二是"共建'一带一路'是经济合作倡议"对"和平合作"实质的创造性转化和创新性发展。古丝绸之路的发展缘起于丝绸、玉石、药材、瓷器、宝马、皮毛、铁器、香料等物品的运输及交易，因而它是一条商品流通之路，是一条贸易之路，绝非征伐之路或战争之路。无论是陆上丝绸之路，还是海上丝绸之路，皆彰显了"和平合作"的实质，并反映了丝路沿途民众对和平合作的无限向往和不懈追求。古丝绸之路贯穿亚、欧、非三洲，赓续千年。一代又一代"丝路人"用驼队和宝船谱写了"和平"之音和"合作"之声，尽管驼队和宝船早已淹没于历史的长河，但是贯穿其中的和平合作精神却影响至今。新时代，我们将"一带一路"建设成"和平之路"，需弘扬和传承这种"和平合作"精神，并展现出"一带一路"的"商贸"实质，为此，以习近平同志为主要代表的中国共产党人明确指出，"共建'一带一路'是经济合作倡议"，进而展现了"一带一路"建设的旨趣在于经济合作。

三是"营造共建共享的安全格局"对"和平合作"实现路径的创造性转化和创新性发展。古丝绸之路穿越亚、欧、非诸多国家和地区，既因战乱冲击而被迫中断，也因"丝路人"的开拓维护而畅通万里。它的形成、发展及繁荣来之不易，但都是以"和平合作"为前提。当然，这种"和平合作"的取得及实现，并不是来源于武力的征伐，而是靠各国、各地区、各民族共同经营、追求和平合作、反对战争与暴力的结果。古丝绸之路的繁荣及衰落的历史告诉人们，战争与暴力永远带不来发展，偏见与仇恨永远带不来繁荣，而只有"和平合作"才能给人民带来幸福，给各民族发展带来蓬勃生机。新时代，以习近平同志为主要代表的中国共产党人在弘扬和继承这一思想的基础上，提出"一带一路"建设需要"营造共建共享的安全格局"。实际上，当下古丝绸之路的部分国家和地区成了动荡与冲突的代名词。对此，我们"要着力化解热点，坚持政治解决；要着力斡旋调解，坚持公道正义；要着力推进反恐，标本兼治，消除贫困落后和社会不公"。以习近平同志为主要代表的中国共产党人试图通过以上措施来构建"一带一路"的安全格局，显然丰富并拓宽了"和平合作"的实现路径。尤其是打击恐怖主义、消除贫困、坚持公道正义等一些创新性主张，使"和平合作"的实现成为一种可能，进而为"一带一路"建设提供了安全的机制保障。

## 二、"建成繁荣之路"对丝路"互利共赢"精神的创造性转化与创新性发展

中华民族自古以来就有"互利共赢"的理念，在《诗经·秦风》中早有记载："岂曰无衣？与子同袍。王于兴师，修我戈矛。与子同仇！"古代丝绸之路的开辟及勃兴，是沿途各国、各地区、各民族"互利共赢"的结果。所谓"互利共赢"，就是要注重互利互惠，强调义利相兼，而不是"一花独放"、损人利己，"互利共赢"是一种关于义利关系协调的原则，也是一种关于价值分配的原则。新时代，以习近平同志为主要代表的中国共产党人提出，"要将'一带一路'建成繁荣之路"，并"实现经济大融合、发展大联动、成果大共享"，这不仅是对丝路"互利共赢"精神的科学继承，而且是对其对象、目的、价值原则等进行的新诠释，并且赋予它们新的话语表达和新的意涵，实现了对其创造性转化和创新性发展，从而使丝路"互利共赢"精神焕发勃勃生机。

一是"实现经济大融合"对"互利共赢"对象的进一步丰富。古丝绸之路的商贸属性决定了"互利共赢"的对象主要在于"利"，而具象的表达就在于商品的互通有无。当然，尽管古丝绸之路推动了文化的交流、政治的交往，但是其根本职能依然是"商贸"，"互利共赢"的对象主要囿于经济范畴。丝路"互利共赢"是一种双向的互惠互利，促进了中国与各国的通商易货，沿着古丝绸之路中国将丝绸、瓷器、漆器、铁器传到西方，也为中国带来了胡椒、亚麻、香料、葡萄、石榴。新时代，以习近平同志为主要代表的中国共产党人提出"实现经济大融合"，抓住了"一带一路"建设的根本性问题，即是对"互利共赢"对象的深化认识及进一步概括。显然，"经济大融合"是对"互利共赢"对象的一种时代性表达，而其"五通""六廊"的支撑，以及对物流合作、贸易往来、金融合作、数字

经济的合作等的强调，丰富了"经济大融合"的内涵，拓展了"互利共赢"的对象所指。"实现经济大融合"突出了"一带一路"的经济属性，促成经济发展共识的达成，显然这是对丝路"互利共赢"精神的弘扬和继承，而对"互利共赢"对象的时代性指认，实现了对其的创新性发展。实际上，将"一带一路"建成一条繁荣之路，需要经济大融合，并需要各共建国在经济上共同发展，从而才能够推动古丝绸之路"商旅不绝于途""舶交海中，不知其数"等繁荣景象在新时代的再现。

二是"发展大联动"对"互利共赢"目的的创造性转化和创新性发展。古丝绸之路不仅以互利共赢为原则，同时以互利共赢为目的，使各国及各民族互惠互利、协同发展，进而呈现"驰命走驿，不绝于时月；商胡贩客，日款于塞下"的繁荣盛况。古丝绸之路作为连接东西方的重要商贸通道，其存在的逻辑前提就在于货物的互通。显然，这是一种双向获利的商贸活动，并最终达到"互利共赢"之目的。"互利共赢"是丝路商贸实现可持续的前提，也是古丝绸之路能够维系千年的奥秘所在。新时代倡导的"一带一路"建设，科学继承了丝路"互利共赢"精神，同时强化了"一带一路"建设的"互利共赢"性，注重共建国家的可持续性发展，提出了"实现经济大融合、发展大联动、成果大共享"的论断。"发展大联动"是一种高度协同性的发展，亦是一种旨在地区平衡的发展。它深化了对丝路"互利共赢"精神的认识，丰富了"互利共赢"的语义所指。实际上，尽管古丝绸之路有带动地区发展的作用，但是这种带动往往具有自发性，也倾向于利己性的选择，因而并不兼顾对其他国家或民族利益的考量。而"发展大联动"强调"一带一路"所有共建国的协同发展，强调"让每个国家发展都能同其他国家增长形成联动效应，相互带来正面而非负面的外溢效应"。同时，还强调"促进政策、规则、标准三位一体的联通，为互联互通提供机制保障"。显然，这丰富了"互利共赢"的目的，实现了对丝路"互利共赢"精神的创新性诠释及发展。

三是"成果大共享"对"互利共赢"价值原则的创造性转化和创新性发展。古丝绸之路是一条商贾簇拥的谋利之路，也是一条国家间的道义弘扬之路，贯穿义利相兼的精神，彰显"互利共赢"的价值原则。沿丝路东来的西域商人与使者书写了胡商云集的盛况，而古代中国"薄来厚往"的礼制使"互利共赢"精神赓续千年。无论是"万国来朝"，还是"薄来厚往"，都恪守了"互利共赢"价值原则，既见利而不忘义，又弘义融利。当然，"互利共赢"的价值原则强调双方或多方受益，而不是一家独霸、一方独大，否则就丧失了"义"，也非只顾着"义"而丢弃"利"，继而沦为一种盲目性慈善。"互利共赢"价值原则的根本在于"利"的共享，因而"一带一路"建设需要实现"成果大共享"，即所有共建国共同分享"一带一路"建设的成就及成果，携手走向繁荣，迎来发展。显然，实现"成果大共享"兼顾各方的利益分配，是对"互利共赢"价值原则的弘扬和继承，是一种更为崇高的价值分配理念，涉及共建国之间的互惠互利、援助让利，彰显了一种高尚的道义和担当，是对"互利共赢"价值原则的创新性发展。实际上，实现"成果大共享"不仅是对"互利共赢"价值原则在新时代的一种具象表达，而且丰富了它的内涵，尤其是将"共享"贯穿其中，提高了"互利共赢"的品格，为全球经济发展和人类命运共同体建设奠定了基础。

### 三、"建成开放之路"对丝路"开放包容"精神的创造性转化与创新性发展

古丝绸之路贯穿亚、非、欧三洲，连接数十个国家和地区，跨越多个文明的发祥地，穿越多个宗教信众的汇集地，它以开放的姿态和包容的精神促成了不同国家、民族之间的交流、互动、合作、发展。古丝绸之路千余年的兴衰史一再告诉人们，"开放包容"带来进步和发展，而封闭与排斥最终导致落后和衰亡。"开放包容"精神跨越了不同国家、民族、文明、宗教之间的藩篱，书写了丝路不朽的传奇。新时代，以习近平同志为主要代表的中国共产党人在科学继承丝路"开放包容"精神的基础上，提出"要将'一带一路'建成开放之路"，不仅丰富了丝路"开放包容"精神的实质内涵，更赋予其新的话语表现形式，从而实现对丝路"开放包容"精神的创造性转化和创新性发展。

一是"解决经济增长和平衡问题"对"开放包容"使命的创造性转化和创新性发展。古丝绸之路穿过高山，跨越海洋，以开放包容的姿态，连接不同国家和民族。丝路"开放包容"精神，使不同肤色、民族、国家的人实现了共生共存，促进了东西方世界的经济交往，推动了亚、非、欧商贸的发展及繁荣。古丝绸之路所彰显的开放包容精神，具有双向受益的特征，它是所有参与国家和民族在维系丝路运行过程中所并传承至今的一种精神。实际上，丝路"开放包容"精神产生于东西方世界的商贸往来之中，并以促进商贸发展、带动地区繁荣为使命。新时代，"'一带一路'建设要以开放为导向，解决经济增长和平衡问题"，这深化了对丝路"开放包容"使命的认识。"解决经济增长和平衡问题"指明了"一带一路"建设的任务和方向，并且是"一带一路"建设的出发点和基本使命之一。其中"经济增长"是事关发展的问题，而"平衡问题"是关系公平正义的问题。显然，这是对"开放包容"使命的弘扬与继承，只不过以上所言的"平衡问题"是一种创新性发展，而所言的"经济增长"则是新时代对丝路"开放包容"使命进行的一种更为具象的概括。

二是"促进生产要素在全球范围更加自由便捷地流动"对"开放包容"对象的创造性转化和创新性发展。古丝绸之路原初是经济走廊，而其开放包容精神也主要体现在商贸往来的自由、商品交易的自由、商贸主体及商贸文化的多元等方

面，因而丝路"开放包容"的对象也主要涉及商品交易、商贸行为等。实际上，古丝绸之路的开放包容并非全面性的开放和无限度的包容，而是有诸多条件限制的。一方面，古代中国对其他国家或民族在商贸往来、文化交流、宗教传播等方面实行开放包容，促进了商品、文化等在东西方世界的流动及传播；另一方面，古代中国对"西游""远航""东渡"实行严格的限制，控制着商品的对外出口和人员的向外流动。显然，这种开放包容只是面向西域商人和南洋商人"走进来"的自由。新时代，将"一带一路"打造成一条"开放之路"，各国要打开大门搞建设，促进生产要素在全球范围更加自由便捷地流动。显然，"促进生产要素在全球范围更加自由便捷地流动"是一种更为广泛意义上的开放包容，它强调在开放包容的对象上，不仅面向商品交易、商贸行为，而且将其扩大到所有生产要素。不仅欢迎各国各民族"走进来"，而且鼓励中华儿女"走出去"，是一种双向、平等的开放包容。此外，在流动的范围上，它突破了古丝绸之路的"沿途"限制，主张进行一种全球性的自由流动。诚然，"促进生产要素在全球范围更加自由便捷地流动"是对丝路"开放包容"精神的一种富有时代性的表述和阐发，并为"一带一路"建设成"开放之路"奠定了基础。

## 四、"建成创新之路"对丝路"开拓创新"精神的创造性转化和创新性发展

古丝绸之路留下了张骞"凿空西域"、郑和远下西洋的开拓性壮举，2000多年前，我们的先辈筚路蓝缕，穿越草原沙漠，开辟出联通亚欧非的陆上丝绸之路；我们的先辈扬帆远航，穿越惊涛骇浪，闯荡出连接东西方的海上丝绸之路。无论是陆上丝绸之路，还是海上丝绸之路，都是一代又一代"丝路人"不畏艰难、披荆斩棘、开拓创新的结果，因而古丝绸之路贯穿着伟大的"开拓创新"精神，而这种精神赓续千年并影响至今。新时代，以习近平同志为主要代表的中国共产党人，不仅弘扬和继承了这一伟大精神，而且提出"我们要将'一带一路'建成创新之路"[①]，从而拓展并丰富了这一精神的内涵，赋予其新的表达形式，实现了对这一精神的创造性转化和创新性发展。

一是"向创新要动力"对"开拓创新"作用的创造性转化和创新性发展。古丝绸之路的诞生恰是源自古人的"开拓创新"，无论是陆上丝路，还是海上丝路，都是古人对生存空间的一种新探索，无不彰显了一种伟大的"开拓创新"精神。丝绸之路的开辟是古人的伟大创举，它如同一座桥梁将东西方世界连接起来，极

①习近平：《携手推进"一带一路"建设——在"一带一路"国际合作高峰论坛开幕式上的演讲》，人民出版社，2017，第10页。

大地拓展了古代社会的交往空间。古人不畏艰难、不惧挑战，穿过沙漠，跨越海洋，开辟了一条又一条丝路，不仅繁荣了经济，而且推动了东西方世界的交往，显然这需要开拓创新精神的支撑。新时代，以习近平同志为主要代表的中国共产党人科学继承了这一伟大精神，强调"搞好'一带一路'建设也要向创新要动力"。"一带一路"建设如同古丝绸之路的开辟一样，都是一种突破常规的创新性活动，都开启了人类交往史上的崭新一页。由于创新是当代社会发展的重要推动力量，所以"一带一路"建设这一创造性的伟大活动，也需要通过"创新"来推动。可见，"向创新要动力"吸纳了丝路"开拓创新"精神的精髓，肯定了"开拓创新"在丝路形成及维系过程中的重要作用，因而新时代中国共产党人强调坚持创新驱动发展，还对开拓创新的活动进行了时代性指认，提出在"一带一路"建设中要重视科技领域、金融领域等方面的开拓创新，充分体现了对丝路"开拓创新"作用的创造性转化和创新性发展。

二是"建设数字丝绸之路"对"开拓创新"成果的丰富发展。一代又一代"丝路人"不屈服于战争与动乱的阻拦，不畏惧海洋的凶险和路途的艰难，在传统丝绸之路外，开辟了南亚、东南亚丝绸之路、海洋丝绸之路、草原丝绸之路等，将东亚、中亚、西亚、东欧、中欧、西欧、北非紧密连接在一起，赓续了丝路的千年传奇。诚然，无论是南方丝绸之路，还是海洋丝绸之路，乃至草原丝绸之路，都是丝路人"开拓创新"的成果。尽管古丝绸之路如德国地理学家冯·李希霍芬所言，主要是一条丝绸贸易通路，而一代又一代"丝路人"又将其用于玉石、马匹、铁器、茶叶、陶瓷、香料等的运输，通过其实现了文化交流、国际交往、宗教传播、技术扩散、产品引进、信息传递等，进而促进了丝路功能的创新。新时代，以习近平同志为主要代表的中国共产党人提出将"一带一路"建设成"数字丝绸之路"，弘扬和继承了丝路"开拓创新"精神，同时实现了对"开拓创新"成果的进一步丰富及发展。在习近平看来，新时代推动"一带一路"建设，要加强在数字经济、人工智能、纳米技术、量子计算机等前沿领域的合作，推动大数据、云计算、智慧城市建设，连接成21世纪的数字丝绸之路。"建设数字丝绸之路"是当代"丝路人"根据21世纪信息化、数字化广泛发展的时代特点作出的一项重要战略安排，体现了当代"丝路人"的敢于开拓和善于创新，创造了"丝路"的新形式，并丰富了"开拓创新"的成果。

三是"优化创新环境，集聚创新资源"对"开拓创新"支持要素的进一步丰富。古丝绸之路之所以能够延续千年，其奥秘就在于"开拓创新"精神的推动。一代又一代"丝路人"敢闯敢干，开拓了一条又一条丝路，创造了古丝绸之路的无数个奇迹。当然，丝路"开拓创新"精神并不是仅仅依靠"丝路人"的满腔热情和蛮闯蛮干就可以转化成一股强大的推动力量，而是需要各种环境、人力、货物、资金等要素的支持。不难理解，古丝绸之路开辟及维系的关键在于以丝绸、瓷器、马匹、玉石、香料等货物为支撑，以一代又一代的商队、使节、游客、学者等为主体，以沿途各国开放包容的环境为保证，同时以合作发展、繁荣社会、推动进步等为愿景。"开拓创新"精神的发挥建构在以上要素支撑的基础之上。新时代，在"一带一路"建设过程中，"我们要促进科技同产业、科技同金融深度融合，优化创新环境，集聚创新资源"。显然，这强化了"开拓创新"的支持要素，并且根据新时代的特点对丝路"开拓创新"支持要素进行了丰富，继而使"开拓创新"的要素支持更为健全和完善，并为当代"丝路人"的"开拓创新"奠定了重要基础。

## 五、"建成文明之路"对丝路"互学互鉴"精神的创造性转化与创新性发展

古丝绸之路穿越了古中国文明、古印度文明、古巴比伦文明、古埃及文明的发祥地，它不仅是一条通商易货之道，"更是一条知识交流之路"。一方面，中华文化通过丝绸之路传到了中亚、西亚、南亚、欧洲、非洲，使以儒学为主导的华夏文明远播海外；另一方面，西域、南洋、波斯、大食等外来文化通过丝路传到了中国，从而出现了胡风西来、佛教东传等文化盛况。显然，古丝绸之路作为一种文化交流的纽带，促进了东西方文化的交流、交融、交锋，并最终形成了一种"互学互鉴"精神。新时代，习近平总书记提出，"要将'一带一路'建成文明之路"，强调以文明交流超越文明隔阂、以文明互鉴超越文明冲突、以文明共存超越文明优越，实现了对丝路"互学互鉴"精神的创造性转化和创新性发展。

一是"以文明交流超越文明隔阂"深化发展了"互学互鉴"精神的"文明交流"实质。丝路"互学互鉴"精神的实质是"文明交流"，即不同文明之间的交融交锋及相互碰撞。尽管古中国文明、古印度文明、古巴比伦文明、古埃及文明发祥于不同的地区，但是古丝绸之路如同一座桥梁将以上文明发祥地连接在一起，使各种文明通过丝路向外传播，促进了文明的交流，推动了各文明之间的碰撞及发展。文明的活力在于交往交流交融，丝绸之路促进了各种文明的融合、创新及发展。显然，"互学互鉴"精神以文明交流为前提，又以文明交流为结果，并最终通过"交流"，使"文明"焕发新的生命力。新时代，以习近平同志为主要代表的中国共产党人吸收借鉴了丝路"互学互鉴"精神，提出在"一带一路"建设中要"以文明交流超越文明隔阂"，深化了对"互学互鉴"精神之"文明交流"实质的认识。文明因交流而变得丰富多彩，而傲慢和偏见只能阻碍文明交流，并不能促进文明的发展。显然，"文明交流互鉴不应该以独尊某一种文明或者贬损某一种文明为前提"，否则将陷入"文明冲突论"的窠臼，不同文明之间的平等交流也将不复存在。新时代"一带一路"建设，就是要促进不同文明之间的交流，并以文明

交流打破文明隔阂，实现对文明隔阂的超越，继而使不同文明相互滋　　育，最终实现"百花齐放春满园"，从而拓展对"互学互鉴"精神之"文明交流"实质的认知。

二是"以文明互鉴超越文明冲突"深化发展了"互学互鉴"精神的"文明互鉴"要求。"文明互鉴"是丝路"互学互鉴"精神的直观体现和内在要求，也是古丝绸之路促进不同文明交流交融的目的所在。每一种文明都是各民族人民智慧创造的结晶，都具有一定独特性和魅力，并因"互鉴"而得到丰富与发展。古丝绸之路途经多个人类文明的发源地，促进了不同文明的碰撞，推动了不同文明的相互学习、相互借鉴，并最终形成了"互学互鉴"精神。实际上，"互学互鉴"的过程就是不同文明相互碰撞、学习、融合的过程，也是不同文明共同进步发展的过程。新时代，在"一带一路"建设中"以文明互鉴超越文明冲突"，强调了"文明互鉴"的重要性，并认为"弘扬丝路精神，就是要促进文明互鉴"。所以"不同文明要取长补短、共同进步，让文明交流互鉴成为推动人类社会进步的动力、维护世界和平的纽带"。显然这是对丝路"互学互鉴"精神的科学继承。在习近平看来，人类历史就是一幅不同文明相互交流、互鉴、融合的宏伟画卷，尽管文明冲突、文明优越等论调不时沉渣泛起，但文明多样性是人类进步的不竭动力，不同文明交流互鉴是各国人民共同愿望。可见，"以文明互鉴超越文明冲突"是对"西方文明中心论""文明冲突论"等的有力批判，也促进了丝路"互学互鉴"精神在新时代的创造性转化和创新性发展，并在一定程度上丰富了其"文明互鉴"的要求。

三是"以文明共存超越文明优越"深化发展了"互学互鉴"精神的"文明共存"原则。古丝绸之路穿越亚、欧、非三洲，见证了古中国文明、古印度文明、古巴比伦文明、古埃及文明的相互碰撞、相互交融交锋，书写了不同文明"互学互鉴"的宏壮诗篇。当然，丝路"互学互鉴"精神的重要原是"文明共存"，即一方面承认人类文明是一种多样性的存在，绝非"一花独放"；另一方面坚持各种文明和谐共存，相互激荡。显然，"文明共存"就是要尊重文明的多样性及差异性，可谓"五色交辉，相得益彰；八音合奏，终和且平"，促进不同文明的平等交流，实现文明的发展繁荣。新时代，习近平总书记提出，"以文明共存超越文明优越"，弘扬继承了丝路"互学互鉴"精神的"文明共存"原则。在习近平看来，"文明是多彩的，人类文明因多样才有交流互鉴的价值"。任何文明都具有唯一性，都是各民族智慧创造的结果，因而各种人类文明在价值上是平等的，都各有千秋，也各有不足。世界上不存在十全十美的文明，也不存在一无是处的文明，文明没有高低、优劣之分。这不仅肯定了各种人类文明的价值，而且还指明各种文明是平等的，深化了对"文明共存"原则的认识，拓展了"文明共存"的内涵及外延。"以文明共存超越文明优越"，强调文明的和谐共生，否定对某一种文明地位的拔高，进而为"西方文明中心主义"的批判和抵制提供了理论支撑。

古丝绸之路架起了一座物产交易、文化交流、民族交往的桥梁，承载的和平合作、开放包容、互学互鉴、互利共赢精神薪火相传。当下，弘扬传承丝路精神，推动"一带一路"建设，是历史潮流的延续，也是面向未来的正确抉择。新时代，以习近平同志为主要代表的中国共产党人推动"丝路精神"在"'一带一路'建设"中的创造性转化和创新性发展，不仅深化了对"丝路精神"的认识，使其得到弘扬传承，而且还丰富了"丝路精神"的抽象概括，实现了对"丝路精神"的新诠释，从而使"丝路精神"以新的表现形式及新的意涵，焕发新的生机与活力，并最终转化为一种推动"一带一路"建设的重要精神力量。

## 第五节　中华优秀传统文化在"构建人类命运共同体"中的创造性转化与创新性发展

人类同处一个地球，各国休戚与共、命运相连。恰如习近平所言，"人类已经成为你中有我、我中有你的命运共同体，利益高度融合，彼此相互依存"。为此，党的十八大以来，以习近平同志为主要代表的中国共产党人提出了构建人类命运共同体的重要论断。"构建人类命运共同体"有着丰富的内涵，最为核心的思想观念就是"建设持久和平、普遍安全、共同繁荣、开放包容、清洁美丽的世界"。"构建人类命运共同体"并非毫无文化根基的理论，而是有着深厚的中华优秀传统文化基础，并且源于对中华优秀传统文化相关思想理念的创造性转化和创新性发展。实际上，中国古代先贤很早就有"天下一家"的认识及"天下大同""天下为公"的美好憧憬，并提出了天下太平、休戚与共、海纳百川、亲仁善邻等思想观念，而这些思想观念通过创造性转化和创新性发展，为人类命运共同体的构建提供了重要的思想指导。

### 一、"建设一个持久和平的世界"对传统和平观的创造性转化与创新性发展

中华民族自古以来就是一个热爱和平的民族，并留下了"天下太平""国虽大，好战必亡""协和万邦"等许多古训，形成了富有民族特色的传统和平观。正所谓，"几千年来，和平融入了中华民族的血脉中，刻进了中国人民的基因里"。党的十八大以来，以习近平同志为主要代表的中国共产党人科学继承了传统和平观，并通过对其创造性转化和创新性发展，提出了"坚持对话协商，建设一个持久和平的世界"的观念，进而丰富了"构建人类命运共同体"的思想内涵。

一是"更好化解纷争和矛盾、消弭战乱和冲突"对"化干戈为玉帛""好战必亡"等思想的创造性转化和创新性发展。世界的持久和平以战乱、纷争、冲突等

的消弭及化解为前提，只有消除各种各样的战争及暴力，人类才能迎来永久性的和平。否则，和平只能沦为一种空谈。这一论断正是源自对"化干戈为玉帛""好战必亡"等传统思想的创造性转化和创新性发展。古人曾以"化干戈为玉帛"来强调停止战争、修好如初，又以"国虽大，好战必亡"的箴言来警示世人，喜好发动战争、偏爱四处征伐，必然走向灭亡。可见，新时代提出的"更好化解纷争和矛盾、消弭战乱和冲突"，科学地继承了这些优秀传统思想观念，同时结合时代特点，将这些优秀传统思想理念创造性转化和创新性发展成关于消弭战争、建设永久和平的思想，从而指导当代和平事业的建设。

二是"构建对话不对抗、结伴不结盟的伙伴关系"对"协和万邦""讲信修睦"等思想的创造性转化和创新性发展。"协和万邦""讲信修睦"是古人用以指导民族交往的基本原则，其中"协和万邦"出自《尚书·尧典》，意指各邦国和睦相处，共享太平。"讲信修睦"语出《礼记·礼运》，意指讲究信用，谋求和睦。"协和万邦""讲信修睦"等传统思想理念注重信守承诺、和平相处，而不是背信弃义、挑起事端、争强争霸。新时代，以习近平同志为主要代表的中国共产党人科学继承了这一传统思想观念，并吸收了和平、诚信、和睦的交往指导原则，提出了"构建对话不对抗、结伴不结盟的伙伴关系"。"对话"创造了和平的可能，而"对抗"往往滑向战争，"结伴"往往齐心协力，"结盟"却容易走上霸权主义的道路。显然，国与国之间以"伙伴"相待能信守和平的承诺，树立修睦的恒心，从而促进世界和平。新时代，以习近平同志为主要代表的中国共产党人对"协和万邦""讲信修睦"等思想理念的吸收借鉴，以及根据新时代要求对它们的内涵所进行的丰富及发展，使它们焕发新的活力，并给国际社会的和平交往提供了重要指导。

三是"大国对小国要平等相待，不搞唯我独尊、强买强卖的霸道"对"四海一家""亲仁善邻"等思想的创造性转化和创新性发展。古代邦国之间的相处，以"四海一家""亲仁善邻"的思想为指导。"四海一家"出自《荀子·议兵》，是一种朴素的博爱观，意指天下各国如同一家，四海之内皆为兄弟。古人将"亲仁善邻"视为国之宝也，是指导人与人、民族与民族、国家与国家交往的重要原则。"四海一家""亲仁善邻"等传统思想观念蕴含和平相处、仁爱相待的交往原则，常常被人们用来调节邦国之间的关系。新时代，以习近平同志为主要代表的中国共产党人对这些优秀传统思想理念进行了吸收借鉴，并根据当代国际社会发展状况，将其创造性转化和创新性发展为"大国对小国要平等相待，不搞唯我独尊、强买强卖的霸道"的新观念。这一新观念科学继承了"四海一家""亲仁善邻"的睦邻、友善、仁爱的积极因素，同时又摒弃了它所蕴含的消极思想，以科学的交往观念指导世界的和平发展。当然，这些优秀传统理念也通过新的话语表达形式、新的话语诠释，给世人以启迪。

"和平"是人类最持久的一种夙愿，也是古往今来人们追求的一种美好理想。中华民族历来热爱和平、追求和平、维护和平，几千年来，和平融入了中华民族的血脉中，刻进了中国人民的基因里。传统和平观所蕴含的核心思想理念及和平精神深深地影响着中华儿女数千年来对和平事业的不懈努力与追求。"和平"弥足珍贵，有了和平，国将为国，家将为家，社会才能发展进步，"现实的人"才能全面自由的发展，否则，没有和平，冲突不断甚至战火纷飞，经济增长、民生改善、社会稳定、人民往来等都会沦为空谈。和平是发展的保障，也是"中国梦"实现的前提。新时代，在构建人类命运共同体过程中，将传统和平观创造性转化和创新性发展为"建设一个持久和平的世界"，就是将那些珍贵的和平思想、理念、精神等发扬光大，使植根于中华民族血脉之中的"和平的基因"能够代代相传。"建设一个持久和平的世界"不仅吸纳了传统和平观的核心思想、理念、精神，而且实现了对其的时代化阐释与现代性表达，激活了其生命力，并使其成为一种普遍的价值原则为世界人民所接受。

## 二、"建设一个普遍安全的世界"对传统安全观的创造性转化与创新性发展

天下太平，以普遍性安全为保障。自古以来，人们就对各种战争、纷争、冲突等充满厌恶，故而希冀铸甲销戈、铸剑为犁、止戈兴仁，形成了以休戚与共、兼爱非攻、止戈为武等为核心的传统安全观。新时代，以习近平同志为主要代表的中国共产党人吸收借鉴了这些传统安全观，并对其进行了创造性转化和创新性发展，提出"坚持共建共享，建设一个普遍安全的世界"，进而从安全的视角深化了人类命运共同体的构建。

一是"一国安全不能建立在别国不安全之上"对"休戚与共"思想的创造性转化和创新性发展。国与国之间并非相互隔离的孤岛，而是命运相连的共同体。在古人看来，这可谓"休戚与共"。"休戚与共"强调的是利害相关、共荣共辱，引申到国际交往上就是共生共存，命运相连。不难理解，古人有天下一家的情怀，"一家之人"休戚相关，而非同室操戈。新时代，以习近平同志为主要代表的中国共产党人吸收借鉴了"休戚与共"的思想理念，提出了"普遍安全"的主张，正如习近平所言，"一国安全不能建立在别国不安全之上，别国面临的威胁也可能成为本国的挑战"。"普遍安全"具有广泛性的语指，即各国都要安全，而不是牺牲他国的利益，破坏他国的安全，来谋求自己的利益及安全，这直接继承了"休戚与共"的思想。同时，新时代中国共产党人强调各国之间互帮互助，而不是袖手旁观，突出了大国的担当意识和责任意识，这是对"休戚与共"思想的进一步丰富及发展。

二是"共同消除引发战争的根源"对"兼爱非攻"思想的创造性转化和创新性发展。影响世界稳定及安全的最核心因素是战争及冲突。墨子提出的"兼爱非攻"思想，试图以博爱的精神、非攻的主张来感化世人，寻求天下太平、世界安全。"兼爱"可谓是"大不攻小也，强不侮弱也，众不贼寡也，诈不欺愚也，贵不傲贱也，富不骄贫也，壮不夺老也。是以天下之庶国，莫以水火、毒药、兵刃以相害也"。"非攻"即是停止攻伐，追求和平。"兼爱"以"非攻"为前提，而"非攻"又以"兼爱"为精神支持。"兼爱非攻"蕴含着反对战争、消除战争的理想，并且试图以"兼爱"的情怀感化世人，使人们互爱互利，最终"天下兼相爱则治，交相恶则乱"。新时代，以习近平同志为主要代表的中国共产党人直接吸收借鉴了"兼爱非攻"的反战主张及博爱精神，并结合当代国际安全实际，提出"共同消除引发战争的根源，共同解救被枪炮驱赶的民众"，进而实现了对"兼爱非攻"思想的创造性转化和创新性发展。

三是"树立共同、综合、合作、可持续的安全观"对"同心勠力"思想的创造性转化和创新性发展。世界的普遍安全依赖各国齐心协力、共同建设，而不是仅仅依靠几个大国就可以完成。古人提出的同心勠力观念，强调了力量集聚的重要意义，可谓"单则易折，众则难摧""二人同心，其利断金"。"同心勠力"以某一特定的共识为前提，以合作、合力为保障，引申到当代国际安全的构建上，就需要各国力使一处，共同致力于普遍安全的建设及维护。在此意义上，以习近平同志为主要代表的中国共产党人吸收借鉴了"同心勠力"思想所蕴含的"聚力"理念，强调以合作谋安全，以共同使命来促进安全，并创造性地提出了追求可持续性安全的理念，进而实现了对"同心勠力"思想的创新性发展，最终提出"树立共同、综合、合作、可持续的安全观"，从而为当今世界普遍安全的建设提供了必要的思想指引。

### 三、"建设一个共同繁荣的世界"对传统义利观的创造性转化与创新性发展

人类所追求的美好世界必然是一个远离贫困、繁荣发展的世界，由此，构建人类命运共同体的要义之一是"坚持合作共赢，建设一个共同繁荣的世界"。"建设一个共同繁荣的世界"是人类社会发展的崇高目标，也是人类努力的方向所在。它以合作共赢为前提，以"共同"为要求，以"繁荣"为目标，是对传统义利观的创造性转化和创新性发展。实际上，古人在利益与道义关系的思考上，形成了以义得利、义利相兼、义在利先等观念，而这些观念通过创造性转化和创新性发展，为各国在处理自身利益与全球利益的关系上提供了科学的思想指导。

一是"反对贸易保护"源于"见利忘义"的警示。受儒家义利观的影响，古人在"利"与"义"的选择面前，往往重义而轻利，故而对那些见到利益而摒弃

道义的行为，提出了"见利忘义"的谴责及警示。"见利忘义"可谓轻义重利，违背了儒家所建构的道德规范，自然为人们所不齿。新时代，以习近平同志为主要代表的中国共产党人从"见利忘义"的警示中，延伸出"反对贸易保护"的观念，并断言"如果搞贸易保护主义、画地为牢，损人不利己"。在全球化发展的今天，"见利忘义"不仅损害正常的国际经济贸易，而且破坏自己国家发展的根基，并影响全人类的美好未来。"反对贸易保护"是对"见利忘义"的反思，也是对这种反思进行的时代性拓展，其思想启迪及行动指导则是义利兼顾、合作共赢。

二是坚持你好我好大家好的理念，推进开放、包容、普惠、平衡、共赢的经济全球化，创造全人类共同发展的良好条件，共同推动世界各国发展繁荣，对"以义求利"观念的创造性转化和创新性发展。正确的义利观念才能为国家发展带来科学的指导。古人主张义在利先，强调"以义求利"，可谓"君子爱财，取之有道"。在荀子看来，"先义而后利者荣，先利而后义者辱"。"以义求利"绝非主张要义而不要利，只是在义利的先后上突出"义"的优先性。实际上，"求利"合乎人的本性，正如孔子所言，"富而可求也，虽执鞭之士，吾亦为之"。只不过，儒家强调"以义得利"，即通过义来获取利益，也就是说"利"的获得必须符合"义"的要求，而不能违背"义"。新时代，以习近平同志为主要代表的中国共产党人吸收借鉴了"以义求利"的核心理念，一方面，肯定"义"的优先性，创造性提出"坚持你好我好大家好的理念"，坚持互利共赢的原则；另一方面，认可"利"的求取，强调"发展是第一要务"，"推动世界各国发展繁荣"。可见，以习近平同志为主要代表的中国共产党人从"以义求利"观念的科学继承出发，结合新时代的特点，对其语义进行了时代化拓展，从而使其核心思想理念为当代国际社会所吸纳借鉴。

三是"着力解决公平公正问题"对"义利相兼"观念的时代化拓展。"义利相兼"是一种理想的价值追求，可谓义与利并举，而不是"不言私利"或"见利忘义"。新时代，以习近平同志为主要代表的中国共产党人科学继承了"义利相兼"的核心思想，提出"大国与小国相处，要平等相待，践行正确义利观，义利相兼，义重于利"，并对"义利相兼"思想进行了现代化诠释，将其拓展为"着力解决公平公正问题"。尽管人类的发展日趋全球化，但是也存在着发展不平衡、不充分的问题，可谓南北发展差距依然巨大，贫困和饥饿依然严重，新的数字鸿沟正在形成，世界上还有很多国家的民众生活在困境之中。为此，当代发达国家应当秉持"义利相兼"的原则，关注对落后国家的帮扶，促进事关全球公平正义问题的解决，以体现大国兼济天下的担当与兼爱天下的道义，从而推动全球的共同繁荣发展。新时代，以习近平同志为主要代表的中国共产党人对"义利相兼"的引申及运用，拓宽了其话语的外延，并且为世界的和谐发展、可持续发展提供了思想指导。

## 四、"建设一个开放包容的世界"对传统包容观的创造性转化与创新性发展

人类文明是多样的，而世界因此变得丰富多彩。在如何看待及对待文明的多样性上，古代先贤提出了"万物并育""海纳百川""兼收并蓄"等包容观念，而这些观念为文明的交流互鉴、世界的包容发展提供了重要的思想指导。党的十八大以来，以习近平同志为主要代表的中国共产党人通过对传统包容观念的吸收借鉴及创造性转化和创新性发展，提出了"建设一个开放包容的世界"的思想，进一步丰富了"构建人类命运共同体"的意涵，为美好世界的建设奠定了理论基础。

一是尊重文明的多样性对"万物并育"思想的科学继承发展。人类在漫长的发展历程中，基于国情、民族、信仰、肤色、发展进程等的差异，形成了多样的文明。在古人看来，可谓"万物并育而不相害，道并行而不相悖"。"万物并育"是传统包容观的核心思想理念，也是古人看待文明多样性的基本原则，"和而不同"才能促进世界的多元化发展。新时代，以习近平同志为主要代表的中国共产党人在吸收借鉴"万物并育"思想的基础上，提出"我们应该坚持世界是丰富多彩的、文明是多样的理念"。尊重文明多样性，就是认可"万物"能够并存，进而反对"西方文明中心主义"所宣扬的人类文明单一论。"并育"涉及事物的共同生长，突出了各种文明的和谐相处。新时代，以习近平同志为主要代表的中国共产党人通过对"万物并育"思想的创造性转化和创新性发展，为人类文明多样性的科学认识提供了指导。

二是尊重文明的差异性对"海纳百川"观念的科学继承发展。人类文明是多样的，也是具有差异性的，正是这种"差异"赋予世界各种色彩，并促进了人类文明的进步。在如何对待文明的差异性上，古人提出了"海纳百川"的观念。"海纳百川"是一种包容万物的精神理念，不仅接受"同"，也认可"异"。当然，古人以海纳百川的胸怀包容文明的差异性，恰恰在于"和羹之美，在于合异"。新时代，以习近平同志为主要代表的中国共产党人科学继承了"海纳百川"的理念，提出尊重文明的差异性的论断，并指出"不同民族、不同文明多姿多彩、各有千秋，没有优劣之分，只有特色之别"。因此，"文明差异不应该成为世界冲突的根源，而应该成为人类文明进步的动力"。显然，尊重文明的差异性不仅科学继承发展了"海纳百川"观念对文明差异性的包容，而且对文明差异性的作用进行了高度评价。

三是"不同文明要取长补短"对"兼收并蓄"观念的科学继承发展。各种文明之间并非只有冲突和挑战，也非是相互排挤和斗争，而是通过交流互鉴，实现共同的繁荣发展。对此，古人提出了"兼收并蓄"的观念，以指导各文明之间和

谐共处、相互促进。"兼收并蓄"是一种广采博收的包容精神，同时指明了人类文明可以通过学习借鉴相得益彰。新时代，以习近平同志为主要代表的中国共产党人在继承发展"兼收并蓄"观念的基础上，提出了"不同文明要取长补短"的观点，在习近平看来，"不同文明要取长补短、共同进步，让文明交流互鉴成为推动人类社会进步的动力、维护世界和平的纽带"。各种文明并无高低之分，也无贵贱之别，它们各富特色，各有所长，因而各民族应广泛地吸收其他文明的所长，即那些积极因素，以丰富自己文明的内容。这继承了"兼收并蓄"的广泛吸纳精神，为文明之间的正确借鉴提供了科学指导。

## 五、"建设一个清洁美丽的世界"对传统生态智慧的创造性转化与创新性发展

人类追求的美好世界，必然是山清水秀、生态优美、人与自然和谐相处的世界。人类并非置身于"自然"之外，而是身处"自然"之中，人类因自然的滋育而养成，自然则因人类的呵护而实现永续发展。在人与自然关系的处理上，古人留下了"天人合一""民胞物与""取之以时"等生态智慧，为生态平衡的维护及美丽世界的建设提供了借鉴。党的十八大以来，以习近平同志为主要代表的中国共产党人通过对传统生态智慧的科学继承发展，提出了"坚持绿色低碳，建设一个清洁美丽的世界"①的主张，从而为人类命运共同体的构建指明了一条生态路径。

一是"人与自然共生共存"对"天人合一"思想的科学继承发展。在古人看来，人与自然是"天人合一"的。这意味着人与自然之间是一种共存共生、和谐相处的关系。"天人合一"强调人与自然的"物我为一"，可谓"天地与我并生，而万物与我为一"。而北宋思想家程颐则指出，"人在天地之间，与万物同流"。"物我为一"体现了人与自然是一种平等的，而不是征服与被征服的关系。如老子所云："衣养万物而不为主。"庄子之言："以道观之，物无贵贱。"新时代，以习近平同志为主要代表的中国共产党人在科学继承"物我为一"思想理念的基础上，提出了"人与自然共生共存"的观点，将人与自然视为命运相连的共同体，如其所指，"人与自然共生共存，伤害自然最终将伤及人类"。同时，新时代人们还从"天人合一"思想延伸出"坚持环境友好"的观念，所谓"环境友好"，意指人与自然的和谐友善，而非互残互害。"坚持环境友好"丰富了"天人合一"的时代化内涵，并促进了这一传统生态智慧在新时代的发展。

---

① 《习近平主席在出席世界经济论坛2017年年会和访问联合国日内瓦总部时的演讲》，人民出版社，2017，第29页。

二是"像对待生命一样对待生态环境"对"仁民爱物"观念的科学继承发展。在如何对待"万物"上，古人提出了"仁民爱物"的观念。"仁民爱物"是天人合一思想的重要体现。由于人与万物同流，因而需要人们像爱护亲人一样关爱万物、关爱自然。这是一种朴素的博爱观，体现了古人对自然万物的珍重与爱戴。如何"仁民爱物"？在宋代思想家张载看来，就是要"民吾同胞，物吾与也"。新时代，以习近平同志为主要代表的中国共产党人通过吸收借鉴"仁民爱物"的思想观念，提出了"像对待生命一样对待生态环境"的观点。显然，中国共产党人继承了"仁民爱物"的博爱精神，鼓励人们爱护自然环境，强调"我们不能吃祖宗饭、断子孙路，用破坏性方式搞发展"。同时，"仁民"被转化成更具广泛性意义的"我们"，"物"被指认为"生态环境"，这不仅丰富了"仁民爱物"的时代化内涵，而且还扩大了它的外延，从而使"仁民爱物"观念通过创造性转化和创新性发展更好地指导当代美丽世界的建设。

三是"让自然生态休养生息"对"取之以时"思想的科学继承发展。自然生态的运行具有客观规律性，它不是任人征服与破坏的对象，其资源也并非取之不尽，用之不竭。因而，荀子说："草木荣华滋硕之时则斧斤不入山林，不夭其生，不绝其长也；鼋鼍、鱼鳖、鳅鳝孕别之时，罔罟毒药不入泽，不夭其生，不绝其长也。"管子则言："修火宪，敬山泽林薮积草；夫财之所出，以时禁发焉。"当然，如若做不到"以时禁发"，那么在管子看来，"为人君而不能谨守其山林、菹泽、草莱，不可以立为天下王"。可见，古人为了保护自然生态的休养生息，体悟到"以时禁发"的哲理，形成了"取之以时"的思想智慧。"取之以时"顺应了自然生态的休养需求，遵循了万物生长的客观规律，是对"天育物有时，地生财有限"的客观认识。因此，"这些关于对自然要取之以时、取之有度的思想，有十分重要的现实意义"。正是"取之以时"这一传统生态智慧的启迪，新时代，以习近平同志为主要代表的中国共产党人提出了"让自然生态休养生息"的观念，为人类享有青山绿水、永续利用自然奠定了基础。显然，"让自然生态休养生息"弘扬继承了"取之以时"所蕴含的生态休养精神，同时又从其"为人所用"的旨趣中引申出"我们要倡导绿色、低碳、循环、可持续的生产生活方式""寻求永续发展"等可持续利用的观点，实现了对"取之以时"思想的新发展。

理论是实践的指南，而实践则促进了理论的进一步发展。围绕中华优秀传统文化创造性转化和创新性发展的理论阐发，新时代中华优秀传统文化何以传承发展的时代难题得到了解决。而中华优秀传统文化创造性转化和创新性发展在治国理政中的生动实践，为人们的进一步探索树立了良好的示范。实际上，中华优秀传统文化创造性转化和创新性发展的生动实践是一个由点及面、示范效应逐步扩大的过程，因而新时代随着中华文化复兴呼声的日益高涨，中华优秀传统文化创造性转化和创新性发展的生活实践必将越来越深入、越来越广泛。实践是理论之源，"实践"的广泛开展推动了"理论"的进一步升华，因而中华优秀传统文化创造性转化和创新性发展的思想理论体系，将因"实践"的深化而得到进一步丰富与完善。

# 第六章 中华优秀传统文化创造性转化与创新性发展的策略

理论探索的伟大意义不仅在于实现理论突破，还在于它能被广泛地付诸实践，并给当下的人提供思想指引和行动指南。中华优秀传统文化创造性转化和创新性发展是一项宏大的文化工程，也是新时代促进社会主义文化强国建设的一项重要工作。那么如何从战略层面谋划与推动这项工作，以促进其科学、高效、可持续性开展，是一个亟须探讨的话题。对此，本章主要从宏观视域出发，重点围绕加强中华优秀传统文化创造性转化和创新性发展的顶层设计、促进中华优秀传统文化创造性转化和创新性发展的增量式实现、建立健全中华优秀传统文化创造性转化和创新性发展的制度保障、优化完善中华优秀传统文化创造性转化和创新性发展的环境支持等四个方面进行探讨，对此抛砖引玉，为当下更好地促进中华优秀传统文化创造性转化和创新性发展提供有益探索与方法借鉴。

## 第一节 中华优秀传统文化创造性转化与创新性发展的顶层设计

中华优秀传统文化创造性转化和创新性发展的广泛实践及其预期效果的取得，关键在于顶层设计。所谓"顶层设计"，①是指运用马克思主义系统论方法及整体性思维，从全局的角度，对某项任务或者某个项目的各方面、各层次、各要素统筹规划，以集中有效资源，高效快捷地实现目标。中华优秀传统文化创造性转化

---

① "顶层设计"是工程学领域的一个常见词语，它的本义是统筹考虑项目各层次和各要素，追根溯源，统揽全局，在最高层次上寻求问题的解决之道。后来为其他学科和领域所借用。"顶层设计"在中共中央关于"十二五"规划的建议中首次出现，党的十八大以后，成为中国政治领域的热词。它往往从整体上把握事物的本质及客观规律，聚焦战略层面的谋划，而不是从微观视角出发，关注某一具体方面的实践。

和创新性发展是肇始于新时代的一项全新的、复杂的系统性工程。它的开展离不开宏观层面的谋划，否则不仅难以形成整体推进的合力，也难以取得事半功倍的效果。尽管中央"两办"（中共中央办公厅、国务院办公厅）于2017年1月出台的《关于实施中华优秀传统文化传承发展工程的意见》从战略上对中华优秀传统文化创造性转化和创新性发展作出了强调，但是并没有对中华优秀传统文化创造性转化和创新性发展如何开展及推动作出部署和说明。因而，新时代亟须加强中华优秀传统文化创造性转化和创新性发展的顶层设计，重点在于要进一步强化中华优秀传统文化创造性转化和创新性发展的总体性、系统性及协调性，以实现全面统筹及科学谋划。

## 一、总体性统筹

古人云："不谋全局者，不足谋一域。"新时代进一步加强对中华优秀传统文化创造性转化和创新性发展的顶层设计，要从总体性上实现对中华优秀传统文化创造性转化和创新性发展的把握、统筹及谋划，也就是说，要将中华优秀传统文化创造性转化和创新性发展作为一个总体，对其进行整体性规划设计和全盘性统筹，而不是将其分解成一个个细小的部分，孤立或有选择性地谋划。实际上"总体性概念不是把一切对象性形态看作孤立的、个别的存在，而是将其看作相互中介的、纠缠交错的存在"。而顶层设计就是要从总体性出发，将中华优秀传统文化创造性转化和创新性发展置于新时代的历史背景之下，并坚持从人类文化遗产何以更好地传承发展的追问出发，对其进行通盘考虑，以实现整体性统筹和长远性谋划。

一是上升为国家重要的文化战略。中华优秀传统文化创造性转化和创新性发展的实现离不开战略层面的支持和总体性谋划，因为只有在总体性的范畴中，主体与客体，思维与存在，理论与实践才得以统一。新时代，对中华优秀传统文化创造性转化和创新性发展进行总体性统筹，要在贯彻落实《关于实施中华优秀传统文化传承发展工程的意见》等中央决策部署的基础上，加快推动其上升为国家重要的文化战略，以实现从国家层面对其进行整体性谋划，并使其得到全面推进。诚然，中华优秀传统文化创造性转化和创新性发展是一项宏大的民族性与国家性工程，事关中华民族伟大复兴梦想的实现与国家文化安全的维护，只有上升为国家文化战略，举全国之力，经几代人持续推进，才可能完成，而不是依赖于某个地区或某个部门的努力即可实现。当前对中华优秀传统文化创造性转化和创新性发展进行国家文化战略的定位，是科学的，也是恰当的。实际上，将中华优秀传统文化创造性转化和创新性发展上升为一项国家文化战略，不仅有利于从国家层面对中华优秀传统文化创造性转化和创新性发展进行总体性考虑与整体性谋划，而且有利于从国家战略上进行全面协调和系统推进。否则，中华优秀传统文化创造性转化和创新性发展将难以实现对各文化要素、各推动区域、不同代际主体的全面统筹，也难以实现全国一盘棋整体性谋划，最终只能沦为空谈。

二是总体性的规划设计。中华优秀传统文化创造性转化和创新性发展的总体性规划设计，是一种从国家和民族立场出发进行的宏观性、系统性的谋划设计。它坚持以马克思主义为指导原则，坚持以人民为中心的价值追求，并立足于新时代中国特色社会主义文化建设。中华优秀传统文化创造性转化和创新性发展的总体性规划设计具有全局性的特点，涉及战略目标的制定、实施方案的设计、推进方法的选择、法规制度及政策的出台等各个方面。这是一种概要性的规划设计，形成的是一种纲领性的指导规范，绝非如详规那般只是就某一项要素进行详细规划设计。当然，我们要摒弃那种"文化自主论"的观念，即认为文化生成有一套内在严密的逻辑，反对人为地去干预文化的传承与发展，反对对中华优秀传统文化创造性转化和创新性发展进行总体性规划。"文化自主论"已经认识到文化生成及发展的内在逻辑性，但是这种观点的致命弱点在于，它把文化与人割裂开来，没有认识到文化是人类的非生理性组成部分。文化即是人化，历史与实践早已证明，人们完全可以有意识地去引导或干预中华优秀传统文化的传承发展。实际上，当人们对文化实施良性的引导，诸如进行总体性的科学规划时，就会营造一种良好的文化发展环境，会促进中华优秀传统文化的传承发展，也有利于推动中华优秀传统文化创造性转化和创新性发展；反之，将阻碍中华优秀传统文化的传承发展。当然，我们所说的良性引导，必须以遵循传统文化发展的内在规律为前提，并且是对文化进行的科学性干预。此外，要发挥中华优秀传统文化创造性转化和创新性发展总体性规划对其相关具体性规划的指导作用，并且强调地方性规划要符合国家总体性规划的要求及部署，从而彰显中华优秀传统文化创造性转化和创新性发展顶层设计的统领性作用。

三是"要素"的总体性统筹。中华优秀传统文化创造性转化和创新性发展的实现离不开诸如人才、财力等核心"要素"的总体性统筹。首先，中华优秀传统文化创造性转化和创新性发展的推进，离不开"人"这一关键性要素的支持，并且只能依靠人主观能动性的发挥来完成。可谓，人是现实世界的缔造者，也是精神世界的创造者。对此，习近平指出，人民既是历史的创造者，也是历史的见证者，既是历史的"剧中人"，也是历史的"剧作者"。新时代中华优秀传统文化创造性转化和创新性发展的主体，必然是人民群众。然而，基于中华优秀传统文化创造性转化和创新性发展的特殊性及专业性，其需要大量专业人才的支持。当然，对"人才支持"的强调，并没有忽视普通劳动者的作用，只是为了突出"人才"对中华优秀传统文化创造性转化和创新性发展的引领及推动作用。毋庸置疑，新时代中华优秀传统文化创造性转化和创新性发展的推动，面临诸多重大理论性难题，而这些难题的解决离不开以社科工作者为代表的广大人才的攻关及支持。实际上，人才要素的总体性统筹，一方面，要促进"人才"集聚。这里所谓"人才"主要指专业研究人员、普通社科工作者、文化产业经营运营者、优秀传统文化教育者及宣传者等。而"人才"集聚，就是要吸引更多的人才涌入中华优秀传统文化传承发展的事业中，吸引更多的专业人才聚集到中华优秀传统文化创造性转化和创新性发展的推动力量中。另一方面，要加大"人才"培育。所谓的"人才"培育，主要是指通过各种教育培训方式对传统文化及其相关领域的从业人员（包括研究者、宣传者、学习者、产业经营者、保护者等）进行专业指导，促使其提升业务技能，使其成为对中华优秀传统文化创造性转化和创新性发展起到推动作用的人才。此外，"财力要素"是一种资本要素，主要为中华优秀传统文化创造性转化和创新性发展提供基本的资金保障，以确保中华优秀传统文化创造性转化和创新性发展的顺利开展及目标实现。当然，"财力要素"是一种基础性的保障要素，核心是"资金"，因而关键就在于资金的统筹与整合。显然，资金来源渠道不同，财力支持的方式也明显不同。目前，中华优秀传统文化创造性转化和创新性发展的财力支持的资金来源渠道以各级财政拨款、社会募捐、市场化运营等为主，财力支持的方式主要体现在加大财政拨款力度、加强募捐募集、向产业转化提高营收能力等方面。然而，由于当前产业转化与市场运营尚处于起步阶段，资金来源以各级财政拨款为主、以社会力量募捐为辅。

## 二、注重系统性

中华优秀传统文化创造性转化和创新性发展是一项十分繁杂的工程，而其顶层设计的进一步加强，需从系统性强化入手。首先，在重点推动中华优秀传统文化的核心思想理念、中华传统美德及中华人文精神等进行创造性转化和创新性发展的同时，要注重对中华优秀传统文化的其他构成元素、构成内容等进行创造性转化和创新性发展。实际上，中国传统文化是一个庞大而复杂的体系，包括汉民族文化和各少数民族文化，有雅文化和俗文化、显文化和隐文化、庙堂文化和山林文化之分。中华优秀传统文化的构成，至少涉及主流优秀传统文化、地方特色优秀传统文化、民间特色优秀传统文化、少数民族优秀传统文化等。它们相互交织、相互碰撞，共同构成了中华优秀传统文化盛大壮观的景象。这些优秀文化遗产都应当被纳入中华优秀传统文化创造性转化和创新性发展的系统中，并且也都需要给予创造性转化和创新性发展。而那种对中华优秀传统文化的构成元素进行选择的创造性转化和创新性发展，显然缺乏系统性及总体性的考虑。其次，注重"创造性转化和创新性发展"的系统性。"创造性转化和创新性发展"是一项系统性的活动，涉及中华优秀传统文化的"科学的扬弃""赋新""发展"等诸多环节。唯有通过这些环节，中华优秀传统文化才能完成创造性转化和创新性发展，才能实现向当代社会的变迁。当然，这些环节都是"创造性转化和创新性发展"系统性活动所必不可少的一环，因而对这些环节的认识与把握不可脱离这一系统性活动。最后，推动工作的系统性。中华优秀传统文化创造性转化和创新性发展的推动工作也是一项系统性活动，涉及战略规划的制定及实施、制度安排、要素支持、环境营造等各个方面的统筹。新时代需要从系统性的视角出发，注重资源的整合，力量的集聚，从而系统性地推动中华优秀传统文化创造性转化和创新性发展。

### 三、注重协调性

　　新时代加强中华优秀传统文化创造性转化和创新性发展的顶层设计，还需要注重协调性。首先，这种协调性体现在中华优秀传统文化的"核心思想文化"与少数民族优秀传统文化、地方特色优秀传统文化、民间特色优秀传统文化等的"创造性转化和创新性发展"上。尽管党的十八大以来，全国掀起了一股推动中华优秀传统文化创造性转化和创新性发展的热潮，但是目前社会上强调对中华优秀传统文化的核心思想文化及主流文化进行创造性转化和创新性发展，而较少关注对少数民族优秀传统文化、地方特色优秀传统文化、民间特色优秀传统文化等的创造性转化和创新性发展。显然，少数民族优秀传统文化、地方特色优秀传统文化、民间特色优秀传统文化都是中华优秀传统文化的组成部分，也面临向当今时代融入的难题，也需要进行创造性转化和创新性发展。因而，这就需要协调好中华优秀传统文化各组成部分在"创造性转化和创新性发展"上的关系。其次，这种协调性体现在中华优秀传统文化创造性转化和创新性发展的过程中，既要注重"创造性转化"与"创新性发展"之间的协调性，不能一味地强调"创造性转化"，而不进行"创新性发展"，也不能过度重视"创新性发展"，而无视"创造性转化"。当然，在中华优秀传统文化创造性转化和创新性发展的推动工作上，同样需要注重协调性，既要注重中央与地方在战略规划上的协调性，注重各地区在推动工作上的协调，同时还要注意资源统筹上的协调性。实际上，之所以在顶层设计的强化上注重协调性，主要是因为从总体性上全面地推动中华优秀传统文化创造性转化和创新性发展，并防止出现用力不均、"对象"任意选择等现象，从而影响中华优秀传统文化创造性转化和创新性发展的可持续性开展。

## 第二节　中华优秀传统文化创造性转化与创新性发展的维度和限度

　　中华民族在几千年发展中形成的独特文化、价值系统和民族精神，已经成为中华民族的灵魂与中华文化的本体，是我们固有的根本与精神命脉。如何最大程度地发挥中华优秀传统文化的价值，使之服务于中国特色社会主义建设，是新时代向我们提出的重大课题。以习近平同志为核心的党中央提出中华优秀传统文化"创造性转化与创新性发展"是对这个重大课题的最好回答。中华优秀传统文化创造性转化与创新性发展的实现不仅在于提出策略性的宣传口号，更在于将其一个重大的战略任务。这对于延续中华文化命脉、推进国家治理体系和治理能力现代化、提升国家文化软实力、维护国家文化安全等都具有重要意义。目前，一些人对待传统文化的态度仍然不够客观和理性，优秀传统文化的创造性转化与创新性发展效果也不尽如人意。因此，我们需要追根溯源，回归到影响传统文化在当代传承和发展的关键问题上，探究中华优秀传统文化"两创"（指创造性转化与创新性发展）的中心意蕴、维度和限度，推进中华优秀传统文化在新时代焕发新的生机与活力。

## 一、创造性转化与创新性发展的中心意蕴

要攻克新时代提出的中华优秀传统文化创造性转化与创新性发展这个重大课题，需要在新时代背景下准确定位传统文化的价值，科学辨别传统文化的精华与糟粕，在传承精华的基础上，激发出传统文化中优秀因子的活力。当前，对传统文化仍存在不同程度和不同层次的"一刀切"或"口号化"等现象，很大一部分原因是没有完全理解和消化中华优秀传统文化创造性转化与创新性发展的内涵和要求。这就警醒我们要深入探求"两创"的中心意蕴，以客观科学礼敬的态度对待传统文化，"保全它的生命营养，发扬它的精神信念"，结合时代需求做好传统文化的存留与继承、融通与创新工作，激发优秀传统文化的生命力。

### （一）区分：存留与继承

如何科学区分中华传统文化中的优秀成分，是进行创造性转化与创新性发展的前提。作为中华民族独特的精神标志，中华优秀传统文化凝聚着中华民族特有的精神基因，积淀着中华民族最深层的价值理念，呈现出强大的生命力、吸引力和号召力，是中华民族绵延不绝、发展强大的精神滋养，推动中华民族不断向前发展。人类文明发展的历史证明，人们只有在已有的传统的基础上对其进行创造性转化，创新性发展，传统和传统文化才能承承相因，继往开来，与时俱进，发扬光大。党的十八大以来，党中央将传承中华优秀传统文化置于关系民族发展前途的高度，明确提出"中华优秀传统文化是中华民族的突出优势，是我们在世界文化激荡中站稳脚跟的根基"。我们应充分认识到优秀传统文化在当代的深刻定位，从中华民族"根"和"魂"的高度来认识把握中华优秀传统文化，从中华文

明与世界文明的广度来体认中华优秀传统文化。

　　科学辨别传统文化的精华与糟粕并不容易，这受到传统文化自身的复杂性、人们认识主观性的影响。一方面，中华文化是一个庞大复杂的系统。人们自己创造自己的历史，但是他们并不是随心所欲地创造，并不是在他们自己选定的条件下创造，而是在直接碰到的、既定的、从过去承继下来的条件下创造。文化的历史继承性决定了人们总是在前人的基础上进行文化创造，继承与拓展前人的文化内容使其能够为己所用。中华民族五千年绵延不绝形成的文化是在历朝历代的继承发展中积淀下来的，在不同的历史时期、不同的地区都会形成不同的内容，表现出不同的特征，由此决定了中华文化的任何一个单元都是立体的、多层次的。传统文化的复杂性客观上对我们科学区分提出了更高的要求，我们不能全盘肯定或全盘否定传统文化，更不能将甄别传统文化的精华与糟粕"简单化"。并且，在一定程度上，精华与糟粕含混在一起，一些受到争议的文化观念往往是由于价值偏好引起的，不能"一刀切"地定性为糟粕。另一方面，人的认识具有很强的主观性。人是传承传统文化的主体，传统文化的创造性转化与创新性发展不可能脱离主体单独发生。因此，这种主观性或主观因素是不可消除的，作为一个现代人应具有传承中华优秀传统文化的品格和自觉。同时，人的认识具有有限性，在认识传统文化的过程中总是自觉或不自觉将自身因素投射在认识对象上，使得认识结果不可避免地反映出自身特性。人的趋利性使得人们往往基于自身的需要进行文化选择、完善、创新。这种主观认识的时代局限性为一些文化糟粕提供了存在的可能空间与合理区间，造成传统文化传承存在某些重表象、轻实质、庸俗化和功利化现象。这些复杂状况已经成为弘扬中华优秀传统文化的重要阻碍。

　　传统文化中的哪些内容应该被存留和继承，即怎样区分传统文化的精华与糟粕？目前论说最多的是以内容列举的方式。如钱逊将中华传统文化的精髓概括为责任、志气、忠恕、知耻、气节和守礼；蔡尚思在《中国文化的优良传统》中提出善疑好问、厚今薄古、坚持真理、信史直录、实事求是等；张岂之在《中华优秀传统文化核心理念读本》中提炼出中华优秀传统文化的十二个核心理念：天人之学、道法自然、居安思危、自强不息、诚实守信、厚德载物、以民为本、仁者爱人、尊师重道、和而不同、日新月异、天下大同。这种列举方式内容繁杂，是否全面和完备尚存争议，有待进一步商榷。主要原因有两方面：一是传统文化博大精深，内容庞大，仅凭列举很难穷尽文化精髓。而且，学界谈论传统文化时更多提及儒家文化，往往容易忽视释、道等其他家的文化精髓，缺乏全面性。二是在内容列举上学界见仁见智，不同的学者有不同的理解。这种主观性造成传统文化区分标准的不确定性。同时，列举出的传统文化精髓具有高度的概括性，由此带来文化的抽象性，在一定程度上可能阻碍了传统文化精华进入日常生活。基于此，首先，我们要尽力规避以往的不足，改变过去对待传统文化以批判为主的态度，以更加客观科学礼敬的态度审视传统文化，有鉴别地加以对待，有扬弃地予以继承，这是继承的前提和基础。其次，要在实践基础上精准辨别传统文化的精华与糟粕，这是继承和弘扬的关键。我们要对传统文化进行科学分析，对有益的东西、好的东西予以继承和发扬，对负面的、不好的东西加以抵御和克服。批判的、扬弃的继承才是科学的、理性的态度。那么以什么标准来判定哪些是好的、有益的东西呢？中国传统文化之于我们的义，归根到底需要体现在我们的现实存在中。所以，时代的需要构成文化选择的根本尺度。好和不好并不是绝对的，其根本在于能否解决今天中国的问题，重要标准就是看能否满足为人民服务，为中国共产党治国理政服务，为巩固和发展中国特色社会主义制度服务，为改革开放和社会主义现代化建设服务的需要。

### （二）激活：融通与创新

中华优秀传统文化在当代发展，不能停留在继承阶段，仅仅满足于文本与遗迹的保存，更重要的是对其进行现代性诠释，激活传统文化中的优秀因子。时代变迁导致传统文化隐而不彰，但不能因此就彻底和全面否定传统文化的价值。中华优秀传统文化蕴含的哲学理念、道德规范和人文诉求，能够为人们认识并适应社会提供有益引导，为国家和社会治理提供有益启示，为人类总体发展提供中国智慧。只有把中华优秀传统文化坐实为我国现代化与现代文化的本根，不是枝叶，才不至于在建设文化强国中进退失据。因此，传统文化的当代发展需要因时而进、因事而化、因势而新，立足于时代要求和时代发展潮流，根据时代新问题、新要求不断更新、拓展、完善，让收藏在博物馆里的文物、陈列在广阔大地上的遗产、书写在古籍里的文字都活起来。

激活传统文化离不开融通。融通就要处理好不同文化之间的关系，即科学处理源与流、古与今、中与外的关系问题。首先，要厘清中华优秀传统文化的历史渊源、发展脉络和历史沿革，讲清楚中华优秀传统文化及其在当代的新形态、新面貌，即源与流的问题。中华优秀传统文化源远流长，是中华民族传承发展的根本和血脉，其中蕴含的价值体系可以超越时代留存下来。孝悌忠信、礼义廉耻、仁者爱人、与人为善、天人合一、道法自然、自强不息等，至今仍然深深影响着中国人的生活。中国人看待世界、看待社会、看待人生，有自己独特的价值体系。因此必须揭示其根源，透析其发展脉络，以文化历史的眼光穿透其发展与演变。其次，要处理好中华优秀传统文化与中国特色社会主义文化的核心——马克思主义的关系，即古与今的问题。弘扬优秀传统文化并不是要"以儒代马"，马克思主义的指导地位任何时候都不能动摇。马克思主义与中华优秀传统文化是产生于不同历史条件下的两种思想文化体系，但二者在某些方面的契合和融通为马克思主义在中国生根发芽打下夯实基础，马克思主义中国化又指导和推动了传统文化的现代化发展。最后，要处理好中华优秀传统文化与世界优秀文化的关系，即中与外的问题。在漫长历史进程中不断吸纳世界优秀文明成果，是中华文化永葆生机与活力的重要原因。新时代处理好"中"与"外"的关系，就必须不忘本来、吸收外来、面向未来，既立足本土，始终保持对自身文化的自信、耐力、定力，又面向世界，在汲取各种文明养分中实现创新发展。

激活传统文化离不开创新。创新是传统文化创造性转化与创新性发展的内在要求，也是对其进行现代化的必然路径。创造性转化就是要按照时代特点和要求，对那些至今仍有借鉴价值的内涵和陈旧的表现形式加以改造，赋予其新的时代内涵和现代表达形式，激活其生命力。创新性发展就是要按照时代的新进步新进展，对中华优秀传统文化的内涵加以补充、拓展、完善，增强其影响力和感召力。传统文化的创新不应是机械的历史重复，而是继承基础上时代性与实践性的统一，做到有效创新、有质创新。文化创新不是全盘抛弃现有的价值，而是通过传承为其注入新的内涵，或在已有的基础上进行新的联系和组合。除了通过重新解释和传承来创新之外，文化创新的第二种方式是回应特定时代提出的挑战，解析实地的特殊境遇和需要，构建出新的既有历史厚度又有时代特点的文化形态和理论概念。如之前广受好评的《中国诗词大会》《国家宝藏》等节目，正是积极回应传统文化在新时代面对的严峻挑战，在传承传统文化精髓的基础上，开发出内涵与新意兼具的节目，既有历史厚度，又有现实温度，激发出中华优秀传统文化的时代活力。新时代传统文化的创新要立足于内容、方式、理念的传承与发展，推动中华优秀传统文化融入国民教育、融入道德建设、融入文化创造、融入生产生活，使中华优秀传统文化在当代社会获得再生与新生。

## 二、创造性转化与创新性发展的维度

中华优秀传统文化是中华民族的根与魂，已经内化为中华儿女的精神基因，是中华民族自立于世界的重要根基。站在新时代这个重要的历史节点上，如何对中华优秀传统文化进行创造性转化与创新性发展至为重要，可以从不同的维度对其进行观照。

### （一）以马克思主义为指导

马克思主义始终是我们党和国家的指导思想，是我们认识世界、把握规律、追求真理、改造世界的强大思想武器。作为中国特色社会主义的指导思想，马克思主义也必然成为传统文化现代性转换的指导思想，是其保持正确方向的指向灯和鲜明旗帜。以马克思主义为指导，就是用马克思主义的立场、观点和方法改造传统文化，推动其创造性转化和创新性发展。

以马克思主义为指导是实现中华传统文化创造性转化与创新性发展、激发传统文化生机与活力的重要条件。中华传统文化与马克思主义因其相异而互补，因其相通而契合，二者的融合会通，既不是马克思主义在中国文化土壤中的简单移植，也不是中国传统在马克思主义新框架中的修正延续。当下对待传统文化存在以下错误倾向：一是传承传统文化时或泥古复古、食古不化，或盲目否定、全盘抛弃，都没做到以全面、客观、科学的态度传承传统文化；二是在"传统文化热"持续升温的时代潮流下，对待传统文化过于浮躁，由此带来传统文化传承与转化工作形式化、功利化；三是"文化决定论""文化实用主义""文化保守主义"等错误认识在社会上产生不良影响，不利于形成对待传统文化的科学态度。由于缺乏马克思主义的指导，导致了这些错误认识的产生，严重阻碍了传统文化的传承与发展。因此要以马克思主义为指导科学处理传统文化"两创"中"守"与"变"的关系。

中华优秀传统文化是中华民族的根与魂，指的是文化发展中不变的那一方面，也就是其根本特质、精神和核心价值。这是我们要始终坚守的。文化随时代发展而变迁，这个变不是根和魂的变，只是不同时代条件下文化具体内容和表现形式的变。科学处理二者的关系需要坚定马克思主义立场，运用马克思主义唯物史观和唯物辩证法，秉承科学礼敬的态度，在扬弃中继承和弘扬中华优秀传统文化。正确处理"守"与"变"关系，扭转"守""变"错位现象，必须坚持扬弃继承、转化创新，既要尊重文化发展规律，守住中华优秀传统文化核心价值、理念，取其精华、去其糟粕，又要古为今用、守正开新，着眼于当代发展需要，能够为今所用。具体来说，要在马克思主义的指导下确定传统文化取舍的标准和方法，立足于新时代这个新的历史定位，挖掘传统文化中仍具现代意义的精髓，坚持问题导向进行创新与发展，使中华民族最基本的文化基因与当代文化相适应、与现代社会相协调，保证优秀传统文化在马克思主义的指导下沿着正确道路前进。

**（二）治国理政的文化资源**

中国共产党是中华优秀传统文化的忠实继承者、弘扬者和建设者。我们党自成立以来，就自觉肩负起传承弘扬中华优秀传统文化的历史重担，积极主动地从传统文化中汲取治国理政的经验教训，为国家和社会治理提供借鉴。今天我们面临的治国理政的实际情况要比历史上任何时代都更复杂，但中华文化积累的丰富经验在许多基本方面对今天仍有重要的启示。特别是中华文化提出的许多思想理念，如以民为本、天下为公，都可以与现代概念相衔接，而且仍然富有引领的意义。传统文化的现代性转换要以此为着力点，通过从传统文化中汲取治理智慧提升当代国家治理水平，进而推动优秀传统文化在当代延续与发展。

作为中华民族的文化根基，中华优秀传统文化是我们坚定"四个自信"的深厚力量源泉。一个国家民族的传统与传统文化，乃是这个国家民族群体在长期的共同生活和社会实践中所达成的价值共识和道德认同的产物，是这种价值共识和道德认同经过时空的过滤和筛选、世代相传而积淀下来的历史经验和生存智慧。党的十八大以来，习近平立足于建设社会主义文化强国、实现中华民族伟大复兴的战略高度，多次对传统文化作出重要论述，深刻揭示了中华优秀传统文化的历史渊源、发展脉络、地位作用和鲜明特质，科学回答了传统文化为什么传承、传承什么、怎样传承的问题。2017年颁布《关于实施中华优秀传统文化传承发展工程的意见》，更是党中央第一次以中央文件的形式全面部署传统文化的传承发展工作，将传统文化的发展作为治国理政的重要战略举措，充分反映了党高度的文化自尊、文化自信和文化自觉，足以表明中国共产党鲜明的传统文化立场。

中华传统文化的本土性和民族性决定了其独特性，这种独特性构成了坚持和发展中国特色社会主义的文化基因和精神动力，成为新时代提升国家治理能力和治理水平的现实条件。习近平指出："要治理好今天的中国，需要对我国历史和传统文化有深入了解，也需要对我国古代治国理政的探索和智慧进行积极总结。"

党的二十大报告指出："中华优秀传统文化源远流长、博大精深，是中华文明的智慧结晶，其中蕴含的天下为公、民为邦本、为政以德、革故鼎新、任人唯贤、天人合一、自强不息、厚德载物、讲信修睦、亲仁善邻等，是中国人民在长期生产生活中积累的宇宙观、天下观、社会观、道德观的重要体现，同科学社会主义价值观主张具有高度契合性。"其中，"为政以德"是中国政治传统中的核心理念，其产生与发展根植于中华优秀传统伦理道德和哲学智慧，与人民群众日用而不觉的共同价值观念贯穿融通，蕴含了中华民族崇德尚群的伦理规范、以德化人的仁爱精神，以及天下大同的政治理想，深刻展现了中华民族责任先于权利、义务先于自由、群体高于个人、和谐高于冲突的崇高价值追求。

这些都体现了我们党对治国理政历史文化传统的深刻认识与运用，展示出治国理政的深厚文化底蕴，为深入推进传统文化"两创"树立典范和创新发展新范式。

### （三）以人民为中心的"两创"导向

人民性是社会主义文化的本质特征，文化的人民性是马克思主义文化理论与其他文化理论的根本区别。马克思主义强调文艺创作要从现实生活中的人出发，围绕有生命的、现实的个人展开，多反映广大人民群众的丰富生活。我们党一直坚持坚定的人民立场，将文化建设源于人民、服务人民、满足人民作为一以贯之的工作原则，既精准把握文化发展的规律，又体现了鲜明的价值导向。党的十八大以来，习近平创造性地提出"以人民为中心"的思想，旗帜鲜明地指出人民是我们一切工作的出发点和落脚点。中华优秀传统文化的创造性转化与创新性发展当然也要"坚持为了人民、依靠人民、共建共享，注重文化熏陶和实践养成，把跨越时空的思想理念、价值标准、审美风范转化为人们的精神追求和行为习惯"，提升人民的文化幸福感。

当前中华优秀传统文化传承和发展面临诸多难题的重要原因之一是背离了以人民为中心的原则。人民是社会精神财富的创造者和受惠者，优秀传统文化只有与人民生产生活深度融合，才能流传下去，具有长久的生命力。当前文化领域浮躁现象普遍存在，文化功利主义倾向明显，一些别有所图的人借弘扬传统文化之名行圈钱敛财之实，造成市场上传统文化产品泛滥，难以真正满足人民的文化需求。正因没有深入人民的生活实际，没有回应人民的真实需求，造成传统文化的传承发展工作浮于表面。这种急功近利、缺乏耐心和敬畏的传承与发展，背弃了"以人民为中心"的原则，使得中华优秀传统文化的发展缺少人民根基，是不可能真正激发中华优秀传统文化的当代生命力的，最终也不会真正满足人民对于中华优秀传统文化的迫切需求。

传统文化"两创"要规避以上种种弊端，营造全体人民共同保护和发展优秀传统文化的良好氛围，必须坚持以人民为中心的原则。其一，传承和发展中华优秀传统文化是所有中华儿女的共同责任，涉及社会中的每一个个体，要充分调动全体人民的自觉性、主动性、创造性。其二，优秀传统文化的传承与创新必须紧紧围绕人民的现实生活，将人民的实践活动作为激发传统文化生命力的现实土壤，从人民中汲取养分和力量。其三，把人民对美好文化生活的向往作为奋斗目标，立足于人民的真实需求，把最广大人民的需求和根本利益作为文化建设的出发点和落脚点，把人民的满意程度作为评判传统文化转化效果的重要标准和尺度。惟其如此，才能在人民的参与引领下，赋予中华优秀传统文化现代化的表现形态，打造满足新时代人民日益增长的精神文化需要的中华优秀传统文化产品，让每一个人都能平等分享中华优秀传统文化发展成果。

## 三、创造性转化与创新性发展的限度

从不同的维度理解优秀传统文化的创造性转化与创新性发展，在此基础上，我们需进一步思考：中华优秀传统文化创造性转化与创新性发展是否有限度呢？答案无疑是肯定的。中华优秀传统文化创造性转化与创新性发展受到多方面的制约，总的来说主要表现在：社会物质条件的制约、历史差异的制约以及文化自身内在价值的制约。

## （一）社会限度

社会是以共同物质生产活动为基础而相互联系的人类生活的有机体，是以生产关系为基础的社会关系的总和。一切文化的形成发展都取决于物质生产活动基础上的社会物质条件及由此形成的社会整体状况。因此，中华优秀传统文化创造性转化与创新性发展不再是一个枝节性的问题，而成为一个复杂的社会性问题，要将其置于社会发展的大环境下来研究。

物质生活的生产方式制约着整个社会生活、政治生活和精神生活的过程。不是人们的意识决定人们的存在，相反，是人们的社会存在决定人们的意识。这有力反击了甚嚣尘上的"文化决定论"。文化反作用于社会发展，同时又受到经济、政治、社会等其他因素的影响。中华优秀传统文化的创造性转化与创新性发展，要坚持历史唯物主义的立场和观点，将传统文化置于当代语境之下。当前中国特色社会主义进入了新时代，这是我国发展新的历史方位。全方位考察新时代的社会条件变化，立足于新时代的社会实践，更有助于推动中华优秀传统文化创造性转化与创新性发展。

马克思指出："政治、法、哲学、宗教、文学、艺术等等的发展是以经济发展为基础的。"社会各个要素构成有机联系的整体，各要素之间相互影响、相互作用。首先，文化发展归根结底是由经济决定的，以经济关系为核心的社会物质基础构成传统文化创造性转化和创新性发展的先决条件。进入新时代后，我国经济保持中高速增长，经济发展的质量和效益显著提升，已成为世界第二大经济体，这就对优秀传统文化的转化提出了更明确的要求。优秀传统文化不得不适应新时代经济发展状况，善用"经济杠杆"，在新时代经济基础框架内进行创造性转化和创新性发展，否则只会使中华优秀传统文化的转化成为无源之水，无根之木，结果可能会走向歧路。其次，新时代人民日益增长的精神文化需求与文化发展不平衡不充分的矛盾要求中华优秀传统文化必须回应时代难题，坚持文化服务于人民，经过现代性转化来满足当代人民的精神文化需求。再次，文化体制机制改革也对传统文化传承产生重要影响。文化体制机制改革一方面为中华优秀传统文化的现代性转化提供保障，有利于完善中华优秀传统文化传承和创新体系；另一方面规制着中华优秀传统文化的发展，某些不合时宜的制度可能会在一定程度上成为传统文化创新的"桎梏"。总之，以经济关系为核心，包括政治与社会等多种因素复杂交织形成的社会物质生活条件构成中华优秀传统文化"两创"的社会限度，决定或限制着中华优秀传统文化创造性转化与创新性发展的广度与深度。

## （二）历史限度

历史既是主观的，又是客观的，是主观和客观共同活动的结果，是对各世代人们思考"过去"书写"过去"的层层积累。历史是动态的、鲜活的，是"过去"和"现在"的交流互动，具有永恒的生命力。中华传统文化问题是在特定的历史语境中产生、演化和发展的，它的问题机制与时代风貌一开始就受到历史语境的深刻制约，直到今天，当我们思考这一问题的时候，仍然不能不考虑到这一制约因素。中华传统文化是适应封建社会形态产生的，作为一种独特的认识和把握世界的方式，有着自己固定的制度规范、价值取向和行为模式，体现着特定社会的文化心理和价值。以自给自足为特征的自然经济、皇权专制为内核的专制集权、嫡长子继承为中心的宗法社会，以及儒家思想为正宗的意识形态体系构成了传统文化的固有格局。这一格局与社会主义形态下的文化布局截然不同，这种差异性本身构成了中华优秀传统文化创造性转化与创新性发展的历史限度。

中国特色社会主义进入新时代，这一新的历史方位标志着我国在经济、政治、文化、社会等各领域都发生了翻天覆地的变化，文化赖以生存的社会形态发生了历史性巨变。历史不过是追求着自己目的的人的活动而已。产生于封建社会形态之上的传统文化满足了封建时代的社会需要，不可避免地带有不适合当今社会的文化糟粕，难免同今天我们所要建立与弘扬的社会主义意识形态相抵牾。时代是思想之母，实践是思想之源。新时代中华优秀传统文化创造性转化与创新性发展要充分考虑到历史差异性，必须植根于新时代中国社会现实情况，结合社会主义文化强国的建设目标，致力于满足人民的精神文化需求，变革传统文化的内涵和形式以激活其生命力，从而更好地推动新时代中国特色社会主义文化建设。

## （三）价值限度

价值是客体的存在、作用以及它们的变化对一定主体需要及其发展的某种适合、接受或一致。中华传统文化中的诸多优秀因子对当代社会发展具有重要的正向价值，成为中国特色社会主义伟大事业的重要动力。不过，利之所在，弊亦趋之。传统文化中的文化糟粕以及由此对现代社会产生的负面影响，成为传统文化创造性转化与创新性发展的价值限度。

传统文化的价值限度有两方面表现：一是优秀传统文化自身价值是有限的。我们不能盲目拔高或无限延伸其价值，那种认为传统文化万能主义、任何问题都能从传统文化中寻找到解决方法的观念是错误的，我们要在承认传统文化价值有限性的基础上充分发挥其作用。二是传统文化负面价值的消极影响依然长久存在。传统文化源远流长，其中许多思想已经远远落后于当今时代的发展，沦为文化糟粕，并成为中华优秀传统文化传承与发扬的障碍。例如人情社会是中国社会的显著特点，办事托关系、走后门似乎成为心照不宣的潜规则，一定程度上助长了贪污腐败之风，挑战着法律和规章制度的公正性与尊严；传统的男尊女卑思想至今仍产生着影响，当前在一部分地区仍然存在重男轻女现象；孝道是中华民族的传统美德，但这一美德过度发展则会走向对立面，形成毫无原则的"中国式愚孝"，往往成为一些家庭痛苦的根源，甚至因此付出惨痛代价的事例也不在少数。又如东莞"女德班"宣扬的"打不还手，骂不还口，逆来顺受，绝不离婚"，六安街头"埋儿奉母"的公益广告，等等，这些传统文化中的劣性遗产违反了文化发展规律，与新时代社会发展实践脱节，与中国特色社会主义伟大事业背道而驰，甚至会削弱中华优秀传统文化的神圣性和权威性，不同程度地阻碍传统文化的创造性转化与创新性发展。

社会基础、历史差异和传统文化自身的价值有限性表明对其进行创造性转化与创新性发展是有限度的，受到主观努力与客观条件的共同制约，并不是可以随意发挥、不受约束。新时代中华优秀传统文化创造性转化与创新性发展的本质就是找准优秀传统文化在当代的位置，厘定现代性转化的中心意蕴，平衡维度与限度之间的博弈。只有在尊重传统的基础上超越传统，在尊重规律的基础上对传统文化进行改造与创新，才能更好地推进中华优秀传统文化传承发展的制度改革和"两创"能力的提高，使中华优秀传统文化在新时代中重获生机与活力。

# 第三节　中华优秀传统文化创造性转化与创新性发展的实现机制

## 一、中华优秀传统文化"双创"实现机制的基本问题

文化是人们在长期的社会生产生活实践中所创造的。文化的发展，从根本上说是一定社会经济、政治发展的反映，从表现形式上看是一个螺旋式的发展过程，即文化的发展具有连续性的特点，新文化是在旧文化的基础上发展起来的。中华民族在长期的历史发展过程中所创造的丰富灿烂的文化，在当前社会主义现代化建设中仍具有重要地位与作用。不管是在革命时期，还是在建设和改革时期，中国共产党一直非常重视发挥传统文化的作用，对中华传统文化的认识不断深化，提出对中华传统文化要批判性地继承、创造性地转化、创新性地发展。实现中华传统文化"双创"是一个系统工程，主要包括转化发展对象、主体、目标、原则、动力、路径与保障等要素。实现中华传统文化"双创"需要各个要素、各个环节的相互配合，相互协调。

## （一）中华传统文化"双创"实现机制的重要概念

### 1.中华传统文化"双创"实现机制的内涵

研究中华传统文化"双创"实现机制，一个重要内容就是要清楚什么是中华传统文化"双创"实现机制。

《现代汉语词典》对机制主要有这样几个方面的解释：一是指机器的构造和工作原理；二是指有机体的构造、功能和相互关系；三是泛指一个复杂的工作系统和某些自然现象的物理、化学规律，也称机理。由此可见，机制主要是事物（这一事物可以是某一机器、有机体或者是某一复杂的工作系统、某一自然现象）各构成要素之间的相互关系及运行方式。多种要素——对象、主体、目标、路径、环境与保障，在实现中华传统文化"双创"过程中，各要素之间相互影响。如不同的主体在实现中华传统文化"双创"过程中所采取的"双创"方式是不同的；不同的传统文化内容在"双创"过程中的路径也会不同。同时，文化主体创造与创新过程还受到各种因素的影响。其中，传统文化观、传统文化素养以及创造创新意识与能力等文化主体自身因素会在不同程度上影响其"双创"传统文化的行为与目标实现。除自身因素外，文化主体所处社会的文化环境、文化发展状况、经济发展状况等因素也会在不同程度上影响其对传统文化的"双创"。因此，要实现中华传统文化"双创"，需要各要素之间相互配合。

中华传统文化"双创"的实现机制是实现中华传统文化"双创"系统工程内外各要素的相互关系及运行规律。正确处理中华传统文化"双创"过程中各要素以及与其他影响因素之间的关系，是实现中华传统文化"双创"的保证。

### 2.中华传统文化"双创"实现机制的构成要素

在中华传统文化"双创"系统过程中，主体、对象、路径、目标是中华传统文化"双创"系统工程的基本要素。中华传统文化"双创"是文化主体以中华传统文化为对象，以批判继承、创造与创新为路径，以传统文化转化与发展为目标的系统工程。在文化主体对传统文化进行创造与创新以实现目标的过程中，不同文化主体之间的关系、文化主体自身素养及其所处社会因素、不同创造与创新活动的配合程度等都会在一定程度上影响目标的实现及实现程度。因此，实现中华传统文化"双创"需协调不同主体之间的关系，实现不同创造与创新活动的配合，构建有的社会环境因素，并为文化主体创造与创新活动提供必要的保障条件。基于中华传统文化"双创"构成要素，中华传统文化"双创"实现机制主要包括主体协同机制、多路径协同机制、环境协调机制和全方位保障机制。

主体协同机制主要是在正确理解实现中华传统文化"双创"各主体的地位、作用及其相互关系的基础上，实现各文化主体作用的相互配合。马克思主义曾明确阐述了人民群众和历史人物在社会发展的各自地位与作用。在实现中华传统文化"双创"过程中,也要注重发挥不同主体的作用。要实现中华传统文化的"双创",首先要注重发挥人民群众的主体能动性。只有调动主体的能动性,才能有效地推动中华传统文化的"双创"。其次要注重人民群众的实践活动。文化是实践的产物,群众的物质实践活动为文化的发展提供了物质前提,其精神实践活动直接创造了文化。所以,推动传统文化"双创"要注重群众的实践活动,总结群众关于传统文化的实践活动的经验,加以提炼,为进一步加深对中华传统文化"双创"的研究提供资源和素材。在重视人民群众作用的同时,要注意发挥知识精英特别是传统文化工作者在中华传统文化"双创"中的作用。由于知识精英特别是传统文化工作者的文化素养、工作特点等原因,他们在中华传统文化"双创"中具有特殊重要作用。政府在中华传统文化"双创"中居于主导地位。它的主导地位主要是通过政策推动、思想引导、物质保障等方式实现的。

多路径协同机制主要是解决实现中华传统文化"双创"不同路径之间相互协调、相互配合的问题。路径主要有这样几种含义:道路、到达目的地的路线、办事的门路或办法。由于文化多层次、多形态的特点,决定了中华传统文化"双创"实现路径的多样性。协调各路径之间关系,使各路径之间虽各有侧重点,但能相互补充、相互配合。只有这样才有助于实现中华传统文化"双创"。

环境调节机制主要是在分析阐释国内外环境对实现中华传统文化"双创"影响的基础上,通过建构以克服环境中不良因素影响,为实现中华传统文化"双创"提供环境保障。古为今用,辩证地对待中华传统文化,吸收借鉴中华传统文化中的优秀因素,推动文化建设,是中国共产党确立的文化建设方针之一。新中国成立后,社会主义制度的确立,改革开放的推进,中国社会较之前有了根本性的变化。同时,和平与发展的国际背景之下,文化在各国综合国力竞争中地位与作用逐渐加强。当前的国内外形势既对中华传统文化"双创"提出了要求,提供了必要和可能条件,也存在着影响中华传统文化"双创"的消极因素。要实现中华传统文化"双创"仍需要继续协调各种环境因素,以推动中华传统文化"双创"的实现。

全方位保障机制主要是要通过协调各方面要素之间关系,为中华传统文化"双创"的实现提供条件。在"双创"中华传统文化的过程中,会受到来自不同方面因素的影响,所以要实现中华传统文化"双创",需要为文化主体提供必要的保障条件。

**(二) 实现机制在中华传统文化"双创"中的价值意义**

1. "双创"系统工程中不可或缺的必要因素

马克思主义认为,世界是普遍联系的,正是相互联系的事物之间的相互作用,形成了推动历史发展的合力。这样就有无数互相交错的力量，有无数个力的平行四边形，由此就产生出一个合力，即历史结果，而这个结果又可以看作一个作为整体的、不自觉地和不自主地起着作用的力量的产物。根据马克思主义普遍联系的观点，中华传统文化"双创"过程，也是各要素、各环节相互交织、相互影响的过程。这就要求我们在实现中华传统文化"双创"过程中，关注中华传统文化"双创"各要素、各环节之间的关系，推进各要素、各环节之间的协调运行，以形成有利于中华传统文化"双创"的实现机制。

中华传统文化"双创"过程中各要素的地位与作用是不同的。目标原则要素，规定了中华传统文化"双创"工作的共同指向与原则，是中华传统文化"双创"各项工作方向性的重要保证。主体要素，规定了中华传统文化"双创"的各主体地位与责任，既有利于各文化主体各司其职，也有利于各文化主体相互配合，以共同推动实现中华传统文化"双创"。内容要素，规定了中华传统文化"双创"的对象，即"双创"中华传统文化的哪些内容。路径（方式方法）要素，主要是指实现中华传统文化"双创"的方式方法。不同形态、不同层次的文化可采取不同的方式方法，但应协调各方式方法之间的关系，以避免各项工作出现相互交叉、重复的现象。环境要素主要是指当前中国所面临的国内外形势，既是中华传统文化"双创"的外部动力，也是影响其实现的重要因素。协调各环境要素以及环境要素与中华传统文化"双创"工作之间的关系，有助于克服不利环境要素的影响，并构建有利于中华传统文化"双创"实现的环境。条件保障要素是指实现中华传统文化"双创"所需要支持的条件。

实现中华传统文化"双创"的过程中，各要素是相互影响、相互作用的。如文化主体的知识和能力水平在一定程度上影响着传统文化"双创"过程中创造与创新内容、路径的选择，并在一定程度上影响着创造与创新的程度。环境要素影响着文化主体的创造与创新活动，而且同一环境要素对中华传统文化"双创"工作也会出现不同的影响。由于中华传统文化"双创"过程中各要素之间相互影响，所以要注重协调处理各要素之间的关系。中华传统文化"双创"实现机制就是要正确处理各要素之间及各要素组成部分之间的相互关系，实现各要素之间及各要素组成部分之间的有机结合，形成推动中华传统文化"双创"的合力。

综上所述，在实现中华传统文化"双创"过程中，由于各要素的地位与作用是不同的，而且各要素之间也是相互影响的，因此，实现中华传统文化"双创"要协调各要素之间关系，这也使加强对中华传统文化"双创"实现机制研究成为必要。

2.制约"双创"能否进行、能否顺利和能否成功的重要条件

第一，实现机制是制约中华传统文化"双创"工作能否进行的重要条件。中

华传统文化"双创"是文化主体以传统文化为对象的文化创造与创新活动。而文化创造与创新活动的开展，需要不同要素的共同推动。一是社会环境因素。中华传统文化所处环境因素发生了变化，而新的社会环境对实现中华传统文化"双创"提出了要求。正如马克思曾指出的，现实中的个人"是在一定的物质的、不受他们任意支配的界限、前提和条件下活动着的。"中华传统文化"双创"也是如此。二是文化主体的创造与创新意愿，即文化主体进行中华传统文化"双创"的动力。文化主体创造与创新动力，一方面来自文化主体所处环境对实现中华传统文化"双创"的要求，另一方面来自于文化主体对中华传统文化的认识。三是文化主体的创造与创新目的。这是决定文化主体是否要对中华传统文化"双创"的重要前提，因为任何事情的发生都不是没有自觉的意图，没有预期的目的。四是文化主体的自身素养，包括传统文化素养、创造与创新意识和能力等。社会环境因素的变化对中华传统"双创"提出了要求，而只有文化主体认识到环境变化对传统文化创造与创新的要求以及传统文化的当代价值，才能产生"双创"中华传统文化的动力。同时，只有文化主体自身素养达到一定要求，才能实现动力与行动的结合，使中华传统文化"双创"成为可能。

第二，实现机制是制约中华传统文化"双创"工作能否顺利进行的重要条件。中华传统文化"双创"工作是否能够顺利进行，取决于多种因素，取决于多种因素的相互配合。这些因素主要有文化主体素养、创造与创新方法、创造与创新环境、创造与创新保障。文化主体素养既影响着中华传统文化"双创"工作是否能进行，也影响着中华传统文化"双创"工作是否能够顺利进行。创造与创新方法的选择，一方面取决于文化主体，是文化主体为实现文化创造与创新目的而做的选择；另一方面又取决于文化发展规律，"方法之所以能够成为实现主体目的的手段，从根本上说，就在于它的'合目的性'和'合规律性'。"同时，方法影响着主体活动的发展与成败、主体活动的优化程度，并对主体活动具有一定的评价作用。中华传统文化"双创"的顺利进行，还需要一定的文化创造与创新环境、文化创造与创新保障条件，如文化主体的文化创造与创新活动需要宽松与竞争并存的文化创造与创新环境；社会经济的发展、文化活动经费的到位与文化主体经济收入的增加等为文化主体的文化创造与创新行为提供了经济保障。由此可见，各要素的有机结合是保障实现中华传统文化"双创"工作顺利进行的重要条件。

第三，实现机制是制约中华传统文化"双创"工作能否成功的重要条件。中华传统文化"双创"能否成功在一定程度上取决于中华传统文化"双创"的方法，而方法的选择取决于文化主体对创造与创新对象的认识、文化创造与创新活动目标等，方法是否能够顺利实施取决于文化主体对文化创造与创新方法的掌握程度以及保障条件是否完备，取决于方法的"合目的性"与"合规律性"的统一。因此，中华传统文化"双创"工作能否成功在一定程度上取决于各要素的相互配合、相互协调程度。

## 二、实现中华传统文化"双创"的主体协同机制

不同文化主体参与程度参差不齐是造成当前中华传统文化"双创"问题的重要原因。解决不同文化主体的参与问题，要明确各文化主体在实现中华传统文化"双创"中的地位与作用，并协调各文化创造与创新主体之间的关系。在实现中华传统文化"双创"过程中，人民群众是主体，传统文化工作者是骨干，党和国家居于主导地位，这符合马克思主义的基本观点，也是对中华传统文化形成与发展历史的总结，更是建设中国特色社会主义文化的必然要求。党和国家、传统文化工作者、人民群众分别以其各自的方式推动着文化的发展，同时他们又是相互关联与相互影响的。党和国家对于传统文化工作者、人民群众的传统文化"双创"实践活动具有引导与指导作用，人民群众的实践活动是传统文化工作者"双创"中华传统文化的源泉与基础，而传统文化工作者对人民群众的文化实践活动具有指导与引领作用。

### （一）实现中华传统文化"双创"各主体的地位

在实现中华传统文化"双创"过程中，各个主体的地位是不同的。其中，党和国家居于主导地位。而知识分子，特别是传统文化工作者是骨干力量、是主力。人民群众是基本力量。

1.党和国家的主导地位

（1）党和国家居于主导地位的必要性

第一，在实现中华传统文化"双创"过程中党居于主导地位是实现中华传统文化"双创"目的的必然要求。实现中华传统文化"双创"的根本目的，就是要在批判继承的基础上，通过创造与创新，实现中华传统文化优秀成果的时代化，满足人民群众的文化需求，推动社会主义文化繁荣兴盛。中国共产党代表了中国最广大人民的根本利益，领导中国人民建立了新中国，确立了社会主义制度，取得了社会主义现代化建设的巨大成就。因此只有坚持中国共产党的领导，才能保证传统文化"双创"成果为人民所共享，才能保证传统文化"双创"中的社会主义文化建设道路。

第二，在实现中华传统文化"双创"过程中党和国家居于主导地位是国家文化职能的必然要求。国家职能是国家在政治统治和社会管理中的职责和功能，其中文化职能是国家对内的重要职能之一。由于国家性质不同，不同国家的国家职能也是不同的。对于社会主义的中国，国家的文化职能主要是组织文化建设，即

在马克思主义指导下，通过发展教育、科学、艺术、卫生、体育等文化事业，培养中国特色社会主义事业的建设者、劳动者。实现中华传统文化的"双创"，就是要将中华传统文化与现实社会相结合，发挥传统文化在当代社会发展、国家建设、人民生活中的作用；就是坚持以马克思主义为指导，进一步促进文化的繁荣；就是要在传承、创新、发展中华优秀传统文化过程中，将中华民族的民族精神与时代精神相结合，推动中国特色社会主义事业的发展，实现中国梦。

第三，文化在国家和社会发展的重要地位与作用，要求在实现中华传统文化"双创"过程中党和国家居于主导地位。文化在国家和社会发展中的重要地位与作用，要求党和国家加强文化建设。同时，文化作用的发挥在一定程度上取决于文化的性质。新时代中国的文化建设应坚持中国特色社会主义文化道路，因为历史和现实已经证明，只有社会主义才能救中国，只有中国特色社会主义才能建设中国。建设中国特色社会主义文化，党和国家要居于主导地位，坚持马克思主义的指导地位，不断增强意识形态领域主导权和话语权。中华传统文化"双创"是中国特色社会主义文化建设的重要内容，更要坚持党和国家的主导地位。

（2）居于主导地位的可能性

党和国家的地位及其政治优势为党和国家在实现中华传统文化"双创"过程中发挥主导作用提供了可能。

第一，中国共产党是执政党，在实现中华传统文化"双创"工作中居于领导地位。中国共产党的领导地位是历史和人民的选择。

第二，中国共产党的性质与宗旨决定了其能够担当领导责任，发挥主导作用。"两个先锋队"是对中国共产党性质的鲜明概括，也使其具有先进性的特点。正是由于中国共产党的性质和先进性的特点，决定了党在中华传统文化的"双创"过程中可以发挥主导作用。一是中国共产党能够代表中国先进文化的前进方向，从而有利于保障工作方向与目标。二是中国共产党是人民群众利益的代表，能够更好地反映群众的要求，总结群众实践经验，调动群众力量，从而推动实现中华传统文化的"双创"。三是中国共产党党员的先进性和模范作用，有助于其发挥模范带头作用。党的宗旨和路线是党获得人民支持与拥护的重要原因，也使党能够发挥其领导与导向作用。在实现中华传统文化"双创"工作中也是如此。对党的宗旨与群众路线的坚持与践行，使党在实现中华传统文化"双创"过程中，坚持文化创造与创新以人民为中心。每一项工作不论是起点还是终点，都以人民对美好生活的追求为中心，有助于激发人们的创造热情，推动中华传统文化"双创"的实现。党的宗旨与群众路线是马克思主义实践观点的体现。马克思主义认为，人的认识来自实践并反作用于人的实践。从群众中来，到群众中去，就是认识来自群众的实践，群众的实践活动是认识形成的基础，反过来，在群众实践基础上形成的认识可以指导群众的实践。在实现中华传统文化"双创"过程中，党在群众文化实践活动基础上所形成的、关于中华传统文化以及中华传统文化"双创"的认识与理论，可以指导群众的文化实践活动。

第三，国家的政治制度为党在中华传统文化"双创"中主导作用的发挥提供了制度保障。我国宪法明确规定工人阶级是国家的领导阶级，作为中国工人阶级政党的中国共产党是执政党。执政党的地位，使党可以通过方针政策的制定等方式发挥其在中华传统文化"双创"中的主导作用。

第四，政府的比较优势有利于发挥其在实现中华传统文化"双创"过程中的主导作用。相对于其他组织，政府具有相对较强的政治优势、经济优势和文化优势。政府的政治优势，主要体现在两个方面：一个方面是国家的制度及其所掌握的国家机器；另一方面是群众对政府的政治认同。党和政府的政治认同来自于党领导人民进行革命、建设和改革的实践。中国共产党的领导地位是历史与人民的选择。正是由于人民群众对政府的政治认同，使政府相对于其他组织具有较强的政治优势，从而有助于其在实现中华传统文化"双创"过程中发挥主导作用。政府具有经济优势。从实现中华传统文化"双创"来看，政府能够根据预算，对中华传统文化"双创"提供经济支撑，如对实现中华传统文化"双创"理论研究与实际操作提供经费支持等。政府具有文化优势。政府掌握着较多的文化资源，影响着文化宣传机构，更容易掌握文化话语权，并能够通过文化政策主导中华传统文化的"双创"。

2.传统文化工作者的骨干地位

（1）传统文化工作者居于骨干地位的必要性

在实现中华传统文化"双创"过程中，传统文化工作者居于骨干地位是对知识分子在文化发展中地位的历史总结，是实现中华传统文化"双创"工作的现实要求。

第一，传统文化工作者是实现中华传统文化"双创"的骨干，是对知识分子在文化发展中地位的历史总结。从历史上看，中华传统文化的形成、发展与知识分子有着密不可分的联系。以儒家思想为例。春秋时期，针对当时的社会现状，孔子提出了"仁""礼"的思想，主张"仁者爱人""克己复礼"，以仁爱之心对待他人，以德、礼治理国家，创立了儒家学说。西汉时期，董仲舒在儒家思想的基础上，结合法家、道家等其他思想学派的内容，将儒家思想进行了发展，提出"天人感应""君权神授"的观点，适应了当时皇帝加强君主权力的需要，为儒家思想逐渐成为封建社会的统治思想创造了条件。近代，儒家思想又成为人们所批判和改造的对象。新文化运动中，一些激进的民主主义者将斗争矛头直指以儒家思想为代表的传统文化。后来，一些知识分子肯定了儒家思想的现代价值并提出通过吸收其他文化对儒家思想进行发展，他们被称为新儒家。从儒家思想的形成与发展来看，知识分子在以儒家思想为代表的传统文化的形成与发展过程中发挥了骨干作用。

第二，传统文化工作者是实现中华传统文化"双创"的骨干，是实现中华传统文化"双创"工作的现实要求。中华传统文化"双创"，就是要在马克思主义指导下，在批判继承中华传统文化的基础上，通过创造与创新，实现传统文化的时代化；并通过教育与宣传等手段，将创造与创新的文化成果转化为人们的思想认识，并体现于人们的生产生活实践中，发挥文化的育人功能。从实现中华传统文化"双创"的内涵来看，中华传统文化"双创"是一项系统工程，每一环节的实现都需要发挥传统文化工作者的作用。

传统文化工作者的相关宣传教育工作，是实现中华传统文化"双创"的重要环节。一方面，在宣传与教育工作中普及中华传统文化知识，帮助其他文化主体了解进而理解、掌握中华优秀传统文化，为实现中华传统文化"双创"提供条件。而从事这方面工作的主要是知识分子特别是传统文化工作者。另一方面，在宣传教育工作中以中华传统文化创造与创新成果教育人，以推动中国特色社会主义文化建设。用中华传统文化"双创"的理论成果与文化产品教化国人，离不开传统文化工作者的努力，在这一过程中，传统文化工作者是骨干。

传统文化工作者的相关研究成果，为实现中华传统文化"双创"提供理论指导。理论是实践的先导，传统文化工作者对中华传统文化"双创"的理论研究，对人们正确认识、理解和实践中华传统文化"双创"工作具有重要意义。

传统文化工作者的创造与创新活动，是推动传统文化传承与发展、转化与发展的重要方面。由于传统文化工作者的自身素质与工作性质等方面的优势，使他们能够具有进行"双创"中华传统文化的多种有利因素，进而有利于他们在总结群众实践经验的基础上，进行创造与创新。

（2）传统文化工作者居于骨干地位的可能性

传统文化工作者是实现中华传统文化"双创"的骨干，是由其自身的文化素养、创新精神、责任意识以及工作特点所决定的。

第一，传统文化工作者自身所具有的文化素养使其在实现中华传统文化的"双创"过程中能够发挥骨干作用。在知识素养方面。相对于其他人来说，知识分子能够更好地理解、掌握一定的文化理论知识，并能够运用其所掌握的文化理论知识指导其文化创造与创新实践活动。同时，从事与传统文化相关工作的知识分子，由于他们对中华传统文化的理解更加深刻，并能够更好地了解和把握党和国家的文化方针政策，较好地把握社会发展的规律，这也为他们将中华传统文化与当代中国社会实际相结合，"双创"中华传统文化提供了条件。

第二，传统文化工作者自身所具有创新精神使其在实现中华传统文化"双创"过程中能够担当骨干。在建设中国特色社会主义文化过程中，对传统文化不是全盘接收，也不是完全否定，而是要在批判继承的同时进行创造性转化与创新性发展。同时，当今世界日益激烈的国际竞争，对继承、弘扬中华优秀传统文化，实现中华传统文化的"双创"提出了要求。相对于其他文化主体来说，知识分子的文化创新精神较强，这也是推动他们进行文化创新的精神动力，是他们能够在中华传统文化"双创"工作中发挥骨干作用的重要条件。

第三，传统文化工作者自身所具有的责任意识使其在实现中华传统文化"双创"过程中能够担当骨干。我国知识分子历来有浓厚的家国情怀，有强烈的社会责任感，有传承与发展文化的历史使命感。"为往圣继绝学"，所表达的就是古代知识分子对其传承与发展文化的社会责任感的认识。在实践中，知识分子也以不同的方式推动文化的传承与发展。古代知识分子一方面通过教书、著书等方式传承文化，另一方面根据社会的发展赋予原有文化以新的内涵以推动文化的发展，如古代中国儒家思想代表人物对儒家思想的传承与发展。近代知识分子面临的社会主要任务与古代截然不同，他们将批判传统封建文化与引进西方文化作为反帝反封建斗争的重要内容，将文化传承与发展的历史责任与近代中国人民所面临的革命任务相结合。一方面，虽然传统文化遭到批判，但传统文化的优秀内容得以保留并在实践中得以发展。如传统文化中的爱国主义、自强不息的民族精神。另一方面，在改良、革命和吸收、借鉴中推动文化的发展。新文化运动时期提倡白话文就是对文化表达形式的改良。一些知识分子还希望通过吸收、借鉴西方文化内容推动文化发展，如辜鸿铭、梁漱溟等人提出了"中西调和"的思想。以梁漱溟为代表的乡村建设运动的推行者，希望通过在乡村中的文化重建，以中华传统文化精神与西方近代科技相结合，推动乡村复兴。中国共产党以马克思主义为指导，提出要建设新民主主义文化。可以说，正是知识分子的社会责任意识推动着他们在文化传承与发展方面发挥着重要作用。当前，实现中华传统文化"双创"过程中，传统文化工作者的传承与发展文化的社会责任意识也是他们能够在此过程中担当骨干的重要因素。

第四，传统文化工作者的工作性质与特点为其进行中华传统文化的"双创"提供了有力的支持与保障。传统文化工作者所从事的工作大多与文化的传播、创新有关，如在学校、社会科学研究机构、出版机构等单位工作的知识分子。这些人所从事工作的性质与特点使他们在进行中华传统文化"双创"工作中，可获得较多的经济保障、文化资源支持与政策保障。经济方面，一些单位或者上级机构以项目或后期资助的方式，对传统文化工作者进行中华传统文化的"双创"提供物质保障。在资源方面，实现中华传统文化的"双创"，需要一定的文化资源的支持，如中华传统文化典籍等。由工作特点所决定，传统文化工作者能够获得较多的文化资源，从而有利于他们进行相关的理论研究与实践探索。如学校所购买的文本文化资源与非文本文化资源，就可以为教师从事研究提供文化资源支持。在政策上，一些单位或者上级机构会出台一些政策鼓励传统文化工作者从事与中华传统文化"双创"相关的研究，这为传统文化工作者从事中华传统文化的"双创"提供政策保障。同时，在文化、教育及其相关机构工作的传统文化工作者，由于他们平时的工作就与文化的传播、创新有关，其工作性质与特点要求他们在平时的工作中要注重对中华传统文化进行创造与创新。

总之，对担负文化传统承传使命的知识分子来说，唯有站在民族的和文化的立场，才能焕发自己的人格精神，才不至于在剧烈的东西方文化冲突中失重，才有可能获得与世界文化对话的平等资格。

3.人民群众的基础地位

（1）人民群众居于基础地位的必要性

人民群众是历史的主体，在实现中华传统文化"双创"中居于基础地位，这符合马克思主义的基本观点，也是由党的性质与宗旨所决定的，是党群众路线的体现。

第一，符合马克思主义关于人类社会发展历史主体的观点。按照马克思主义的观点，人民群众是历史的主体，是历史的创造者。根据这一论述，在文化传承与发展中，人民群众是文化创造与传承的主体。他们主要通过其物质实践活动为文化创造提供物质保障，通过其精神实践活动为文化创造提供资源。同时，其精神实践活动本身就是文化创造与传承活动。

第二，由中国共产党的性质与宗旨所决定的。中国共产党是中国工人阶级的先锋队，是中国人民和中华民族的先锋队。"两个先锋队"的性质，说明了中国共产党是人民根本利益的代表。中国共产党推动文化的建设并发展，实现中华传统文化"双创"，就是要提高人民群众文化素养与思想道德素质，满足人民群众的精神文化需求。

第三，是中国共产党群众路线的体现。中国共产党的"一切为了群众，一切依靠群众，从群众中来，到群众中去"的群众路线，是马克思主义认识论的体现，也是实现中华传统文化"双创"过程中应坚持的方法原则。实现中华传统文化"双创"要依靠群众，发挥群众的主体作用。实现中华传统文化"双创"要坚持从群众中来，总结群众实践经验进行中华传统文化的"双创"；坚持到群众中去，以中华传统文化"双创"的理论成果指导群众的文化实践活动，以"双创"了的中华优秀传统文化教育人民群众，为中国特色社会主义建设提供精神动力与思想支持。

（2）人民群众居于基础地位的可能性

人民群众是实现中华传统文化"双创"的基本力量，居于基础地位，主要表现在三个方面。

第一，人民群众的实践活动为实现中华传统文化的"双创"提供物质保障和创造来源。人民群众的物质资料生产活动为人类社会的存在与发展提供了物质基础，也为知识分子进行文化创造活动提供资金、设施等物质条件。实现中华传统文化"双创"，是一个系统工作，需要多个环节相互配合，但不论是哪一环节，都离不开人民群众实践活动所提供的物质保障和创造素材。

第二，人民群众日益增长的精神文化需求是实现中华传统文化"双创"的目标与动力。人民群众是文化的创造者、发展者和文化成果的享有者。只有在满足人民群众一定精神文化需求的基础上，才能推动其追求更高水平的精神文化生活。同时，实现中华传统文化"双创"，要满足人民群众的精神文化需求，也是人民群众历史主体地位的体现，是我国社会主义国家性质、中国共产党的性质与宗旨的必然要求。

第三，人民群众在社会实践中不自觉地进行着中华传统文化的"双创"。人民群众是文化的传承者。关于文化的含义，不同的学者根据自己的理解进行了不同的论述。之所以有较多的不同含义，其中一个原因是文化所涵盖的范围较广。但随着社会发展和人民群众生产生活方式的变化，原有的行为规范会在不同程度上出现不适应社会发展的现象。当这种现象出现后，人民群众会不自觉地根据变化了的环境，对原有文化中的某些内容进行相应改变。在文化的发展变迁中，人民群众充当了不自觉的工具。

**（二）实现中华传统文化"双创"的主体责任**

1.党和国家的顶层设计

党和国家在实现中华传统文化"双创"过程中居于主导地位。发挥党和国家在实现中华传统文化"双创"工作的主导作用，就需要党和国家政府做好中华传统文化"双创"工作的顶层设计。

（1）中国共产党主导作用的发挥

在实现中华传统文化"双创"过程中，中国共产党主导作用主要是对中华传统文化"双创"方向性和原则性问题进行指导。党主导作用的实现主要表现在党所制定的纲领与大政方针、党组织以及党员的模范带头作用。

第一，中国共产党的文化纲领，是一定时期文化建设的指导，指导着中华传统文化"双创"工作。中国共产党的文化纲领对中华传统文化"双创"工作具有重要指导意义。根据中国共产党关于新时代文化建设纲领的要求，要坚持以马克思主义为指导，将中华传统文化优秀成果与中国现实和时代条件相结合，"双创"中华传统文化，推动中国特色社会主义文化繁荣兴盛。

第二，党通过制定文化建设的方针政策发挥其在中华传统文化"双创"中的主导作用。中国共产党根据不同时期的国内国际形势，在文化建设方面，通过制定相应的文化建设方针、政策以推动文化的建设与发展。中国共产党根据世情、国情和党情的变化提出了不同时期文化建设的目标，而且，不同时期文化建设目标都包含有弘扬中华优秀传统文化。这一特点也体现在党的文化建设方针中，如古为今用、批判地继承、创造性转化、创新性发展等。党的文化建设方针政策对于当前中华传统文化"双创"工作具有导向作用，即为人民群众提供了行动的指南。

第三，在实现中华传统文化"双创"过程中，党的主导作用的发挥还表现为党员的先锋模范作用。作为中国共产党党员个体，由于他们与人民群众的联系比较密切，他们的行为更能给其周围群众以直接影响。作为一名中国共产党党员，在实现中华传统文化"双创"中的先锋模范作用主要体现为：一是树立正确的传统文化观，并向其他群众宣传正确的传统文化观；二是能够在日常生活工作中继承与弘扬、创造与创新中华优秀传统文化。如果一名共产党员能够正确认识中华传统文化的历史地位与现实作用，树立正确的传统文化观，并能够在日常的生活、工作中将中华优秀传统文化的内容融入到其生活、工作中，就会在一定程度上影响、带动其周围群众的思想与行为，发挥一名中国共产党员在实现中华传统文化"双创"中的作用。

（2）国家主导作用的发挥

在中华优秀传统文化"双创"过程中，国家的主导作用主要是对中华传统文化"双创"工作的指导、领导和引导。

第一，确立对待中华传统文化的方针，以指导中华传统文化"双创"工作。在文化建设过程中，党和国家逐渐提出了一系列文化建设的方针。从"古为今用"到"推陈出新"，再到"创造性转化、创新性发展"，建设社会主义文化可以吸收借鉴中华传统文化，但是这种借鉴不是"拿来主义"，要批判地继承，要去除其封建性的糟粕，吸收其对社会发展具有积极作用的精华。同时要进行文化创造，继承和借鉴决不可以变成替代自己的创造，这是决不能替代的，要在创造中推动中华传统文化的发展。关于中华传统文化的文化建设方针的制定为人们正确对待中华传统文化提供了指导。

第二，制定继承、弘扬与发展中华优秀传统文化的政策法律，以指导、领导和引导中华传统文化"双创"工作。政策对人的社会活动具有引导、管理和调节作用。法律是调整人们行为的强制性规范。新中国成立以来，特别是近几年来，国家制定并颁布了一系列有利于传承、弘扬和发展中华传统文化的方针政策和法律规范，以指导、领导和引导中华传统文化"双创"工作。

制定保护文化遗产政策法规。当前，我国不仅有大量的有形文化遗产，如古建筑、古代典籍、古代文学作品等，还有大量的无形文化遗产，如风土人情、民间习俗等。2004年2月，国务院办公厅发布了《关于加强我国世界文化遗产保护管理工作意见的通知》，从提高认识、强化责任和加大力度三个方面对加强我国世界文化遗产保护管理工作提出了要求。

将部分传统节日变为法定节假日，以传承与弘扬中华优秀传统文化。在长期的生产生活中，中华民族逐渐形成了自己所特有的节日文化。中国传统节日内容丰富、形式多样，是中华传统文化的重要组成部分。随着社会的发展，传统的节日也随之发生变化。有的节日形式发生了变化，有的节日所蕴含的传统意义被淡化，有的节日甚至被淡忘。在这种形势下，2007年12月，国务院发布《关于修改〈全国年节及纪念日放假办法〉的决定》（第二次修订），将清明、端午、中秋增设为国家法定节假日。法定节假日的规定，有助于唤起人们庆祝传统节日的意识，引导人们更多地关注传统节日以及与传统节日有关的文化，从而有助于中华优秀传统文化的传承。

颁布传统文化教育的相关政策。实现中华传统文化"双创"，首先要使文化主体了解甚至是熟知中华传统文化。党和国家一直非常重视传统文化的教育。中央和各级政府为推进优秀传统文化教育制定并采取了一系列的政策措施。如，中小学语文教学内容有专门的传统文化的内容——主要是古诗词和文言文，历史教学内容有古代文化发展的内容等。此外，上海、山东等地出台了相关的地方性政策，山东还编写了《传统文化》教材。以政策推动传统文化教育，对推动中华优秀传统文化传承具有重要意义。

2.传统文化工作者的中坚推动

传统文化工作者是实现中华传统文化"双创"的骨干。他们既从事中华传统文化"双创"工作，也以其行为对其他文化主体产生一定影响，在实现中华传统文化"双创"工作中发挥中坚推动作用。

（1）传统文化工作者中坚推动作用的体现

第一，传统文化工作者在其工作中推动中华传统文化"双创"。在实现中华传统文化"双创"过程中，传统文化工作者的作用主要体现在他们的工作中，并在工作中得以实现。传统文化工作者的工作岗位所属机构一般包括研究机构、教育机构、博物馆、图书馆。他们所从事的工作一般与传统文化有关，主要是传统文化研究与教育宣传工作。传统文化研究工作对实现中华传统文化"双创"有两方面作用：一方面是对其他文化主体的中华传统文化"双创"行为起推动作用。文化研究工作既可以为文化政策制定者制定文化政策提供专业化建议，也可以为人民群众文化活动提供理论指导。另一方面是在中华传统文化"双创"过程中起中坚作用。实现中华传统文化"双创"，需要在总结文化实践经验的基础上，通过创造与创新，将中华优秀传统文化转化和发展为新的文化。因此，文化研究工作在实现中华传统文化"双创"过程中具有重要地位。传统文化研究工作特别是中华传统文化"双创"研究工作是实现中华传统文化"双创"的重要组成部分。传统文化宣传教育工作通过提高其他文化主体的传统文化素养，推动中华传统文化"双创"工作。同时，传统文化宣传教育工作表现为将传统文化的内容转化为教学内容，并使受教育者理解并掌握。因此，这一工作本身就包含有对传统文化的批判继承和创新发展。

第二，传统文化工作者在中华传统文化"双创"工作中中坚推动作用还表现在其工作之外的活动中。在工作之外，传统文化工作者仍能够以其自身的传统文化素养以及传统文化行为带动和影响其周围人去学习和了解中华传统文化，从而推动中华传统文化的"双创"。

第三，传统文化工作者在中华传统文化"双创"工作中中坚推动作用还表现为其在传统文化领域话语权的掌握。由于传统文化工作者自身传统文化素养以及其工作特点，使他们对传统文化的解读能够被人们所认可与接受，从而使其在中华传统文化领域具有一定的话语权。所以，他们对传统文化的认知与理解在一定程度上影响着其他文化主体对传统文化的认知与理解，从而影响中华传统文化的"双创"。

（2）传统文化工作者中坚推动作用的发挥

传统文化工作者在实现中华传统文化"双创"工作中发挥着中坚推动作用，其作用的发挥主要是通过传统文化工作者的工作成果和传统文化工作者自身的影响力来实现。

第一，传统文化工作者通过其自身工作成果发挥其中坚推动作用。传统文化工作者的工作成果主要包括理论创新成果、文化创新成果以及教育教学活动成果。传统文化工作者的理论创新可以为文化政策的制定提供咨询服务。如各级政府所出台的关于中华优秀传统文化传承发展文件，就离不开传统文化工作者的理论研究。传统文化工作者的理论创新为人民群众的中华传统文化"双创"工作提供指导。实现中华传统文化"双创"要有一定的理论指导，没有理论指导的行为就可能会出现偏离目标的现象，甚至会出现一些错误行为。传统文化工作者的传统文化创新成果，如传统文化工作者结合现代社会发展对儒家思想的新阐释，体现了传统文化工作者对中华传统文化的自觉创造与创新，是中华传统文化"双创"的成果。传统文化工作者的教育教学活动成果推动了中华传统文化"双创"。如由知识分子发起的山东乡村儒学讲堂，以讲故事的方式讲授《论语》《孝经》等经典，对于推动中华传统文化在乡村社会传播，实现中华传统文化"双创"具有重要作用。

第二，传统文化工作者以其自身影响力影响、带动人们学习、了解、创造与创新中华传统文化，推动中华传统文化"双创"工作。马克思曾说，人的本质"在其现实性上，它是一切社会关系的总和。人总是处于社会关系之中，并受到其所处社会关系的影响。在一定的社会关系中，由于受教育程度、工作性质、自身素养等因素的影响"，一些人会成为人们所关注模仿的对象。在中华传统文化"双创"过程中，传统文化工作者自身所具有的较高的传统文化素养，其自身对中华传统文化的热爱和创造、创新，也会在一定程度上影响和带动其他文化主体，从而影响中华传统文化"双创"工作。

第三，传统文化工作者在传统文化领域话语权的实现主要通过其对传统文化的阐释来实现。由于时间久远、社会变迁以及人们所受教育、所从事工作的不同，绝大多数人对于各种物质文化遗产和非物质文化遗产的了解是有限的，对蕴含在文化遗产中文化内容的了解更是有限的；对于古籍的解读也受到语言、语境等因素的限制，在一定程度上会出现不能正确解读的现象。传统文化工作者"通过对儒家经典文本的解读，将儒家经典传统的文本话语通过自身掌握的知识技能，转化为能够被政府官员和儒学讲师团所理解的现代话语及其当代意义，行使一种阐释功能。"而正是这种阐释，使传统文化工作者在传统文化领域享有一定的话语权，并影响着其他文化主体对传统文化的创造与创新。

3.人民群众的基础支撑

人民群众在实现中华传统文化"双创"过程中居于基础地位，发挥着社会主体的作用，对于推动实现中华传统文化"双创"具有重要意义。

（1）人民群众基础支撑作用的表现

在实现中华传统文化"双创"过程中，人民群众是基本力量，为实现中华传统文化"双创"提供资源，并是实现中华传统文化"双创"的落脚点。

第一，从实现中华传统文化"双创"目标来看，人民群众是实现中华传统文化"双创"的根本落脚点。满足人民群众日益增长的精神文化需求是实现中华传统文化"双创"的根本目标。中国共产党的性质与宗旨、中国特色社会主义的国家性质决定了满足人民群众的精神文化需求是实现中华传统文化"双创"的根本目标。同时，这也是实现中华传统文化"双创"工作的必然要求。人民群众对精神文化生活的追求有利于调动其进行文化创造与创新的积极性和主动性，发挥人民群众文化创造与创新的内驱力，从而有利于推动实现中华传统文化的"双创"。

第二，从实现中华传统文化"双创"的条件来看，人民群众的实践活动为实现中华传统文化"双创"提供了物质保障与创造源泉。人民群众的物质实践活动，有利于推动经济的发展，从而为实现中华传统文化"双创"提供物质保障。人民群众的文化实践活动为知识分子的文化创新与创造提供了创造源泉。

第三，从实现中华传统文化"双创"的力量和路径来看，人民群众是实现中华传统文化"双创"的基本力量。人民群众通过其自身实践活动实现中华传统文化的"双创"。其一，人民群众在实践中会在一定程度上根据社会变化对其自身的行为做出相应调整，从而推动着传统的改变。其二，人民群众对传统民间文化活动的坚持与调整、对新的社会文化活动的参与，对推动实现中华传统文化"双创"具有重要意义。其三，党和政府的文化政策、传统文化工作者的文化创新，需通过人民群众的实践活动体现出来。实现中华传统文化"双创"需落脚于人民群众的实践。

（2）人民群众基础支撑作用的发挥

人民群众处于实现中华传统文化"双创"的基层，要注重发挥人民群众的基础作用。实际上，人民群众在日常的生产生活实践过程中，能够在一定程度上根据变化了的社会经济、政治环境对原有的文化进行转化与发展，但这种转化与发展只是对变化了的社会环境的一种被动反映。作为社会主体和实现中华传统文化"双创"的基本力量，人民群众中蕴含着丰富的文化创造与创新的智慧。发挥人民群众的基础支撑作用，要使人民群众对传统文化的转化与发展由被动转为主动，由自发转为自觉。

第一，要关注人民群众的精神文化需求。这是发挥群众基础作用的基本体现，也是满足人民群众日益增长的精神文化需求这一中华传统文化"双创"根本目标的体现。人民群众的精神文化需求既是丰富的也是发展的。说其丰富，主要是指人民群众的精神文化需求具有多样性和多层次性的特点。人民群众不仅有传统文化方面的精神文化需求，也有现代文化、西方文化等方面的精神文化需求。说其发展，主要是指人民群众的需求随着社会文化生活的丰富、其自身文化生活层次的提高等因素的变化而不断变化。正是由于人民群众的精神文化需求是丰富的、发展的，所以在实现中华传统文化"双创"中，要关注人民群众的精神文化需求，特别是对传统文化的需求。

第二，要关注人民群众的日常实践活动。人民群众的日常实践活动，为实现中华传统文化"双创"提供实践基础。文化是一定社会经济、政治的反映，也为人民群众提供了在某一特定社会中的行为规范。当社会环境发生变化时，人民群众在一定程度上能够自发地调整自身的行为，使之适应变化了的社会环境。人民群众对自身思想观念与行为方式的调整，实际上就是对传统文化的"双创"。关注人民群众的日常生产生活实践活动，可以从中汲取经验，从而推动实现中华传统文化的"双创"。

第三，引导和帮助人们形成对中华传统文化的正确认知。当前，市场经济条件下人们对经济利益的重视，在一定程度上削弱了人们对文化建设的重视。再加上近代以来，受外来文化的冲击和对传统文化错误观念的影响，当前仍有一些人对于传统文化的现实地位与作用持有不正确的观点与看法。而这些不正确的观点与看法在一定程度上影响了人民群众在中华传统文化"双创"过程中作用的发挥。因此，要调动人民群众创造与创新中华传统文化的积极性，就需要引导和帮助他们形成对中华传统文化的正确认知。

第四，为人民群众提供转化与发展传统文化的有利环境。良好的环境是推动人民群众"双创"中华传统文化的重要条件。为人民群众提供转化与发展传统文化的环境可以从政策、物质、文化等方面着手。在政策方面，主要是为人民群众提供有利于转化与发展传统文化的政策支持。在物质方面，主要是通过发展经济为人们提供更好的经济水平，为人们提供进行传统文化转化与发展的设备、设施等。在文化方面，主要是创造有利于文化创造与创新的文化环境，正确对待传统文化转化与发展过程中出现的情况和问题等。

### （三）三位一体的主体协同机制

由于所处位置、所掌握的资源、工作性质等因素的影响，党和国家、传统文化工作者、人民群众在实现中华传统文化"双创"过程中处于不同的地位，发挥着不同的作用。同时，不同文化主体之间相互影响，一方作用的发挥离不开其他两方的配合。在实现中华传统文化"双创"过程中，一方面，需要各种文化主体各司其职，另一方面，需要不同文化主体相互配合、协调行动。

马克思主义关于社会发展主体的论述以及中华传统文化形成与发展的历史，都说明在实现中华传统文化"双创"过程中，各文化主体虽各司其职，但也应相互配合、协同一致，只有这样才能有利于文化的传承与发展。

1.各文化主体间相互配合

实现中华传统文化"双创"，需要各文化主体结合自身特点，发挥各自在实现中华传统文化"双创"中的作用。同时，一方文化主体作用的实现还需要其他文化主体的配合。

第一，党和国家的顶层设计来源并作用于传统文化工作者及人民群众。实现中华传统文化"双创"，党和国家主要是通过文化方针政策的制定做好顶层设计，以发挥其主导作用。同时党和国家主导作用的实现，离不开传统文化工作者与人民群众的实践活动。

第二，以党和国家以及人民群众为依托发挥传统文化工作者的作用。强调传统文化工作者的中坚支撑作用，并不是忽视党和国家、人民群众在实现中华传统文化"双创"中的地位与作用。同时，发挥传统文化工作者在实现中华传统文化"双创"中的中坚支撑作用，还需要党和国家的领导与支持，需要以人民群众的实践为基础。

第三，在人民群众的实践中发挥党和国家以及传统文化工作者作用。发挥人民群众的主体地位，实现中华传统文化的"双创"，要正确处理人民群众主体地位与党和国家、传统文化工作者的关系。

2.各主体的协同一致

实现中华传统文化"双创"，不仅需要各文化主体结合自身特点，发挥各自在实现中华传统文化"双创"中的作用，同时还应注意各文化主体的一致性。

第一，认识的一致性。实现中华传统文化"双创"，首先需要各文化主体形成对中华传统文化的正确认知。由于历史与现实某些因素的影响，一些人没有形成对中华传统文化的正确认识，主要表现为：一是将中华传统文化"双创"简单地理解为传统文化的复兴，进而在实际工作中主张全面继承传统文化，或回归传统。二是对中华传统文化"双创"持不认可态度甚至是否定态度，进而在实际工作中消极怠工。推动实现各文化主体认识的一致性，需要党和国家、传统文化工作者和人民群众的共同努力。党和国家通过教育宣传、制度政策帮助人们形成对传统文化以及中华传统文化"双创"的正确认知。传统文化工作者应利用其所掌握的传统文化知识及其工作特点，在正确理解党和国家文化方针政策、正确认识中华传统文化"双创"的基础上，做好党和国家文化方针政策的宣传工作，做好人民群众的传统文化教育，进而帮助人民群众形成对传统文化及中华传统文化"双创"的正确认知。

第二，行为的一致性。各文化主体行为的一致性，不是指各文化主体创造与创新传统文化的行为的整齐划一，而主要是指在实现中华传统文化"双创"的过程中，各文化主体的创造与创新行为虽有所不同，但他们各自行为的内容与目标具有一致性。正确区分不同性质的传统文化，结合当前社会发展现状，以新的文化理论、价值观念取代传统的不适应社会发展的文化理论、价值观念，推动传统文化向新文化的转化；以创新推动传统文化发展，在不断的创新中，实现中华传统文化的量变与质变，建设新文化。

总之，不同主体由于其自身条件及其所处社会地位的不同，在实现中华传统文化"双创"的过程中，他们的地位与作用是不同的。但实现中华传统文化"双创"需要不同主体的相互配合、协同一致。

## 三、实现中华传统文化"双创"的环境调节机制

实现中华传统文化"双创",仍需进一步协调内外环境各要素之间的关系,以推进和保障各项工作的开展。

### (一)实现中华传统文化"双创"的环境要素

实现中华传统文化"双创"是一个过程,在其历时性的发展过程中,受到多种因素的影响。这些因素可以简单地分为内部要素和外部要素两部分。内部要素主要是指中华传统文化自身内部各组成要素,外部要素主要是指中华传统文化所处的社会环境因素。

1. "双创"系统外部环境要素

将中华传统文化"双创"工作作为一个系统,其外部环境因素主要有经济、政治等要素。

(1)经济环境要素

第一,经济要素在实现中华传统文化"双创"中的地位与作用。历史唯物主义揭示了人类社会发展的基本规律,认为在人类社会发展过程中,经济因素是推动社会发展的最主要因素。

经济发展为中华传统文化"双创"活动提供物质保障。任何文化活动都离不开经济的支持。从个人层面来看,物质需求在一定程度上影响人的精神文化需求。人类只有在满足了其最基本的生理需求之后,才会有更高更多层次的需求。当前,人们对其自身创造与创新中华传统文化的动力来自于他们在物质条件提高情况下对精神生活的追求。而且要满足个人的文化需求,也需要有经济支撑。如无论读书、写字、作画,还是接受教育和再教育,都需要有相应经济力量的支持。从社会层面来看,与传统文化弘扬和发展相关的公共文化设施的建设、公共文化活动的开展都需要经济的支撑。从国家层面来看,文化理论研究、文化政策的制定与实施也都需要有相应的经济支撑。从国际层面来看,对外进行文化传播以及推动文化影响力的扩大,也需要有国家经济实力的支持。

经济形态在一定程度上决定文化内容,经济形态的变化要求文化内容也相应变化。一定社会的文化在一定程度上是其所处社会经济发展状况的反映。不同的生产经营方式产生不同的文化,如农耕文化、游牧文化。从这些文化的称呼可以看出,这些文化的形成与文化主体所从事的生产经营方式有着密切的关系。"在思想的时候,人们常常受到生活环境的限制。"古代中国,产业结构以农业为主,土地是财富的主要来源,相对落后的生产力使人们更多地依赖于从土地来满足自身的生活需要。农业生产所要求的是在土地上精耕细作,从土地中获得生产生活资

料。因此在长期的农耕生产生活方式影响下，培养和孕育出中华民族爱好和平、自强不息、尊老爱幼、勤劳勇敢、吃苦耐劳、艰苦奋斗、勤俭节约、邻里相帮等文化传统和核心价值理念。形成于古代中国、与传统农业生产方式相联系的中华传统文化，在社会主义市场经济条件下，需要进行创造性转化和创新性发展，以适应社会变迁，发挥中华传统文化的时代价值。

中华传统文化的优秀内容对当前经济发展仍具有重要影响。经济与文化是相互作用的。经济决定着文化的形成与发展，同时文化对经济具有反作用力。在一国流行的经济思想或范式，对经济文化有巨大的影响。如中国古代的重农抑商思想，既是传统农业经济的反映，也从思想上保障与推动了传统农业经济的发展。近代西方的重商主义思想，反映了原始积累阶段资本主义发展的要求，也影响了那一时期一些国家的政策，推动着资本主义的发展。随着《国富论》的出版，以亚当·斯密为代表的古典政治经济学推动了自由资本主义的发展。当前中华传统文化优秀成果仍是人们进行社会实践的精神动力。文化对经济的反作用力主要体现在社会主体，即人民群众将其所掌握的科学文化技术应用到生产实践中，转化为生产力；体现在人民群众将其所理解的优秀文化，如社会理想、社会核心价值观等，转化为自身的认识，成为人民群众积极参与社会生产实践的动力。

第二，经济各要素在实现中华传统文化"双创"中的影响和作用分析。

经济基础。不同的经济基础会形成不同的文化。当前，公有制的主体地位要求在文化建设中，要坚持中国特色社会主义文化发展道路，中华传统文化"双创"要坚持以马克思主义为指导。

经济体制。不同的经济体制下人们的生产经营方式、利益关系也有所不同，并由此形成了不同的价值观念。如市场经济体制下与计划经济体制下，人们的思想观念会有不同。在市场经济体制下，资源分配主要由市场所决定，相对于计划经济体制下，人们的竞争意识更强，人们之间的利益关系呈现复杂化特点，价值观念也呈现出多样化特点，而且金钱对人们思想价值观念的影响更强，甚至某些人会持有"金钱至上"的观念。形成于古代中国的传统文化要适应新的社会发展要求，就需要进行适应社会发展的改变，就要将中华传统文化优秀成果与现代社会相结合，与现代价值观相融合，实现中华传统文化"双创"。但在此过程中，对存在于现代社会的思想价值观念不是全盘接受，而是要进行区别、鉴定。如对"金钱至上"的价值观念就不能接受。

生产力。生产力是人类在生产实践中形成的征服自然和改造自然的能力。生产力状况对于文化的形成与发展具有一定的影响。文化主体就是在改造自然界的过程中创造了文化。同时，随着生产力的发展，"为了不致失掉文明的果实，……就不得不改变他们继承下来的一切社会形式。"文化随着生产力的发展而发生变化。当前，生产力的发展使传统文化中不适应当前社会发展的一些思想观念逐渐被抛弃。同时，生产力的发展为中华传统文化的"双创"提供了条件。

经济发展水平。经济发展水平对文化传承与创新的影响主要表现为三个方面。一是经济发展水平在一定程度上影响着文化的发展水平。随着改革开放的发展，经济生活水平的提高，人们的精神生活也不断发展，出现了精神生活多样化、丰富化的特点，如电视、电脑、网络等多媒体的发展，为人们提供了更多的满足其自身精神文化需求的路径与平台，也为人们了解和学习中华优秀传统文化提供了路径和平台，有利于中华优秀传统文化的宣传和传播。但多样化的精神文化生活也对中华传统文化"双创"提出了挑战。如何创造和创新传统文化，才能满足人民的精神文化需求，这是实现中华传统文化"双创"过程中需要思考的问题。二是经济的发展也会在一定程度上决定文化发展的内容。如在1990年亚洲运动会上由韦唯、刘欢合唱的《亚洲雄风》，所表现的是经济发展所带来的人们精神上的变化，是一种自信表现。而在2008年北京奥运会开幕式上由刘欢和英国歌手莎拉·布莱曼合唱的《我和你》，虽然所展现的仍然是人们对于国家的自信。但由于这两首歌曲所创作的年代不同，国家综合国力以及在国际上的经济地位的不同，所以这两首歌所表现的中国人的心态以及精神面貌也是不同的。相对来说，《我和你》这首歌反映的是一种平和融入世界的心态，是文化自信的另一种表现形式，是相对更高层次的自信。三是经济发展水平为优秀传统文化传承与发展提供了一定的经济支撑。如文化传承活动中对文化经典的保存、文化遗迹的保护等都需要有一定的物质支撑；文化创新活动中的文化采风、文化创作等也都需要有一定的物质支撑。国家经济发展水平的提高有助于为文化建设和文化发展提供更多物质保障。如为传统文化研究与创作提供更多的资金、设备等物质条件；推动与传统文化相关的公共文化设施建设和公共文化活动的发展，为人民群众的文化实践活动提供更为便利的条件。

（2）政治环境要素

第一，政治要素在实现中华传统文化"双创"中的地位与作用。马克思主义认为，文化与政治之间是相互作用、相互影响的。

政治影响文化。作为社会意识的文化，是政治的反映。如中国历史上"百家争鸣"现象的出现，反映了当时各诸侯分立的政治状况。其中，各个理论学派的出现，主要是为各诸侯国国王提供管理国家的思路与建议。再比如近代基督教与天主教在中国的传播，与当时中国半殖民地半封建社会的政治状况有很大的关系。当前，我国文化建设坚持百花齐放、百家争鸣，为实现中华传统文化"双创"提供了宽松的文化创造与创新环境。但在此过程中，要注意区分政治原则问题、思想认识问题、学术观点问题，旗帜鲜明反对和抵御各种错误观点。

　　文化的发展具有能动性。它的能动性主要表现为：一是文化与政治的发展具有不同步性。特别是在新的政治制度确立之初，旧的思想文化更容易大量存在。出现这种现象的原因是多方面的，归根到底是因为作为社会意识的文化有其自身发展的规律，是在继承传统基础上的发展，是对社会的能动反映。二是文化在一定程度上影响政治的发展。特别是先进文化对于政治变迁具有重要的促进作用。如在欧洲的文艺复兴运动和宗教改革运动以及启蒙运动中所形成的思想，对后来欧洲的资产阶级革命具有重要的推动作用。马克思主义在近代中国的传播使中国革命有了科学理论的指导，推动了中国共产党的成立，为中国革命的胜利提供了重要的思想保证。当然，文化对政治的影响力也是取决于文化被人们特别是历史人物的掌握程度。中华优秀传统文化在新时代中国特色社会主义建设中仍具有重要价值。

　　第二，政治各要素在实现中华传统文化"双创"中的影响和作用分析。

　　政治制度。政治制度是指在特定社会中，统治阶级通过组织政权以实现其政治统治所设立的一系列原则和方式的总和。政治制度与文化具有不可分割的关系。一是政治制度决定文化。在不同的政治制度下，居于主导地位的文化是不同的。如儒家思想在汉武帝"罢黜百家、独尊儒术"之后成为中国封建社会统治思想；而在社会主义中国，要以马克思主义为指导，建设中国特色社会主义文化。在实现中华传统文化"双创"过程中，更要坚持以马克思主义为指导，坚持发展中国特色社会主义文化。二是政治制度对某些文化的发展带来一定的影响。为维护统治和加强对国家事务、社会事务的管理，政府会采取一定的措施，推动文化的建设与发展。同时，不同的政治制度对于文化传承与创新具有不同的影响。在专制统治之下，人们的文化创新热情就会受到一定的打击，文化创新活动就会受到一定的限制；而民主制度相对于专制统治，会为人们创造一个相对宽松的文化创造与创新环境，从而有利于文化的发展。三是文化对政治制度的确立与发展具有一定的影响力。前已提过，先进文化会在一定程度上影响社会的发展方向，推动革命的发生，促进新的制度的确立。当然，只有先进文化被人们特别是被革命家或国家领导人掌握并认可后，才会在一定程度上影响国家政治制度的确立。同时，各国的传统文化对各国政治体制的选择也具有一定的影响。如同样是资本主义制度，有的国家确立的是君主立宪政体，有的国家确立的是民主共和政体。这些国家各自的文化传统在其中发挥了一定的作用。中国特色社会主义植根于中华文化沃土，中国特色社会主义制度是实现中华传统文化"双创"的制度保障。

　　政府政策。政府政策是政府实施管理的一种方式。政府的政策在不同程度上影响文化的发展，其中文化政策对文化的发展具有直接影响力。而在文化政策制定过程中，统治阶级的态度起了一定的作用。自党的二十大以来，习近平多次提到要实现中华传统文化"双创"，政府也制定了相关政策，对中华传统文化"双创"工作的开展提供了指导。

政治稳定性。政治的稳定与否在一定程度上影响着文化建设与发展。稳定的政治局面，更有利于统治者实施其文化政策，推动文化建设。从另一个角度说，相对稳定的政治局面，更有利于统一的文化建设。政治不稳定，不利于统一的文化建设。如在近代中国，有外国列强的侵略、封建主义的压迫、军阀混战以及中国人民反侵略反封建的革命运动。在这一时期，不同的思想文化在近代中国出现，思想文化领域呈现多元化的特征。

正是由于政治各要素在文化建设过程中有着重要的影响力，在中华传统文化"双创"过程中，要注重发挥不同政治要素在文化建设与发展中的作用，以推动工作的开展与工作目标的实现。

（3）文化环境要素

文化的传承与创新受文化主体所处社会文化环境的影响，不同的社会文化环境对中华传统文化"双创"产生不同的影响。

第一，国家的文化政策直接影响着传统文化的传承与创新。一般来说，当国家实行相对严格的文化政策时，就不利于文化的传承与创新，与此相反，当国家实行相对宽松的文化政策时，就有利于激发人们的文化创新热情，从而推动人们的文化创新。

第二，国家关于文化的态度在一定程度上影响着文化的传承与创新。当国家重视文化特别是传统文化在历史及当代社会发展中的地位与作用时，人们也会随之重视文化以及传统文化在社会发展中的地位与作用，并积极从事文化传承与创新活动。

第三，大众的文化需求也在一定程度上影响着文化的传承与创新。人民群众是文化的创造者，也是文化的享有者。特别是当前社会主义文化建设，其根本目的是满足人民群众日益增长的文化需求。大众的文化需求在一定程度上影响着文化传承与创新的内容与形式。

2."双创"系统内部环境要素

文化发展不仅受到文化系统外部因素的影响，而且文化系统内部各部分之间的相互作用也会在一定程度上影响文化的发展。

（1）文化系统内部各要素相互影响

在文化发展过程中，文化系统内部各要素之间相互影响，其中主要表现为不同文化内容之间的相互影响和不同层次文化之间的相互影响。

第一，不同文化内容之间相互影响。在文化的发展过程中，不同文化内容之间相互影响。关注这些文化内容之间的关系，有助于推动实现中华传统文化"双创"工作。

第二，不同层次文化之间相互影响。文化是一个复杂的系统，可以分为不同的层次，文化系统的各层次文化之间会相互联系、相互影响、相互作用。文化系统内部各层次文化之间的相互作用，在一定程度上影响着文化的发展，影响着对传统文化的传承与创新。如物态文化、制度文化、观念文化，作为不同层次的文化内容，它们之间相互影响、相互联系。在实现中华传统文化"双创"过程中，既要注重对不同层次传统文化的"双创"，也要注重不同层次传统文化之间的相互影响、相互作用。

（2）中华传统文化"双创"工作不同环节之间的影响

实现中华传统文化"双创"，不仅文化系统内不同文化内容之间、不同层次文化之间会相互影响，而且中华传统文化"双创"工作不同环节之间也会产生一定的影响。在实现中华传统文化"双创"工作中，文化主体文化素养的提高是前提，文化创造与创新是关键，实践是基础。

第一，文化主体文化素养的提高是前提。文化主体的传统文化知识水平、传统文化观以及创新、创造意识与能力在很大程度上影响着中华传统文化"双创"的实现。其中，文化主体的传统文化知识水平是基础，正确的传统文化观是前提，创新、创造意识与能力是关键。从近代中国人民对待以儒家思想为代表的中华传统文化的态度及其对中华传统文化的影响可以看出，人们的态度与观点决定了其行为。同时，文化主体的传统文化知识水平在一定程度上决定了文化主体认识水平及其创造创新意识与能力。

第二，文化创造与创新是关键。实现中华传统文化"双创"，就是在继承的基础上推动传统文化转化与发展为新文化。文化创造与创新是实现中华传统文化"双创"工作的关键。在文化创新中，主体的文化素养在一定程度上决定文化创新的程度，同时，文化创新也是人民群众文化实践的理论指导。

第三，文化实践是基础。实现中华传统文化"双创"，是一个理论问题，更是一个实践问题，需要文化主体去做，去在实践中探索实现路径，并发现问题与解决问题，实现中华传统文化"双创"目标。由于不同文化主体在实现中华传统文化"双创"中的地位与责任不同，他们的具体实践活动是不同的。同时，对不同层次传统文化的创造与创新实践也是不同的。但这些不同实践活动的目标是一致的。要注重加强不同实践活动的协调和协同，以避免工作交叉重复的现象。

3.各要素的有机统一

实现中华传统文化"双创"，需要文化内外环境各要素之间的相互配合，以形成有利于实现中华传统文化"双创"的环境。

（1）坚持党的领导和群众文化实践活动的有机统一

中国特色社会主义文化建设为中国特色社会主义建设提供内容、动力与保障。中华传统文化的"双创",要坚持中国共产党的领导,坚持以马克思主义为指导。只有坚持中国共产党的领导,才能坚持文化建设的社会主义方向,才能使中华传统文化的"双创"工作适应中国特色社会主义建设的需要与要求。中国共产党领导中国人民建立了新中国,确立了社会主义制度,建立了人民民主专政的国家政权,保证了人民当家作主的权利,为人们提供宽松的有利于文化创造与创新的环境,从而有利于推动中华传统文化"双创"工作的开展。同时,只有坚持党的领导,才能保证文化建设的人民性,保证中华传统文化"双创"工作能够满足群众的文化需求。

(2)坚持理论创新与文化实践的有机统一

中华传统文化的"双创",就是弘扬和发展中华传统文化,是将中华传统文化与当代社会发展相结合,根据当代社会发展需要将中华传统文化中仍具有借鉴意义但又不完全适应当代社会发展需要的文化内容进行转化、创新与发展,发挥其在中国特色社会主义建设中的地位与作用。在这一过程中,群众的文化实践活动是实现中华传统文化"双创"的基础。但缺乏理论指导的群众文化实践活动又具有自发性与盲目性的特点,因此坚持科学理论的指导,有助于克服群众在中华传统文化"双创"实践活动中的自发性与盲目性,增强群众实现中华传统文化"双创"实践活动的自觉性。当然,理论来自于实践,群众的文化实践活动是文化理论形成与发展的基础。文化理论工作者要在群众"双创"中华传统文化实践中总结经验教训,推动中华传统文化"双创"理论的发展,以发展了的文化理论指导发展着的群众文化实践活动。

(3)坚持政治、经济与文化的有机统一

马克思主义关于政治、经济与文化的关系,阐明了实现中华传统文化"双创"要坚持三者的有机统一。社会生产方式的改变、社会经济的发展为中华传统文化"双创"创设了物质环境,提供了物质基础。国家的文化政策、执政者对传统文化的重视为中华传统文化"双创"提供了有利的政治和文化环境。而推动实现中华传统文化"双创",有利于为社会经济发展提供精神动力和思想保证,有利于维护社会的稳定。

(4)坚持古今文化、中西文化的有机统一

在"双创"中华传统文化的实践中,既要立足于传统文化,又要吸收当代文化中的优秀成果,既要立足于本国,又要充分吸收世界优秀文化成果。文化既是民族的又是世界的,既承接着过去,又昭示着未来。"双创"中华传统文化,要注重结合时代特点,吸收其他国家和地区文化中的有益成分,立足于中华传统文化,博采众长、推陈出新。

（5）坚持文化系统各要素之间的有机统一

不论是从文化的内涵来看，还是从文化的外延来看，文化所包含的内容比较广泛，有思想观念、价值理念、风俗习惯、道德风尚、文学艺术等。文化系统内各要素之间相互影响，共同推动着文化的发展变迁。如人们的思想观念、价值理念会在很大程度上影响到人们的行为，进而影响社会道德建设。同时，社会道德和风俗又会在一定程度上影响人们的思想观念与价值理念。正是由于文化系统内部各要素之间相互影响、相互作用，要实现中华传统文化"双创"，就需要注重文化系统内部各要素之间的有机统一。

**（二）实现中华传统文化"双创"的现实环境**

按照马克思主义的观点，人类社会的发展是一个"合力"的结果。中华传统文化"双创"工作也是如此，受多种因素的影响，既有文化系统内部因素，也有文化系统外部因素，既有自然因素，也有社会与人的因素。

中华传统文化形成于古代社会，而当前中国所处的国内国际形势有了巨大的变化。这种变化对中华传统文化提出了挑战。中华传统文化面临着三种选择：固守、抛弃与发展。在人类历史上没有一个文化不经外来文化的挑战，也没有一个文化不遭逢忧患，但有挑战便有响应，有忧患便有消解。面对变化了的环境，应该通过创造与创新推动文化的发展，文化的创造便是因忧患而生。当前中国所处国内外环境，是实现中华传统文化"双创"的环境因素。

1.国际环境因素

当前国际形势的发展既为实现中华传统文化"双创"提出了挑战，也提供了发展的机遇。

（1）国际形势的发展对提高国家文化软实力的要求

国际形势，是一定历史时期由各国综合国力所决定的国家与国家之间的所有相互关系的现状及其动态变化。综合国力是一个综合指标，是一个国家经济、政治、文化、军事等因素综合作用的结果。其中军事因素被称为硬实力，而经济和文化因素被称为软实力。当前，随着政治多极化、经济全球化的发展，文化软实力在国际关系中的地位越来越重要。

第一，不同国际形势下所呈现的综合国力各个构成要素的地位与作用是不同的。总的来说，近代以来，国际形势发展的总态势呈现出由以战争与革命为主题到以和平与发展为主题，由相互封闭与排斥到相互交流与合作的转变。在不同的国际形势下，综合国力各个构成要素在决定国家综合国力对比中的地位与作用是不同的。

和平与发展的时代主题下，决定国家与国家之间关系的更多表现为各国的综合国力。但在综合国力竞争中，经济力量是基础。国家经济力量的增强，是维护世界和平的基础。多极化格局下，经济全球化趋势进一步加强，为世界各国的发展提供了条件，但发展问题还没有解决。各国自身的经济基础和世界经济发展的不平衡现状、世界现有的经济规则等原因都不同程度地影响着各国的发展，各国都把经济发展摆在优先发展的位置。强大的经济力量是决定其是否能够在国际上占有一席之地的根本条件。

第二，国际形势的发展使文化软实力在国际竞争中的地位与作用越来越重。1990年，美国著名学者约瑟夫·奈最早明确提出并阐述了"软实力"概念。后来，"软实力"这个概念越来越为各国政界和学界所接受。"软实力"主要指一切无形的、难以量化的、表现为精神思想文化影响的力量。文化作为软实力，在国际竞争中的地位与作用一直非常重要，而且是越来越凸显。它的地位与作用主要表现为三个方面。其一，表现为文化所带来的经济效益。随着政治多极化、经济全球化的发展和科学技术的日新月异，科技在经济发展中的作用越来越大，而且经济中的文化含量越来越高。文化已成为国家核心竞争力的重要组成部分。其二，表现为文化在对外传播过程中所带来的社会效益。作为一种特殊商品，文化商品不仅能够带来经济效益，更主要的是其所带来的社会效益。国际贸易中文化商品输出的不仅仅是物质商品，更是输出的民族文化。国际交往、交流过程中，文化交流所带来的影响力是潜移默化的，而且一旦产生作用，就很难消除。从这一点也可以看出，文化软实力实际上并不"软"。在国际竞争中应重视国家文化软实力的提升。其三，表现为文化在推动国家综合国力其他因素发展中的地位与作用。国家综合国力中的各个要素之间是相互作用、相互影响的。文化的发展可以为经济和军事的发展提供文化基础和保证。如经济理论的发展、人民群众文化水平和思想道德素质的提高有助于推动经济的发展；军事理论的发展、军队官兵素质的提高有助于推进军事的现代化建设。正是因为文化软实力在国际竞争中的重要地位与作用，所以要加强文化建设。

第三，中华优秀传统文化是国家最深厚的文化软实力。习近平在全国宣传思想工作会议上曾明确指出中华优秀传统文化是中华民族的突出优势，是我们最深厚的文化软实力。从国际情况来看，中华优秀传统文化越来越被世界人民所接受、学习和传播。实际上，不管是在古代，还是在近代，都存在着中华文化向外传播的现象，但不同时期文化传播的力度、广度和深度是不同的。也就是说，在不同时期中华文化对外的影响力不同。综观古代和近代中华文化向外传播情况，当国家实力强大时，其文化的影响力也强。如唐朝时期，中华文化向周边传播，并深深地影响着这些国家的制度和文化建设等。新中国成立后特别是改革开放以来，随着国内外形势的发展变化，中外文化交流不断加强，中华优秀传统文化被越来越多的外国人所喜欢、学习和了解。这进一步推动了中华优秀传统文化在世界的传播及影响，有利于进一步提高国家文化竞争力。从国内情况来看，中华优秀传统文化对于凝聚力量推动社会主义现代化建设，解决当前某些社会问题有着积极的作用。随着改革开放的不断深入，人们的利益关系日益多样化，同时，由于受市场经济的冲击和拜金主义、个人主义等不良思想的影响，人们的社会责任意识相对减弱，一些人工作学习的目标仅仅是为了满足个人的需要，甚至有的人为了满足自己的私利不惜牺牲他人、社会和国家利益。解决这些问题的措施可以是多种的。其中，可以从人们的思想入手，通过增强人们的国家观念、社会责任意识，帮助他们树立正确的义利观等方式来解决。而中华优秀传统文化就包含着丰富的关于社会责任感培养、正确义利观树立的内容。当然，在用中华优秀传统文化教育人时，不能简单运用"拿来主义"，要通过创造与创新，实现文化转化与发展，并以此教育人民群众，加强人民群众的思想建设，从而推动社会主义现代化建设。

总之，当前和平与发展仍是时代主题，国家与国家之间既有竞争也有交流，应在继承和弘扬的基础上，实现中华传统文化的"双创"，发挥其在提高国家文化软实力中的作用。

（2）世界全球化发展趋势下文化交流中增强文化自信的需要

第一，文化交流所带来的双重影响要求增强文化自信。中华优秀传统文化是中华文化的基因，实现中华传统文化"双创"，是增强文化自信的重要途径。文化之间的交流对各国文化发展来说是一把双刃剑。不同文化之间的交流，对各国文化发展既有积极的影响，也会产生消极的影响。从积极方面来看，文化交流有利于各种文化之间的相互借鉴，为各国文化发展和吸收外来文化有利因素提供了条件。从消极方面来看，文化交流过程中，一些不适合本国发展的思想文化也会不同程度地影响该国的文化建设。在当前政治多极化的国际形势下，文化软实力在国家间综合国力竞争中的地位越来越重要。一些国家利用其科技、经济优势，积极传播其思想文化观念，抢夺国际话语权，并利用其所具有的话语优势，去影响其他国家的文化，削弱其他国家的文化自信。因此，在文化交流中，坚守中华文化立场，增强文化自信是非常有必要的。

第二，中华优秀传统文化是文化自信的基础。坚定文化自信，面临着如何看待中华文化和如何推动文化发展以彰显中华文化生命力的问题。；历史上，中华传统文化就不断地传播到国外，对周边国家产生了很大的影响。但到了近代，在西方列强的武力侵略下，一些中国人对中华传统文化的地位与作用提出了质疑，并自觉不自觉地产生了文化自卑心理。在如何对待中国传统文化的问题上，中国共产党人坚持批判地继承，将马克思主义与中国实际相结合，与中国优秀文化相结合，领导人民取得了革命的胜利和中国特色社会主义建设的巨大成就。文化自信来源于对中国特色社会主义建设事业的自信，来源于对中国文化建设与发展的自信。实现中华传统文化"双创"，发挥中华优秀传统文化在中国特色社会主义建设中的作用，有助于进一步增强文化自信。

（3）世界文化多样化发展对实现中华传统文化"双创"的影响

在党的十九大报告中，习近平总书记指出"世界正处于大发展大变革大调整时期"，"文化多样性深入发展"。世界文化多样化的发展，为文化交流提供了条件，也为在实现中华传统文化"双创"过程中吸收其他文化的优秀成果提供了条件。

第一，不同文化之间具有相互联系性。这种相互联系性使文化交流成为可能，也使在创造与创新中华传统文化过程中吸收、借鉴其他文化的优秀成果提供了可能。文化是多样的，同时，不同文化之间又具有相通性，是相互联系的。一方面，表现为不同文化之间具有相同的地方，具有共通性。文化既是民族的，又是世界的。说文化是民族的，是指文化具有各民族的民族特点；说文化是世界的，是指各民族的文化具有共通性。文化是社会实践的产物，不同民族、不同地域、不同政治和经济条件下的人的社会实践活动具有相似性，这种相似性，决定了在相似社会实践条件下产生的文化具有共通性。如处于不同地域的不同民族的人们在从事农耕过程中产生的农耕文化，具有相似的文化内容与特点。文化都是人民群众在社会实践过程中所创造的精神财富，是对社会政治、经济的反映，都为社会发展提供精神动力和思想保证。另一方面，表现为不同文化之间可以互相交流。文化的多样性为文化交流提供了可能性。文化具有的共通性也使不同文化之间能够相互交流、共同发展。同时，经济的发展、交通和通信的发展、各国开放的文化政策也推动了文化的交流与发展。交通和通信的发展，大大缩短了不同文化相互交流的空间与时间。互联网技术的发展，不仅进一步缩短了文化交流的空间与时间，而且为人们提供了更便利的文化交流平台，推动了文化交流方式的丰富与改变。在全球化不断发展的形势下，闭关自守、盲目排外是不可取的。只有积极融入到世界中，汲取其他文化的有益因素，才能更好地推进自身的发展。当然，交通和通信的发展，文化"引进来"和"走出去"，都需要有经济的支撑。当前，社会经济的发展为文化交流提供了物质基础。

第二，正确对待不同文化的相互交流。不同文化的相互交流所带来的影响是双重的。对于实现中华传统文化"双创"来说，其他国家文化的传入会在一定程度上冲击人们对中华传统文化当代价值的认可，进而影响中华传统文化"双创"工作。当前世界文化交流对国家文化发展虽具有消极影响，但也不能关起门来，拒绝外来文化，不参与文化交流。对待外来文化，不能采取简单的"拿来主义"，应该结合本国国情，吸收外来文化的有利因素，积极推动本国文化的发展。正确对待不同文化的相互交流，在创造与创新中华传统文化过程中，对外来文化批判地吸收、借鉴，并要坚守中华文化立场，坚持中国特色社会主义文化道路。

第三，在文化交流中促进中华传统文化"双创"。地理环境、政治与经济状况以及历史传统的不同，形成了各国、各民族、各地区不同的文化。文化多样性主要以丰富多彩的民族文化的形式表现出来。不同的民族有不同的民族文化。如节日文化，中华民族有春节、元宵节、清明节、端午节、中秋节等传统节日。就中国的少数民族来说，有傣族的泼水节、蒙古族的"那达慕"大会、高山族的"丰年祭"等。不同的地域有不同的地域文化。文化的多样性还表现在文化内容的多样性。各地丰富多样的风俗习惯、风格迥异的建筑文化、各具特色的民族服饰、多种多样的语言、不同的宗教信仰和思想理论、丰富多彩的文学艺术等反映了文化的多样性。文化的多样性是文化相互间交流、学习的前提。各种文化之间的相互交流推动着文化的发展，人类文明的形成与发展离不开多样的民族文化，而差异性正是新的文明与文化产生的基础。

2.国内环境因素

（1）当前文化建设取得成绩及对中华传统文化"双创"的思考

当前我国的文化建设取得了一定的成绩。公益性文化事业进一步发展，基本公共文化设施逐渐完善。当前，我国文化事业与文化产业的发展成就，在一定程度上说明了随着经济发展，人们对精神生活的追求，同时也为继承和弘扬、创造和创新中华优秀传统文化创造了条件。公益性文化事业的发展，如公共文化设施的发展特别是博物馆、图书馆的免费开放以及网络事业的发展，丰富了人民的文化生活，为中华优秀传统文化的教育与宣传提供了平台，也为人们学习和了解中华优秀传统文化提供了更多的更为便利的平台与手段，有利于中华优秀传统文化的传承与弘扬。公益性文化事业的发展，也为人们进一步学习提供了条件，从而有利于人民群众整体文化素质的提高。出口文化产品的增多，在一定程度上说明了中国文化的发展状况，体现了中华文化的竞争力。但在此也要思考，文化主体在中国文化建设中应如何进一步实现中华传统文化"双创"的问题，如怎么借助于现代媒体手段弘扬、转化与发展中华优秀传统文化。

（2）当前文化建设不足之处及对中华传统文化"双创"的思考

当前，不论是文化事业还是文化产业都有了很大的发展，但从整个文化发展状况来说仍有一定的不足之处。

第一，实现中华传统文化"双创"以进一步提高社会道德水平。当前社会道德水平仍有待提高。从总体来看，当前的社会道德水平是不错的，但也有一些不尽如人意的地方。一些错误的思想观念，如拜金主义、个人主义、享乐主义等仍然存在，冲击并在一定程度上影响着人们的价值选择，进而在一定程度上影响着整个社会的道德水平。拜金主义是认为金钱可以主宰一切，把追求金钱作为人生至高目的的观念。在拜金主义观念的影响下，一些人为了追求金钱做出一些违背道德、违反法律的事情。如"毒奶粉"、注水肉、地沟油、"胭脂红"在食品、餐饮行业的出现与使用，极大地损害了消费者的利益，也反映了当前社会道德建设的缺失。同时，在拜金主义的影响下，人与人之间的关系也出现淡薄、冷漠的现象。个人主义是以个人发展为出发点和归宿的一种思想体系和道德原则，它强调的是对个人利益的追求。在个人主义的影响下，一些人为了实现个人目的，不惜做出危害国家、社会和他人利益的事情，甚至走上违法之路。享乐主义是把享乐作为人生目的，主张人生的唯一追求和全部内容就是享乐。在享乐主义观念的影响下，一些人大肆挥霍、浪费资源。针对当前社会道德建设出现的问题，结合人们的思想道德认识，将中华传统美德与人们生产生活实际相结合，创造与创新中华传统文化，并以此教育群众，有助于提高人们的思想道德水平。

第二，实现中华传统文化"双创"以推进社会主义核心价值观培育。改革开放以来，人们的就业方式、从业结构、利益关系日益多样化。与此同时，人们的价值追求也逐渐多样化。观之，整个社会需要加强社会主义核心价值观的培育。价值观是文化的核心，每一个历史发展阶段都有其核心价值观。如"仁、义、礼、智、信"是中国封建社会的核心价值观，在传统中国对于教化民众、稳定社会、加强管理具有重要意义。在反对封建专制统治的过程中，资产阶级提出了其核心价值观，即自由、民主、平等和人权。这些价值观念的提出对于凝聚力量进行反封建斗争具有重要意义。可以说，历史与现实已很好地说明了培育价值观的必要性。社会主义核心价值观的培育需要扎根于中华历史文化土壤之中，汲取中华优秀传统文化精华，并赋予其时代内涵与意义。这是因为中华传统文化是社会主义核心价值观的思想文化源泉。如传统文化中"仁"的思想对于处理当前人与人之间关系具有重要意义，但它与社会主义核心价值观中的"友善"又有不同。因此需要将中华优秀传统文化与中国当前发展实际相结合，以文化人、以文育人，这样才能在继承、弘扬中华优秀传统文化的过程中加强社会主义核心价值观培育。

第三，实现中华传统文化"双创"以进一步加强文化民族性，坚守中华文化立场。文化具有民族性和世界性的双重特点。文化的民族性体现了文化的地域性特点，文化的世界性是指不同文化之间具有相通之处，为不同文化相互交流提供了条件。古代中国就有与世界上其他国家或民族进行经济、文化交流的现象。随着中国与世界其他各国经济、文化交流的不断加强，西方文化不断传入中国，在一定程度上影响着中国人的衣、食、住等基本生活，也在一定程度上影响着人们的价值观念。与此同时，中国文化也不断向外传播，一批批"孔子学院"的建立，一次次中外文化交流活动的开展，都推动着中国文化走向世界。在文化交流的过程中，应思考文化的民族性问题，即在文化交流过程中，要注重保护文化的民族特色，注重文化安全。当然，讲求文化的民族性并不是强调狭隘的民族主义，不是封闭也不是排外，而是在文化走向世界以及在吸收、学习世界文化的过程中，要注重坚守中华文化立场。中华传统文化蕴含着中华民族最基本的文化基因，对在文化交流中坚守中华文化立场具有重要意义。

（3）凝聚中国力量实现中国梦的要求

2012年，在参观《复兴之路》展览时，习近平提出要实现中华民族伟大复兴的中国梦。2013年在十二届全国人大一次会议上的讲话中，习近平对中国梦进行了系统阐述。在出访俄罗斯、非洲国家和出席亚洲博鳌论坛等讲话中，又进一步论述了中国梦。

第一，实现中华民族的伟大复兴，是近代以来中国人民的共同追求。实现中华民族伟大复兴仍是新时代中国特色社会主义建设的任务和责任。

第二，中国梦内含着实现中华传统文化"双创"。实现中国梦，就是要实现国家富强、民族振兴、人民幸福。实现中华传统文化"双创"，推动中国特色社会主义文化繁荣兴盛，是国家富强的重要内容。一个国家、一个民族的强盛，总是以其文化发展繁荣为条件。文化发展繁荣也是社会发展水平的表征，是国家富强的表现之一。任何一个社会都是由经济、政治与文化等不同方面构成的，它们之间相互影响、相互作用，共同推动着社会的发展。中国特色社会主义建设由经济、政治、文化、社会和环境五个方面构成，缺一不可。民族振兴不仅表现为经济发展与强大，也表现为文化发展繁荣以及本国文化的国际影响力。中华传统文化中蕴含着解决当前国际、国内社会发展某些问题的思想，实现中华传统文化"双创"，深入挖掘蕴含在中华传统文化中的优秀成分，发挥中华传统文化的当代价值，既有利于推动文化发展繁荣，也有利于提高中华文化影响力。人民幸福，不仅需要的是经济发展带给人们物质上的满足，也需要文化发展带给人们精神上的满足。实现中华传统文化"双创"，是丰富人民群众精神文化生活的重要举措。

第三，实现中国梦必然要实现中华传统文化"双创"。没有文明的继承和发展，没有文化的弘扬和繁荣，就没有中国梦的实现。实现中国梦，必须走中国道路、弘扬中国精神、凝聚中国力量。中华传统文化是中国特色社会主义道路形成的历史文化基础。任何一种国家制度的确立、国家体制的选择，都离不开该国的历史文化传统。中国精神包含民族精神和时代精神。中华传统文化内涵丰富，包含不同层次的文化，其中精神文化处于最核心的位置。民族精神有助于为中华民族伟大复兴中国梦的实现提供精神动力与思想保证。实现中华传统文化"双创"，将民族精神与时代精神相结合，有助于发挥民族精神在实现中国梦中的作用。同时，中华优秀传统文化具有凝聚人心的力量。"先天下之忧而忧，后天下之乐而乐"，这是中国古代知识分子的政治理想，在一定程度上反映了他们所具有的浓厚的家国情怀。在实现中国梦过程中，中华传统文化中关于爱国主义、社会责任等方面的内容，对于凝聚人心具有重要意义。当然，要注重取其精华、去其糟粕，进行创造与创新，在实现中华优秀传统文化的转化与发展中发挥其作用。

总之，当前的国内外形势为实现中华传统文化"双创"提出了要求，也提供了条件。应在中国特色社会主义建设中，在继承和弘扬的基础上，通过创造和创新，实现中华传统文化的转化与发展，以发挥中华优秀传统文化的作用。

### （三）建构实现中华传统文化"双创"的有利环境

中华传统文化所处的环境对实现中华传统文化"双创"提出了要求与挑战，形成了实现中华传统文化"双创"的动力。中华传统文化"双创"的动力来源是多方面的，其中，不同动力在实现中华传统文化"双创"过程中发挥着不同的作用，其相互作用、相互影响，共同推动和影响着中华传统文化"双创"工作的实现。

1.各环境要素的合力

实现中华传统文化"双创"受多种因素的影响，简单地可以分为文化系统内外要素、国内外因素和各文化主体的作用，它们相互作用、相互影响，形成了中华传统文化"双创"的合力。

（1）文化系统内外因素的影响合力

实现中华传统文化"双创"，文化系统内外存在着保持文化稳定性的因素，也存在着推动、促进文化发展变迁的因素。这些因素相互作用，共同影响着文化的发展，影响着中华传统文化"双创"工作的实现。

第一，文化系统内外存在着保持文化稳定的因素。文化是一个发展的范畴，新文化是在原有文化的基础上根据社会变化作出调整的结果。新文化保有了原有文化的因素，即为传统。传统之所以能够存在，是因为传统文化中的某些内容仍能够适应当前社会发展的需要，仍能够为人们提供一种适应当前社会发展需要的行为规范，仍能够满足人民的精神文化需要。如中华传统美德，道德是调整人们行为的一种规范，为人们提供了处理个人与他人、社会、国家关系的一种准则。中华优秀传统文化中的"天下兴亡，匹夫有责""精忠报国"、"孝悌忠信"、"礼义廉耻"等，体现着评判是非曲直的价值标准，其中的精华部分对当前社会发展仍具有重要意义，在当今社会仍潜移默化地影响着中国人的思想观念和行为方式。同时，文化系统外也存在着使文化保持稳定的因素，这些因素就是社会中的传统因素。

第二，文化系统内外存在着推动文化变迁的因素。文化是一个发展的范畴，文化系统内外不同要素的发展变化在一定程度上影响推动着文化的发展变迁。从文化系统内部因素来看，文化系统内不同要素之间以及同一构成要素内不同性质内容之间的相互影响，推动着文化的发展变迁。如文化系统内思想文化与文学、书法与绘画等，它们之间相互影响、相互促进，共同推动文化的发展变迁。再比如专制与民主。在封建社会，虽然政治上实行的是中央集权君主专制制度，但仍有民本思想的存在，只是没有成为统治阶级的统治思想。专制与民主为文化系统内两种不同性质的政治思想，二者是相互对立的，而正是它们之间的相互对立，推动了文化及社会的发展。在近代西欧，随着市民阶层力量的发展，民主思想逐渐被越来越多的人所接受，最终成为反对封建专制的思想武器。在近代中国，随着民族资产阶级力量的壮大和近代知识分子对西方民主思想与制度了解的深入，民主思想逐渐在中国传播，并被越来越多的中国人所接受与认可。当前中华传统文化所处的环境对"双创"中华传统文化提出了要求，成为实现中华传统文化"双创"的推动力。

正是由于中华传统文化"双创"受不同因素的共同影响。文化系统内外保持文化稳定的因素与推动文化变迁的因素相互作用，共同影响着中华传统文化"双创"，形成了中华传统文化"双创"的影响合力。

（2）国内外形势的拉动

文化是社会的重要组成部分，也是一个国家进行建设的重要内容。在继承、弘扬的基础上，实现中华传统文化的"双创"，是建设中国特色社会主义文化的重要内容，也是由中国国内外形势所决定的。当前中国的国内外形势相互作用，要求实现中华传统文化"双创"。

第一，中国特色社会主义建设的必然要求。建设中国特色社会主义，既要进行经济建设，还要建设高度的物质文明，还包括建设高度的精神文明。物质文明与精神文明的共同建设与发展，是建设中国特色社会主义的必然要求。同时，当前中国发展仍处于重要战略机遇期，需要继续发挥中华优秀传统文化的当代价值，弘扬中国精神，凝聚中国力量。实现中华传统文化"双创"，是发挥优秀传统文化当代价值的重要举措。

第二，全球化国际形势的必然要求。自新航路开辟以来，世界逐渐联为一体。当前，全球化的国际形势，既加强了各国之间的联系，促进了各国之间的经济、文化交流，也加剧了各国之间的竞争，提高了文化在各国竞争中的重要性。实现中华传统文化"双创"，加强中国特色社会主义文化建设，是当前国际形势的必然要求，是提高国家综合竞争力的重要举措。

（3）各文化主体的协力

当前，面对国内外形势，文化主体将目标投向中华传统文化，以期为解决当前国内外发展过程中存在的问题提供借鉴。调动各文化主体"双创"中华传统文化的积极性与主动性，有助于形成实现中华传统文化"双创"的动力。

第一，增强各文化主体对中华传统文化的认同。由于所处地位以及自身素质等条件的不同，各文化主体对社会发展规律、中华传统文化发展规律、中国特色社会主义建设规律的认识、掌握情况是不同的。同时，各文化主体对传统文化的认识也有所不同。当前社会中仍然有不少人认为传统文化已在近代中国历史发展中被证明不适应社会发展需要了。当然这种观点是错误的。要实现中华传统文化"双创"，形成由各文化主体构成的合力，需增强各文化主体对中华传统文化的认同。只有各文化主体形成对中华传统文化的正确认知，才有助于调动各文化主体实现中华传统文化"双创"的积极性与主动性。

第二，增强各文化主体实现中华传统文化"双创"的责任意识。各文化主体由于其所处社会岗位的不同，在实现中华传统文化"双创"中的责任也不同。形成各文化主体"双创"中华传统文化的合力，需各文化主体分工协作。而各文化主体明确职责、增强责任意识是实现各文化主体分工协作，形成实现中华传统文化"双创"合力的重要条件。

2.各环境因素的整合

影响中华传统文化"双创"的因素是多方面的，要正确处理各个要素之间的关系，形成内外动力的相互配合。

第一，实现人的主体能动性与文化发展规律性的统一。即在实现中华传统文化"双创"过程中既要遵循文化发展规律，又要发挥文化主体的能动作用。人是社会发展的主体，在推动社会发展过程中具有能动作用。但其能动作用的性质、大小等在很大程度上取决于人对社会发展规律的认识与掌握程度。在实现中华传统文化"双创"过程中，文化主体对中华传统文化及其发展规律的认识与掌握程度，不仅影响文化主体作用是否能发挥及发挥的程度，还影响其发挥作用的性质。当文化主体形成对中华传统文化的正确认识并掌握中华传统文化的发展规律时，其行为就会在一定程度上推动中华传统文化"双创"工作的开展与目标的实现。反之，则会在一定程度上阻碍中华传统文化的"双创"工作的开展与目标的实现。

第二，实现内外动力要素的统一。影响文化发展变迁的要素虽然是多方面的，但各要素的地位是不同的。马克思主义认为，在各要素中，内因是主要的，外因通过内因发挥作用。在实现中华传统文化"双创"过程中，要实现内外动力要素的统一，形成推动实现中华传统文化"双创"的合力。从协调文化系统内外因素方面来说，要立足于当前国家社会发展状况，推动实现中华传统文化"双创"。从正确处理国内外因素方面来看，应直面当前国际形势，吸收、借鉴国外文化的有益成分，建设中国特色社会主义文化，提高国家文化软实力。从发挥不同文化主体作用方面来看，结合各文化主体实际，各司其职、协同配合，形成各文化主体"双创"中华传统文化的合力。

3.环境构建举措

文化环境建设是一项系统工程，具体来说需要从不同方面着手建设，以形成有利于中华传统文化"双创"的环境。

第一，物化环境建设的构建。从物质文化的层面上看，文化环境的建设主要包括对各种物质文化遗产的维护、建设有利于传承和弘扬中华优秀传统文化的各种设施，如历史遗迹、博物馆等。

第二，非物化环境建设的构建。非物化环境建设主要是指建设有利于推动中华传统文化"双创"的无形文化氛围。这种文化氛围的形成是多方共同努力的结果，政府的引导、指导、推动与保障，人民群众的积极参与和配合，有利于营造良好的无形文化氛围。非物化文化环境的构建可以简单包括现实环境的构建和虚拟环境的构建。在构建中要充分发挥传统媒体与现代媒体的作用，以传统媒体与现代媒体的相互配合推动文化宣传工作的开展。通过加强传统文化宣传，以形成弘扬、发展中华优秀传统文化的有利氛围。

在构建中华传统文化"双创"有利环境的过程中，要正确处理物化环境建设与非物化环境建设之间的关系，不能将物化环境建设与非物化环境建设截然分开。物化环境建设与非物化环境建设是相辅相成的，物化环境建设有利于推动形成有利的非物化环境，同时，非物化环境建设也会推动物化环境作用的发挥。物化环境建设与非物化环境建设共同推动着实现中华传统文化"双创"有利环境的形成。

## 四、实现中华传统文化"双创"的多路径协同机制

科技的发展、文化多层次性多样性的特点以及中华传统文化"双创"工作的系统性，决定了实现中华传统文化"双创"有多条路径、多种方法。其重点在转化与发展两个方面。在对物质文化遗产的保护开发，对传统制度文化的扬弃，对传统行为文化的批判继承，对民族精神的弘扬等方面，当前中华传统文化"双创"的实践已取得了一定的成绩。但不管是从文化主体的认识还是从文化路径的选择来看，仍然存在着一定的不足。实现中华传统文化"双创"需实现多路径的相互配合。马克思主义普遍联系的观点和协同理论也在一定程度上决定着实现中华传统文化"双创"要使各种路径、方法相互配合、协同推进。要提高文化主体的认识，发挥不同文化主体的作用，实现文化发展自在与自觉的统一。要坚持在继承中发展，在发展中继承，实现继承与发展的统一。

中华传统文化"双创"有两个侧重点：一是转化，二是发展。转化与发展既有明显的不同，又具有相通之处。"转化"侧重于"转"和"化"，"转"就是要

将中华传统文化由传统转向现代，"化"就是要以文化人。"发展"侧重于新文化的形成。当然，"转化"与"发展"又具有一定的相通性。转化是发展的一种形式，发展是在原有文化基础上的发展，是旧文化向新文化的转化。正是由于"转化"与"发展"之间的辩证统一关系，中华传统文化"双创"的路径基本上是一致的。

### （一）不同形态传统文化的"双创"路径

在关于文化与传统文化的相关阐释中已表明，本文在研究中华传统文化"双创"实现机制的过程中，所说的中华传统文化主要是指狭义的文化，但它以不同的形态，如物态的、行为的等形态方式存在。实现中华传统文化创造性转化与创新性发展，也要考虑不同文化的表达形态，考虑不同文化形态的特点。在这里从物态文化、行为文化、制度文化和心态文化四个方面来展开论述。

1. 保护、研究与开发：物态文化的"双创"

物态文化主要指是以可具体感知的、摸的着、看的见的形态存在的文化。

（1）物态文化蕴含着丰富的传统文化因素

在特定的社会发展状况下，物态文化由古人所制造或建造，而古人在制造或建造它们的时候，总会将古人所理解以及其认为应该得以保留的思想观念等文化内容体现在物态文化之中。

（2）保护、研究与开发

物态文化作为文化遗产，虽然有艺术、历史和科学价值，但从传统文化"双创"角度来看，并不是将原有的文化遗产进行改造，而应是在保留、保护原有文化遗产的基础上加强对物态文化的研究，并注重开发物态文化中所蕴含的非物质文化意义，即传统文化精神。

保护、研究与开发，是物态传统文化"双创"的三步曲。三者相互联系，共同构成物态传统文化"双创"的路径。

2. 抛弃、借鉴与扬弃：制度文化的"双创"

制度文化主要是以各种社会规范形态存在的文化。各种社会规范在制定或形成的过程中在一定程度上反映了人们的思想观念。

（1）古代制度文化的现代"两重性"

从现代社会发展来说，制度文化的内容可以分为两种情况：一种情况是古代制度文化的某些内容已不适应现代社会的发展，应予以抛弃；一种情况是古代制度文化的某些内容对现代社会建设仍具有借鉴意义。

传统制度文化中用来维护封建君主专制制度的文化已不适应社会的发展，具有落后性。这种文化内容是具有封建性质的意识形态文化。政治制度作为建立在一定经济基础之上的上层建筑，具有明显的政治色彩和阶级性。

不具有封建制度属性的文化仍具有进步意义，即传统制度文化中非意识形态的文化在当前仍具有借鉴意义。封建专制制度以及与封建专制制度相适应的传统制度文化是落后的，但是一些具体的政策措施和管理方式、方法以及所反映的文化内容，如果抛却对其管理主体、政策措施制定者的考察，对后世仍具有一定的启发意义。如中国古代的边疆政策，中国历史上统一王朝的边疆政策既有相同之处，也有不同之处，是在继承基础上不断发展的政策。综观这些政策，有一个共同特点就是根据各地、各民族的不同特点采取不同的政策。

正是因为传统制度文化的现代"两重性"，决定了实现中华传统文化的"双创"要根据传统制度文化中不同内容的不同特点予以区别对待。

（2）抛弃、借鉴与扬弃

针对古代制度文化的现代"两重性"，对不同性质古代制度文化要采取不同的举措，以推动实现中华传统文化"双创"。

抛弃。制度文化是制度建立的文化基础。随着社会发展特别是社会性质的改变，传统制度文化中有的内容已不适合当代社会的要求。所以对于制度文化，在创造性转化与创新性发展过程中，一定要做好"弃"的工作。"弃"是指要注意正确区分不同性质的文化，对不适应社会发展的文化应予以抛弃。其中，制度文化中的反映封建经济基础、维护少数统治者利益、被证明阻碍社会发展的内容不能成为创造性转化与创新性发展的对象。也就是说，对于中华传统文化中的制度文化可以进行创造性转化与创新性发展，但并不是说所有的传统制度文化都可以进行创造性转化与创新性发展。对于前面所提到的与封建君主专制制度相联系的制度文化，如"专制"思想等，应坚决地予以抛弃。

借鉴。对于传统制度文化，既要抛弃与社会发展不相适应的文化内容，也要借鉴制度文化中有助于推动社会发展，有助于解决当前社会问题的内容，即要注重吸收制度文化中的优秀内容。

扬弃。虽然传统制度文化与封建制度相联系，但对于制度文化内容也应该辩证地看待，有的制度文化虽具有封建性，但也具有一定的进步性。对于这样的制度文化要注重对其"扬弃"，即批判地继承、创造地发展，要丢掉制度文化中带有传统社会色彩的，特别是带有封建色彩和性质的、为剥削者服务的内容，注重弘扬制度文化中对当代社会发展具有重要借鉴意义的内容。如传统制度文化中关于君与民关系的观点、关于维护封建统治秩序"五常"的内容，都可以在批判的基础上弘扬其有益的成分。对于具有双重性质的同一文化内容，"扬"与"弃"是实现中华传统文化"双创"同一路径的两个方面，二者是相互依存、相互影响的。首先，二者所针对的对象具有同一性。形成于封建社会的中华传统文化，其内容或形式既存在与当前社会发展相适应的方面，也存在与当前社会发展不相适应的方面。"扬"与"弃"所针对的是同一文化内不同性质的两方面。其次，二者在实现中华传统文化"双创"工作中同时存在，缺一不可。只有抛弃、摒除不适应当代社会发展的方面，才能有利于弘扬中华优秀传统文化，才能有利于转化与发展中华传统文化。最后，扬弃是实现中华传统文化"双创"过程中的一个环节。中华传统文化"双创"，重在转化与发展，是在弘扬的基础上发展中华优秀传统文化。

抛弃、借鉴与扬弃是传统制度文化"双创"的三种方式。这三种方式对应的是传统制度文化在当代社会发展的三种不同情况。对于已不适应当代社会发展的、具有鲜明封建性的传统制度文化应予以抛弃；对于在当代社会仍具有价值的文化内容应予以借鉴；而对于既具有时代价值，又具有封建性的文化内容要做到扬弃。

3. "旧瓶新酒"与"新瓶旧酒"：行为文化的"双创"

行为文化体现在人们的日常行动之中，以民风民俗形态出现，具有鲜明的民族、地域特色，是人们在社会实践中逐渐形成并约定俗成的行为规范。

（1）行为文化是文化的外在表现

行为是文化的体现。实现中华传统文化"双创"，发挥中华优秀传统文化的现代价值，需要落脚于人们的行为，也需要注重实现传统行为文化的"双创"。

（2）"旧瓶新酒"与"新瓶旧酒"

《新约全书·马太福音》第九章中有一词为"旧瓶装新酒"，说的是如何把新酒装在旧皮袋里。由于皮袋裂开，酒就会漏出来，所以最好的方法是将新酒装在新皮袋里。所以"旧瓶新酒"最初的含义是指旧瓶与新酒之间是不相适应的。如果用"瓶"和"酒"来阐述文化，"瓶"指的是文化的表现形式，"酒"指的是文化的内容。依据"旧瓶新酒"的原意，新的文化内容与旧的文化表现形式是格格不入的，新的文化内容应采用新的文化表现形式。后来，一些人在使用"旧瓶新酒"的过程中，将其含义进行了修改，肯定了旧的文化表现形式可以表现和反映新的文化内容。用"旧瓶新酒"与"新瓶旧酒"来表述传统文化"双创"，主要是从文化的形式与内容的角度来说的。实现中华传统文化"双创"，从文化内容与文化形式的不同角度入手，可以采用"旧瓶新酒"的方式，即旧的文化表现形式表现新的文化内容；也可采用"新瓶旧酒"的方式，即新的文化表现形式表达传统的文化内容。对于传统行为文化的"双创"就可以采用这两种方式。

第一，"旧瓶新酒"。"旧瓶新酒"指的是在对传统文化中行为文化进行"双创"时，行为文化的形式较传统行为文化的表现形式没有大的改变，但内含的文化精神因素发生了变化。如社会主义核心价值观中的"爱国"，以爱国主义为核心的民族精神是中华民族生生不息、发展壮大的重要思想基础。在中国历史发展长河中，虽然中华民族面临过外来的侵略、曾出现过分裂的局面，但统一始终是历史发展的主流，中华民族的主干一直存在并得以发展。但古代的爱国主义在近代与当代发生了一定的变化。古代的爱国主义与维护王朝统治相联系，与忠君思想相结合。近代爱国主义更多地表现为反抗外国列强侵略，为实现民族独立和人民解放、国家富强与人民富裕而奋斗。当代的爱国主义是指爱社会主义的中国，强调爱国主义与坚持社会主义和中国共产党领导的统一，要求维护祖国统一、积极推进中国特色社会主义建设。社会主义核心价值观中的"爱国"是在传统"爱国"观念基础上的发展，但人们所应有的爱国行为基本上是一致的。

第二，"新瓶旧酒"。"新瓶旧酒"指的是在对传统文化中行为文化进行"双创"时，行为文化的形式发生了变化，但行为文化所蕴含的文化精神仍与传统的文化精神具有一定的相同或相似之处。如新"二十四孝"的提出。"孝"是儒家伦理思想的核心，自古至今一直被人们所提倡，是中华传统美德。为了更好地弘扬"孝"文化，古人曾经编写了"二十四孝"。传统的"二十四孝"，所反映的是中国古代人们对"孝"的理解，并在一定程度上与当时的君主专制中央集权的政治制度、家国同构的宗法制社会结构相适应。随着社会的发展，弘扬中华传统美德，以"孝"对待老人的这一文化观念没变，但人们对"孝"的理解发生了变化，即人们对什么是"孝"、怎样做是"孝"这些问题的理解发生了变化。新"二十四孝"行动标准虽然采用了"二十四孝"的名称，但新"二十四孝"行动标准与传统的"二十四孝"的内容有着截然的不同，具有明显的时代性。随着改革开放和社会主义现代化建设的不断推进，国民经济的发展，人们的生活水平有了很大的提高，人们的需求已由基本的生存需求向高层次需求发展。同时，在发展过程中也出现了这样一种现象，就是有的家庭父母与子女相隔距离比较远。在这样的情形下，"孝"不再是仅仅满足老年人的物质需求，更重要的是对他们进行精神上的关怀。新"二十四孝"行动标准的内容更体现了时代的这一变化。同时，新"二十四孝"行动标准的内容更具体、更容易操作，从而更有利于推广。虽然新"二十四孝"的行动标准与传统"二十四孝"有着截然的不同，但仍是对中华传统美德"孝"的继承、弘扬，是结合时代变化对"孝"的转化与发展。

一个人的行为是其思想观念的外在反映。传统行为文化在一定程度上是传统精神文化的反映，是传统精神文化的外在表现形式。在实现中华传统文化"双创"的过程中，对于传统行为文化，可以从文化内容与表现形式两个方面着手，"旧瓶新酒"和"新瓶旧酒"就是对传统行为文化"双创"的两种方式。但这两个方面是不能截然分开的，因为内容与形式是相互联系、相互影响的，文化内容的改变势必会影响文化形式，同样文化形式的变化也会在一定程度上影响文化内容。

4.拓展、借用与发展：心态文化的"双创"

心态文化是由人类在社会实践和意识活动中所形成的价值观念、审美情趣、思维方式等构成的，是深层次的文化，是文化的核心部分。

（1）心态文化具有较强的民族性与稳定性

心态文化即精神文化。中华传统文化中的心态文化就是中华民族的民族精神。

心态文化即精神文化，具有较强的民族性。由于生活环境、生产生活方式等的不同，在长期的生产生活过程中，不同的民族会形成不同的文化。其中，作为文化中最深层次的内容，精神文化更是一个民族文化特色的体现。如相较于农耕民族，渔猎民族更倾向于探险，游牧民族更倾向于流动。

心态文化即精神文化，具有较强的稳定性。随着社会发展，生产生活方式的变迁，物态文化、制度文化、行为文化都发生了一定的变化，但体现一个民族特色的精神文化却被保留并传承下来。正是民族精神的存在与传承，虽然中华民族在形成与发展的过程中也曾面临过分裂、面临过入侵、面临过发展的低谷，但中华儿女团结一致、艰苦奋斗，克服了发展过程中的重重阻碍，取得了巨大的发展成就。中华民族的民族精神成为推动中华民族不断前进的不竭动力。

心态文化即精神文化，在不同的社会发展时期具有不同的表现形式。虽然民族精神具有稳定性，但不同时期的表现有所不同，并且在新的时代、在新的社会实践中，还会形成新的时代精神。实现中华传统文化"双创"，就是要将中华民族的民族精神与时代精神相结合，推动文化的发展。

（2）拓展、借用与发展

在实现中华传统文化"双创"过程中，拓展是指根据时代变迁，在原有文化基础上增加具有时代性的内容。

借用是指以传统文化中某个方面表达或阐释新的社会环境下所要表达或阐释的文化含义，发挥传统文化作用，以解决现实问题。比如"小康"概念的运用，原来的"小康"是指一种社会稳定、生活相对富裕的社会状态，这种社会状态建立在自给自足的自然经济和封建地主土地所有制基础之上，反映的是在生产力水平较低基础上的农民对富足生活的渴望，也是人们对社会建设的一种理念。邓小平采用了"小康"概念，借用了"小康"概念所表达的实现人民生活水平提高的价值追求，并赋予它新的含义，即在中国现代化建设过程中要实现的小康，是社会主义的小康，是人们生活水平提高的一种社会发展状态。

发展是指在"双创"中华传统文化过程中，在原有旧词基础上予以发展，赋予旧词以新的具有时代特点的新义，并形成具有时代特色的新的表现形式。如社会主义核心价值观中的民主，形成于古代中国的传统文化中虽没出现民主思想，但有民本思想。但民本思想主要是强调对普通民众力量和意愿的重视，而不是赋予民众以管理国家事务和社会事务的权利。因此，社会主义核心价值观中的民主与传统文化中的民本有着明显的不同，已超越了传统文化中的民本思想。社会主义核心价值观中的民主是社会主义的民主，是人民民主，不是少数人的民主。中国共产党不仅一直非常重视人民群众的利益，而且通过国家制度赋予人民群众管理国家事务、社会事务的权利。民主思想发展和超越了民本思想的内容。

拓展、借用与发展是传统精神文化"双创"的三种方式。中华传统文化中蕴含着丰富的精神文化内容，这些文化内容是中华民族的文化基因，对新时代中国特色社会主义建设仍具有重要意义。通过拓展、借用与发展方式进行创造与创新，实现中华传统文化"双创"，有利于发挥传统精神文化的当代价值。

### （二）不同层面传统文化的"双创"路径

文化是一个整体概念，从作用层面来看，有国家、社会和个人不同层面的文化。中华传统文化也是如此。不同层面文化的作用范围、作用方式不同，因此实现中华传统文化的"双创"也要注重根据不同层面文化的特点采取不同的"双创"路径。

1.选择、借鉴与建构：国家层面传统文化的"双创"

对于国家层面的传统文化，可以从不同的三个方面理解：一是传统社会统治者实施统治过程中所依循的文化，如传统社会统治者实施统治过程中所形成的制度文化、"君权神授"的思想、"民惟邦本"及"水能载舟亦能覆舟"的观念。二是传统社会统治者为维护统治对民众宣传的文化，如"君为臣纲"的思想。三是传统社会民众对国家及其国家责任的认知与观念，如"精忠报国"的观念等。国家层面的传统文化有的已在历史长河中被淹没，有的仍具有重要意义。实现中华传统文化"双创"，对于国家层面文化，要结合国家层面文化的特点予以考虑。

（1）国家层面传统文化的特点

不论是从形成发展的历程来看，还是从内容作用来看，国家层面传统文化具有其自身的特点。

国家层面传统文化形成与发展离不开统治者的提倡与推动。国家层面的文化主要是反映统治阶级思想观念并能够适应其统治需要的文化。为维护统治，统治者积极推动统治阶级思想观念的下沉，以期它成为普通民众所认可的文化。在传统中国，统治者依靠选官制度和乡村士绅将统治阶级所提倡的思想观念与普通民众的思想观念相结合，即实现了"大传统"与"小传统"的结合。

国家层面传统文化随着人民群众的国家观念的变化而变化。不论是治理或管理文化，还是人们的国家责任意识，是随着人们的国家观念的变化而变化的。传统社会的封建王朝，国家被冠以了统治者的姓氏，所以在传统社会，国家层面传统文化是与维护君主统治、与"忠君"思想联系在一起的。当前，在经济全球化不断发展、中外文化交流加快等因素的影响下，特别是在政治一体化和文化一体化思想的影响下，有些人的国家观念开始有所淡薄，但经济全球化不等于政治、文化一体化，所以习近平总书记在十九大报告中提出要引导人们树立正确的国家观。实现中华传统文化"双创"，推动文化的繁荣兴盛，要坚守中华文化立场。

国家层面传统文化中的部分内容也应成为文化传承与发展的内容。虽然国家层面的传统文化与传统社会政治、经济制度具有较多的联系，具有明显的传统中国社会经济、政治的特点，但国家层面传统文化中的部分内容也应成为文化传承与发展的内容。如为维护统治，传统社会统治者所提出的"民为水"等关于重视民众的思想、"精忠报国"等对国家责任的思想，都可成为传承、发展的传统文化内容。

（2）选择、借鉴与建构

由于国家层面的传统文化更多地与传统社会统治者相联系，所以选择、借鉴与建构构成了实现国家层面传统文化"双创"的三个有机联系的环节。

选择。传统社会统治者实施统治过程中所依循的文化，是统治者维护其统治的文化基础和手段，带有明显的传统社会经济、政治的特点，其中有的文化内容已落后于时代发展，如传统社会统治阶级所提倡的"君权神授"思想；有的文化内容中包含有已落后于时代发展的内容，如传统的"精忠报国"思想中的"忠君"内容；当然，也有的文化内容对于当今国家治理与管理具有重要的借鉴意义，如传统思想文化中关于民众地位与作用的观点。对国家层面的传统文化，在"双创"过程中，首先要对其进行鉴别，确定哪些内容是封建性的，已与当前社会发展不相适应、应予以淘汰的。其次是对与传统社会不相适应的传统文化内容应坚决予以抛弃，而对当前国家治理与管理具有借鉴意义的传统文化内容，应借鉴其意义。

借鉴。文化的发展变迁有其自身规律，是在原有文化基础上的发展。因此，新文化总会或多或少地带有原有社会的某些特征。文化的发展变迁之所以有此特点，其中一个重要因素是因为文化中具有不带有社会制度色彩的内容，这些内容适应社会发展的各个不同阶段，并被长期传承，成为传统。国家层面中华传统文化中有的内容也具有这样的特点，如传统文化中关于君民关系的观点。唐朝初年，魏征在上唐太宗疏中，将君与民的关系比喻为鱼与水的关系，提出"鱼失水则死，水失鱼犹为水也"。当然，在传统中国，虽然有的封建统治者力求正确处理君与民的关系，但由于社会性质、社会制度与阶级关系等因素的影响，他们并没有能够实现这一目标。但传统文化中的关于君与民关系的观点，对于现在及将来正确处理领导者与人民群众的关系具有重要的借鉴意义。也正是因为国家层面传统文化中有的内容已超越了社会制度层面，所以可予以借鉴。

建构。建构是一个借用自建筑学的词语，这里主要是指在"双创"国家层面传统文化的过程中，要在借鉴传统文化的基础上建筑起与当代社会发展相适应的文化内容与体系。即在实现国家层面传统文化"双创"过程中，不是仅仅吸收、借鉴国家层面传统文化的优秀内容，而是要在吸收、借鉴的基础上建构起与当代社会发展、与中国特色社会主义建设相适应的文化内容与文化体系。这是由国家层面文化的特点所决定的。要在继承、借鉴传统文化的基础上，构建新的文化，以推动中国特色社会主义文化建设，这是实现中华传统文化"双创"的关键。

在国家层面传统文化"双创"过程中，选择、借鉴与建构是紧密结合的三个环节，其中选择是前提，建构是关键。

2.认可、调整与践行：社会层面传统文化的"双创"

人们在自己生活的社会生产中总会发生一定的、必然的、不以自己的意志为转移的关系，在此关系之上，形成了人类社会。人类社会就是由不同的人以及人与人之间形成的各种关系所构成的有机整体。在调整与协调人与人、人与社会关系的过程中，形成了社会层面的文化。

（1）社会层面传统文化的特点

社会层面传统文化主要包括两个方面的内容：一是主要反映中国传统社会人与人、人与社会关系的文化；二是主要调节中国传统社会人与人、人与社会关系的文化。正是基于社会层面传统文化的这两个方面内容，社会层面传统文化主要有这样几个特点：

社会层面传统文化是中国传统社会中人与人、人与社会关系的反映，产生并适应了中国传统社会人与人、人与社会的关系。如与中国传统社会生产生活特点相适应，道德在调节和协调人与人关系、人与社会关系中占有重要地位。由于生产力发展状况和经济生产方式的作用，在人与人、人与社会关系方面，中国传统社会是一个"熟人"社会。中国传统社会的这一特点，使道德在协调和调整人们之间与人关系中占有较为重要的地位。在长期的社会生产生活实践中，中华民族形成了丰富的道德内容。传统社会中人与人关系的差序格局的特点是传统中国等级社会特点的反映，社会层面传统文化中势必也会带有等级社会的特点。

社会层面传统文化与国家层面传统文化具有一定的一致性。古代中国，乡村社会的政治状态、选官制度等因素，使社会层面传统文化与国家层面传统文化具有一定的一致性。在沟通、连接国家层面与社会层面文化过程中，乡村士绅成为一支重要力量。在古代，对乡村社会县级以下区域的管理主要依靠三种力量：一是吏，二是宗族，三是乡村士绅。其中，乡村士绅主要是指有功名的读书人或者是曾经做过官的人。他们凭借自身的政治优势、文化优势、经济优势，成为联系乡村民众与统治阶级的重要环节和重要媒介。同时，由于乡村士绅曾学习过并在一定程度上接受了统治阶级所提倡的文化，所以，他们在乡村社会中也依仗其在乡村社会中的地位，将统治阶级所提倡的文化向民众进行宣传，在一定程度上推动着国家与社会两个层面文化之间的融合。

（2）认可、调整与践行

社会层面传统文化是古代中国人在长期的社会生产生活实践中形成的，是古代中国人在处理人与人、人与社会关系方面智慧的体现，对于指导当前人们处理人与人、人与社会的关系也具有重要作用。习近平曾明确指出，"对传统文化中适合于调理社会关系和鼓励人们向上向善的内容，我们要结合时代条件加以继承和发扬，赋予其新的涵义。"继承、弘扬社会层面传统文化，实现对社会层面传统文化"双创"，要经过认可、调整与践行三个步骤或阶段。

认可，主要是指承认和肯定社会层面传统文化的现实价值，承认和肯定传统文化内容的适度合理性。之所以强调对社会层面传统文化应注意加以认可与肯定，主要是因为当前社会中仍存在着否定社会层面传统文化的思想与行为。否定社会层面传统文化思想和行为存在的原因是多方面的。从现实的角度看，主要是因为社会经济、政治发展状况的不同和外来思想文化的影响，一些人对传统文化（包括对社会层面传统文化）持否定态度。有的人在认识上提出传统文化中用以维持和调节人与人、人与社会关系的文化内容已不适应当前社会发展的需要，在行为上抛弃了一些优秀的传统文化内容。

调整，是指在"双创"中华传统文化的过程中，要根据社会发展现状，对社会层面传统文化进行适当调整。在调整的过程中，要与国家文化建设要求相一致，以社会主义核心价值观为引领，用马克思主义的立场、观点和方法对待社会层面传统文化，反对"全盘否定"和"全盘肯定"，要坚持批判地继承，进一步推动社会精神文明建设，以推动中国特色社会主义文化建设，促进文化的繁荣。

践行，主要是指要实现社会层面传统文化"双创"，需要人们在社会生产生活实践中，在处理与他人、与社会关系的实践中自觉按照社会层面优秀传统文化和调整发展后的文化相关内容去做。在实践中实现对社会层面传统文化"双创"，这是由社会层面传统文化的特点所决定的。社会层面传统文化是规范和调整人与人、人与社会关系，并反映人与人、人与社会关系的文化，而只有在社会生产生活实践中，才能产生人与人、人与社会的关系，所以只有在社会生产生活实践中，才能发挥社会层面传统文化的规范和调节作用，才能检验社会层面传统文化中哪些内容适合社会发展，才能根据社会实践发展去发展社会层面优秀传统文化。

认可、调整和践行是实现社会层面传统文化"双创"的三个环节。其中，认可是基础，只有对社会层面传统文化的认可，人们才能去学习并在实践中去做。调整是保证，只有将社会层面传统文化去除其不良内容并做适合当代社会需要和人们生产生活需要的调整，才能真正发挥中华传统美德在中国特色社会主义文化建设中的作用。践行是落脚点，人们应将已转化和发展了的中华传统美德转化为自我认知，并转化为生产生活实践中的自觉行动，只有这样，才能真正实现中华传统文化"双创"。

3.重拾、重构和推导：家庭层面传统文化的"双创"

家庭层面传统文化被称为家风。"家风，是一个家庭或家族长期积淀而成并传承数代的风尚和作风，是家庭或家族成员共同遵守的价值观念、道德操守、行为规范乃至人生情趣的集中展现。"家教、家规是家风特有的展现方式。同时，它通过家庭成员之间有意和无意的教育与影响得以传承，表现在家庭成员的个人行为之中。

（1）家庭层面传统文化的特点

第一，家庭是社会的基本细胞。发挥家庭在社会发展中的作用，应加强家庭层面文化建设。家庭是社会构成的基本要素，家庭的稳定与发展是国家建设的重要基础与保障，是国家发展、民族进步、社会和谐的重要基点，正是因为家庭是社会发展的细胞，因此，论时代发生多大变化，不论生活格局发生多大变化，我们都要重视家庭建设，注重家庭、注重家教、注重家风。家庭层面文化建设是国家与社会文化建设的重要组成部分，要发扬光大中华民族传统家庭美德。

第二，家庭层面传统文化是国家与社会层面传统文化的缩影。这主要是由两个方面因素决定的。一是由家庭在国家与社会发展中的重要地位与作用所决定。自家庭产生以来，家庭就成为国家与社会发展的重要因素。二是由中国传统社会的社会结构特点所决定。中国传统社会是族权与政权相结合的社会结构形式，任何人都很难摆脱宗族关系而存在。强化人们的宗族意识、家族意识，将宗族力量建设成为维护封建统治的重要力量，是传统社会文化建设的重要内容。

第三，实现中华传统文化"双创"要注重发挥家庭作用。这主要是因为：一是家庭在个人发展中的重要地位与作用。家庭是一个人的第一所学校，一个人出生后，所接受的教育首先来自家庭。同时，由于家庭成员之间存在着难以割舍的亲情，特别是父母与子女之间存在的血缘关系，使一个人更容易接受来自家庭方面的教育。二是家庭层面传统文化中包含有优秀的内容，这些内容在当今社会建设与发展中仍具有重要意义。在会见第一届全国文明家庭代表时，习近平对传统家庭美德的内容进行了明确阐述，"尊老爱幼、妻贤夫安，母慈子孝、兄友弟恭，耕读传家、勤俭持家，知书达礼、遵纪守法，家和万事兴等"。同时，习近平还阐述了中华传统家庭美德的地位与作用，是支撑中华民族生生不息、薪火相传的重要精神力量，是家庭文明建设的宝贵精神财富。三是中国人有重视家庭和家庭教育的传统。古代中国人一直非常重视家庭层面的文化建设，在"修身"与"治国"、"平天下"之间提出"齐家"。"齐家"即注重家庭、家族建设。其中，文化建设是家庭和家族建设的重要内容。家庭内要"父慈子孝""兄友弟恭"。注重邻里团结，"远亲不如近邻"的俗语和大多人所熟知的"六尺巷"的故事，从不同侧面说明了家庭层面文化建设中的邻里关系。一些家族还编写有家训，以此作为教育家族成员的依据。

（2）重拾、重构和推导

重拾，主要是指重新肯定良好家风的地位与作用，重新树立良好传统家风。在中国封建社会，家庭、家族在一个人成长发展中起着重要作用，也是一个人为之奋斗的重要目标。家风、家训、家规文化贯穿于整个封建社会，发轫于先秦时期，发展成熟于汉魏六朝和隋唐，鼎盛于宋元明清。当前家庭仍是社会的基本单位，虽然社会经济发展带来了家庭存在方式的一些变化，但是，无论时代如何变化，无论经济社会如何发展，对整个社会来说，家庭的生活依托都不可替代，家庭的社会功能都不可替代，家庭的文明作用都不可替代。因此，重新肯定良好传统家风等家庭层面传统文化的地位与作用，是推动家庭层面优秀传统文化传承与发展的第一步。

重构，主要是指在家庭层面传统文化的基础上重新确立新的家风等家庭层面文化。首先，重构不是对传统文化的彻底否定，不是对传统文化的完全抛弃。虽然自近代以来，随着社会的变迁，家庭的结构、地位与功能都发生了一定的变化，但家庭层面传统文化的某些内容对人们的思想观念、行为方式仍具有一定的指导意义，对当前社会文化建设仍具有一定的意义。其次，重构不是对传统家庭层面文化的全盘继承，而是在继承传统文化优秀成果基础上的构建。传统社会中家庭层面文化与传统社会家庭特点及家庭、家族在国家、社会中的地位有着密切的关系。但当前，在全球化与现代化的语境下，家庭结构与功能已发生了一定的变化，家庭层面传统文化中的某些内容已与当前家庭乃至社会的变迁不相符，因此，要对家庭层面传统文化进行批判性继承。最后，重构要立足于现实，赋予传统文化以新的时代意义。

推导，包括两个方面，一是推，二是导。"推"主要是指在实现家庭层面传统文化"双创"过程中，针对传统家庭层面文化的一定程度的缺失，可利用外力的作用推动人们重新认识和确立良好家风、家教、家规等家庭层面传统文化。父母是一个人成长发展的启蒙老师，也是家庭层面传统文化传承的重要力量。针对当前所出现的"留守子女"家庭，一些省、区或城市纷纷出台政策，为留守儿童与父母团聚、并与父母生活在一起提供条件。"导"主要是指在实现家庭层面传统文化"双创"过程中，要注重社会主义核心价值观的引领。注重社会主义核心价值观的引领，主要是由三方面因素决定的。一是中国特色社会主义文化建设的需要。家风等家庭层面传统文化在一定程度上是社会文化的缩影，也是中国特色社会主义文化建设的重要内容。以社会主义核心价值观引领，发挥家庭文明建设的基础地位，有利于推动整个社会良好风气的建设，从而推动中国特色社会主义文化建设。二是由传统家风等家庭层面传统文化的特点所决定。家庭层面传统文化与传统社会中人们的生产经营方式、社会经济与政治状况和社会结构特点相适应。当前社会已发生了较大的变化，实现家庭层面传统文化"双创"，需要对其加以引导。三是当前家庭层面文化发展状况的需要。当前家庭层面文化建设与发展，总体上是好的，但仍存在着一些不尽如人意的地方。当前，市场经济下竞争所带来的收入不平衡，外来不良思潮的影响等因素，使"金钱主义""个人主义"等不良社会思潮在不同程度上影响着人们的人生观与价值观，进而影响人们对后代的思想教育。再加上当前就业与考试制度的影响，家长在家庭教育中更是倾向于对孩子学习成绩的考量，而对孩子的其他方面的教育考虑得较少。在实现家庭层面传统文化"双创"过程中，在加强全社会成员的社会主义核心价值观培育的同时，可以通过树立典型和榜样的方式来实现，如开展文明家庭的推选。文明家庭的推选，特别是本城市、本社区、本乡镇文明家庭的推选活动，一方面，活动本身即是人们将自己家庭与他人家庭进行对比，查找不足的过程；另一方面，活动所推选出来的文明家庭，为人们提供了进行家庭文化建设、培育现代文明家庭的典范。

### （三）点面结合形成多路径相互配合

实现中华传统文化"双创"的路径是多样的，不同的路径之间有着共同之处。一是不同路径的起始点是相通的，即对中华传统文化"双创"，不论采用何种路径，转化与发展后的文化与传统文化之间都有着一定的相通之处。中华优秀传统文化在"双创"过程中并没有被忽视或丢掉，而是得以继承、弘扬与发展。二是不同路径的目标指向具有一致性，即继承与弘扬中华优秀传统文化、建设中国特色社会主义文化、提高人民群众的人文素养和满足人民群众的精神文化需要。实现中华传统文化"双创"路径之间的相通之处，为不同路径之间的相互协调创造了条件。这些相通之处，也是不同路径之间相互配合的契合点。

1.自在与自觉的结合

自在与自觉的结合，主要是以实现中华传统文化"双创"主体为切入点，推动各路径的相互配合。自在含有自然的意思，主要是指中华传统文化随着社会发展所发生的自然改变。但从另一方面来看，文化由人们所创造，所以文化的自在发展过程实际上是指随着社会发展，人们对原有文化进行了不自觉的继承、调整与丰富。自觉含有人为的特点，主要是指在中华传统文化的传承与发展中，人们为适应社会发展需要，有意识地通过创新发展中华传统文化，使中华传统文化针对已知的社会作出适应的改变，以发挥中华传统文化的作用。当前，推动实现中华传统文化"双创"，要注重发挥不同文化主体的作用，以文化发展自在与自觉的统一，推动实现中华传统文化"双创"。

（1）文化的自在发展

文化的自在发展，是人们在变化了的社会环境中对文化所做出的自然反应。在这个自然反应过程中，传统文化中适合社会发展的内容被保留下来，而不适合社会发展的内容被抛弃或改变，传统文化得以传承与发展。传统文化的自在发展主要有两种形式。

第一，新的文化内涵取代传统文化内涵。随着社会的发展，人们在实践中逐渐抛弃了传统文化中不适应社会发展的内容，代之以与社会发展相适应的内容。

第二，以传统文化为基础的改变。这种改变主要是指文化主体根据社会变迁对原有文化作出或增加或减少的调整。文化的发展是在原有文化基础上的发展，新文化就是在传统文化的基础上剔除不适应社会发展的内容，增加适应、推动社会发展的内容的基础上形成的。新文化中会含有传统文化的一些内容。

（2）文化的自觉发展

文化的自觉发展，主要是指当文化所处的社会环境发生变化时，人们有意识地通过采取一定的措施，对原有文化的发展变迁进行引导，以推动文化作出适应社会发展需要的变化。传统文化的自觉发展主要表现为两种形式。

第一，抽丝剥茧。即去掉中华传统文化的表象内容，而保留中华传统文化的核心价值。这一方面表现为从各种传统文化表现形式中挖掘蕴含在这些表现形式中的中华优秀传统精神文化，并将这些文化内容与当代社会相结合，以实现中华传统文化"双创"。另一方面是以马克思主义的立场、观点和方法对待中华传统文化，去粗取精、去伪存真，从中挖掘出中华优秀传统文化。如对社会层面传统文化的"双创"，传统社会的经济、政治特点决定了在传统中国，人们在处理人与人关系上具有一定的差别性，而且这种差别性在一定程度上还发展为阶级性。但社会层面传统文化中包含有在当代社会仍具有重要价值的内容。实现中华传统文化"双创"，要注重挖掘中华传统文化中的优秀成分。

第二，注入新的内容。这个新的内容主要是指文化主体所认可的、与时代社会发展相适应的文化内容。面对变化了的社会环境，引导、推动文化发展，一个重要路径与方式就是将传统文化注入适应社会发展需要的内容。在领导中国革命、建设和改革的过程中，中国共产党坚持马克思主义中国化。马克思主义中国化就是马克思主义与中国实际相结合，其中包含马克思主义与中国传统文化的结合。而中国传统文化与马克思主义的结合，既推动着马克思主义中国化，也推动着中华传统文化的发展。

（3）自在与自觉相结合以实现中华传统文化"双创"

推动实现中华传统文化"双创"，要注重实现自在与自觉的结合。

发挥不同文化主体的作用，实现不同文化主体的相互配合。在文化自在发展中，主要是人们为适应社会发展需要，在对待中华传统文化问题上所做出的自然反应，这一发展主要表现在人民大众的实践中。文化的自觉发展，是人们为适应社会发展需要对中华传统文化所做出的有意识的反应。在文化的自觉发展中，领导阶级、历史人物、知识分子是主要力量。协调各文化主体活动，关注人民群众的文化自在行为，发挥领导者、历史人物与知识分子的领导或引导作用，实现文化发展自在与自觉的结合，推动实现中华传统文化"双创"。

在群众实践基础上实现不同文化发展路径的相互配合。群众的实践活动是文化形成与发展的源泉、基础，是实现中华传统文化"双创"的基本路径与方法。而要实现中华传统文化的"双创"，发挥中华优秀传统文化在当前社会发展中的作用，离不开政策引导、理论指导和文化创新活动。在中华传统文化"双创"过程中，既要注重文化发展的自在性、自发性，发挥人民群众的主体作用，同时也要注重文化发展的自觉性，加强文化理论研究、文化政策引导和文化创新活动。

实现文化发展自在与自觉的结合，要注重做好以下几个方面：

正确处理不同文化主体在中华传统文化"双创"中的关系。其中，群众的实践活动是基础、源泉，为实现中华传统文化"双创"提供物质保障、创造资源。同时，群众在实践中推动着文化的变迁。党和政府的文化政策、文化工作者的文化理论创新引导并指导着群众的文化实践活动。

正确处理内在驱动力与外部驱动力在中华传统文化"双创"中的关系。文化的发展既有其内在驱动力，也有外部推动力。文化的内部驱动力主要是指文化各要素之间的相互影响、相互作用推动着文化的发展。同时，当文化所处环境发生变化时，由社会政治、经济环境所决定的文化也发生变化。而且文化的发展不仅仅受到其所处社会政治、经济发展状况的影响，还受到社会主体——人的影响。人在文化发展中具有主观能动性，其通过自身的文化行为推动着文化向着对其有利的方向发展。

正确处理遵循文化发展规律与发挥主体能动性的关系。文化的自在发展主要强调的、遵循的是文化发展的自身规律。而文化的自觉发展更多的是强调文化主体对文化发展变迁的引导、推动作用。要实现中华传统文化"双创"，实现文化发展自在与自觉的统一，就要在遵循文化发展规律的基础上发挥主体能动性。

2.传承与发展的结合

传承与发展相结合，主要是从实现中华传统文化"双创"的不同环节的角度来说的。中华传统文化"双创"包含文化传承与文化发展两方面的含义。文化传承与文化发展既相互区别又相互联系。传承与发展都是以中华优秀传统文化为基础，传承是发展的基础，发展是在传承基础上的发展。传承也并不是全盘继承，而是有选择地"扬弃"，是发展中华优秀传统文化的一种方式。但二者的侧重点是不同的，传承注重的是对传统文化的继承，而发展更多注重的是在传统文化基础上的文化创新发展。由于文化传承与文化发展的侧重点不同，所以二者的路径是不同的。但文化传承与文化发展之间的相通之处，为二者的结合提供了条件。实现中华传统文化"双创"，要注重实现文化传承与发展的相互协调，在实现路径方面实现多路径的相互配合。

（1）传承中华优秀传统文化

中华传统文化"双创"包含有传承的含义，是在文化转化与发展过程中实现对中华优秀传统文化的传承。

传承中华传统文化的首要条件是文化主体要了解中华传统文化。文化主体学习、了解中华传统文化的路径是多方面的。从文化主体学习、了解中华传统文化是否有意识的角度来看，可以将其分为文化主体有意识的学习活动和无意识的学习活动。文化主体有意识的学习活动主要是指文化主体有意识地接受中华传统文化教育，如文化主体对传统文化典籍的阅读。文化主体无意识的学习活动主要是指文化主体在工作、学习、生活过程中所受到的潜移默化的传统文化教育，如文化主体在旅游参观过程中，文物、风俗等对文化主体潜移默化的影响；家风家训、校风校训对人们的影响等。从教育方式角度来看，中华传统文化教育可以分为传统方式与非传统方式。传统的中华传统文化教育方式主要包括学校教育和社会教育。学校教育是传承、转化、发展中华传统文化的主阵地。学校教育具有长期性、系统性、专业性的特点，所以在传承、转化、发展中华传统文化中具有主阵地的特点。除学校教育之外，社会教育也是进行中华传统文化教育的重要途径之一。社会教育是学校教育的有益补充，具有学校教育所不可替代的特点。相对于学校教育，社会教育具有多样性的特点。从传承中华传统文化的角度来说，图书馆、博物馆、纪念馆等都可以成为中华传统文化教育的场所。随着现代传媒技术的发展，中华传统文化教育方式更加呈现出多样化的特点，为人们的学习创造了条件。虽然中华传统文化教育方式、途径是多样的，各种方式各有侧重点，但在实际应用中，不同方式和途径之间相互穿插、相互配合，共同对文化主体产生影响。

传承传统文化的最终环节是文化主体接受传统文化。文化主体接受传统文化主要表现在其认知与行为两个方面。从认知方面来看，主要包括形成正确的传统文化观、掌握一定的传统文化知识、理解把握传统文化精神。从行为方面来看，主要是指文化主体能够将其所形成的传统文化观、掌握的传统文化知识和传统文化精神应用于其工作、学习和生活的实践中。

一般来说，从知识的学习到精神的把握再到行为的体现，这是学习的一般过程。正确的传统文化观有助于推动文化主体对优秀传统文化的学习。学习掌握一定的传统文化知识有助于文化主体更好地把握传统文化精神，也有助于文化主体将其所掌握的传统文化知识、文化精神应用于其工作、学习和生活的实践中。文化主体所掌握的传统文化知识、理解把握的传统文化精神更多地体现在其文化行为之中。但知识并不等于行为，即掌握知识的多少对其行为并不起决定性作用。但传统文化知识的掌握程度有助于人们传统文化精神的培育、文化行为的培养。文化主体的传统文化的学习可以从观念、知识、精神和行为等不同方面着手。如可以通过文化行为的培养推动人们传承传统文化精神、学习传统文化知识，也可以通过传统文化精神的培育与传承，来推动人们文化行为的培养和文化知识的学习。不管是从哪一方面着手，都要注重各种路径的协调，以发挥不同方式与路径的作用。

传承中华传统文化，不仅是传，还包括承。从文化主体角度来看，传，主要是指文化教育者的活动，承，主要是指受教育者的角度。作为传统文化教育者，要做好文化传承工作，需要其具备一定的传统文化素养。而其所具备的传统文化素养建立在其对中华传统文化理解的基础上。这就是说，传统文化教育者所传播的传统文化是其所理解的传统文化，是被过滤的传统文化，是发展了的传统文化。同样的道理，传统文化受教育者在学习、接受中华传统文化的过程中，也并不是全盘接受。受教育者所接受的传统文化，是被其所认可的传统文化，也是被其发展了的传统文化。从这一角度来说，文化在传承中得以发展。

（2）发展中华传统文化

马克思主义认为，运动是绝对的，静止是相对的。文化也是如此，文化也是一直处于不断的发展变化之中。文化发展的路径是多样的，主要有这样几种方式。

第一，细化。文化的细化主要是指文化在其发展过程中呈现出分支越来越细的现象。如先秦儒家代表人物孔子、孟子与荀子。孔子作为儒家思想的创始人，提出了"仁""礼"的思想。之后，孟子主要发展了孔子"仁"的思想，并提出了"性善"论。荀子特别重视对"礼"的阐发，并提出了"性恶"论。孟子与荀子从不同的方面对孔子的思想进行了丰富发展。

第二，丰富。文化的丰富是指在原有文化基础上内容的增多。如中国汉字，从甲骨文到金文再到小篆、隶书、楷书、行书、草书，不仅汉字字体不断发展，汉字的数量也不断增多。再比如中国传统文化的表现形式之一——文学，从古诗到律诗到词再到小说，表现形式也是越来越丰富。

第三，综合。文化的综合发展主要是指在文化交流过程中通过综合不同文化或者某一文化的不同流派，推动文化的发展。如京剧就是在融合多种地方戏的基础上形成的。

第四，吸收。中华文化具有极大的包容性，它在不断吸收外来文化的有益内容的基础上得以不断发展。如儒家文化在其发展过程中就吸收借鉴了其他思想文化的内容。

第五，增删。增删主要是指通过去掉原有文化中不适应社会发展的内容，增加适应社会发展的新内容的方式推动文化的发展。随着社会发展，在如何对待传统文化的问题上，人们会将不适应社会发展的内容去掉，并增加适应社会发展的内容。如传统行为文化的"双创"，当前社会结构较先前有了很大的变化，原有的熟人社会逐渐被"陌生人"社会所取代。原来在熟人社会结构下所形成的某些行为文化逐渐不适应新的社会形势下人与人交往的需要，在"陌生人"社会结构中人们逐渐形成了一些新的适应社会发展需要的行为文化模式。正是在增减的过程中，文化得以不断发展。

当然，推动文化的发展并不是将原有文化全部抛弃。如果否定原有文化在文化发展中的基础性地位，就会陷入"历史虚无主义"的错误。对文化的发展实质上也是对传统文化的继承，而这种继承并不是对传统文化不加区别地全盘接受，如果不加区别地全盘接受传统文化，就犯了"复古主义"的错误。

（3）传承与发展相结合以实现中华传统文化"双创"

中华传统文化"双创"要坚持在传承中发展，在发展中传承，正确处理发展与传承的关系，实现传承与发展的相互配合。

传承是在发展中传承。人们对文化的传承并不是全盘接受，而在发展中传承传统文化。

发展是在传承中发展。文化并不是凭空产生的，文化的发展是建立在已有文化基础上的发展。发展传统文化实质上是对传统文化的传承。这符合马克思主义的基本观点。马克思主义认为发展的实质是新事物的产生和旧事物的灭亡，新事物是在对旧事物批判、继承、创造、发展的基础上形成的。新旧文化的关系也是如此，旧文化是新文化发展的基础，新文化既继承了旧文化中合理的适合新的社会环境条件的内容，又增添了旧文化中所没有的适合新的社会环境条件的内容。新文化是对旧文化的继承和发展。

实现中华传统文化"双创"，就要在继承的基础上发展，在发展的过程中继承。如在乡村儒学课堂，专家学者们通过事例和道理结合的方式，讲授《论语》《弟子规》《孝经》等经典。这一过程就是这些专家学者将其所理解的儒家思想向外传播的过程，是在发展中传承中华优秀传统文化。通过在乡村儒学课堂听课，一些村民不仅思想观念发生了变化，而且在生产生活中将其所理解的儒家思想转化为自身行为，使传统文化在传承中得以发展。

3.文化转化发展与文化主体活动的结合

　　文化转化发展与文化主体活动相结合，主要是从实现中华传统文化"双创"目标角度来说的。不论采取何种路径以实现中华传统文化"双创"，都是指向目标，也都要落脚于目标。其中建设中国特色社会主义文化，满足人民群众日益增长的精神文化需求是当前我国文化建设的根本任务，也是实现中华传统文化"双创"的根本目标。也就是说，建设中国特色社会主义文化，满足人民群众的精神文化需求是实现中华传统文化"双创"各路径的共同指向。

　　（1）中华传统文化"双创"与主体能动性

　　主体需求是实现中华传统文化"双创"的动力，也是目标。人在社会发展中具有能动性，实现中华传统文化"双创"，是人的文化创造与创新活动。主体的需求、主体对现实社会及文化转化发展规律的掌握程度等因素都会在不同程度上影响着主体会采取何种方式、通过何种路径实现中华传统文化"双创"。主体因素是各种中华传统文化"双创"路径相互配合的契合点之一。

　　文化主体是实现中华传统文化"双创"路径的选择者。采取何种方式、何种路径实现中华传统文化"双创"，文化主体在其中扮演着重要的角色。文化主体的世界观与价值观、对文化的理解与掌握程度，对时代特征的认知与把握程度，对文化发展规律的掌握程度等因素，都会在不同程度上影响其对路径的选择。

　　文化主体是实现中华传统文化"双创"过程的实施者。文化主体的活动贯穿于实现中华传统文化"双创"的全过程。文化主体的知识素养、创新意识与能力、调控能力等因素，会在一定程度上影响过程的实施。

　　文化主体是实现中华传统文化"双创"路径的检验者。实现中华传统文化"双创"路径的选择受多种因素的影响，在实施过程中也会受到各种不同因素的影响。所选择的路径是否符合需要，其最终还是由中华传统文化"双创"的实施者来检验。

　　（2）中华传统文化"双创"与群众实践

　　实现中华传统文化"双创"多路径的相互配合，群众的实践活动是重要切入点与结合点之一。

　　第一，植根于群众的实践活动。群众的实践活动是中华传统文化"双创"的源泉与动力。不论采取哪种路径实现中华传统文化"双创"都需要植根于人民群众的实践活动。

　　第二，落脚于群众的实践活动。满足人民群众的精神文化需求，是实现中华传统文化"双创"的根本目的。其中，群众的实践活动是其精神文化需求的外在体现。所以，不论采取何种路径实现中华传统文化"双创"都要落脚于群众的实践活动。

　　（3）中华传统文化"双创"与以文化人

社会是由经济、政治与文化构成的统一整体，经济、政治与文化之间相互联系、相互影响，推动社会不断发展。文化对社会经济与政治的作用力，主要通过文化主体实现，即文化只有被大多数人所掌握才能在一定程度上发挥其在社会经济与政治发展中的作用，同时，文化一经被大多数人所掌握就会在一定程度上发挥其在社会经济与政治发展中的作用。

实现中华传统文化"双创"，就是要发挥其在中国特色社会主义文化建设中的作用。而中华优秀传统文化作用的发挥与否、作用的大小等，在很大程度上取决于中华优秀传统文化被人们所掌握的程度。所以不论采取何种路径，都要以人为本，以"双创"了的中华传统文化教育人、教化人。"以文化人"，实现中华传统文化"双创"的各种路径都落脚于人民群众的需求、人民群众的实践活动，是实现中华传统文化"双创"不同路径相互配合的契合点。

## 五、实现中华传统文化"双创"的全方位保障机制

结合中华传统文化"双创"工作实际，加强保障工作建设，是推动实现中华传统文化"双创"的重要举措。从文化系统构成因素来看，社会思想发展状况是决定人们行为的重要因素，影响着人们行为的性质与立场，实现中华传统文化"双创"需要有一定社会思想的保证。同时，法律制度作为文化中的重要内容，以其特有的方式维护和保障传统文化"双创"工作的进行。从传统文化"双创"工作本身来看，实现中华传统文化"双创"是一个过程。这一过程是文化主体对传统文化创造与创新的过程，文化主体的思想观念、创新意识、创新能力在一定程度上会影响人们的行为以及行为实现程度。与此同时，通过体制改革，为文化主体提供宽松的竞争的创新环境，也有利于推动实现中华传统文化"双创"。

### （一）实现中华传统文化"双创"的思想保障机制

中华传统文化"双创"需要不同文化主体的共同参与，各司其职、相互配合。因此，以正确的思想认识统一和加强不同文化主体的思想认识，形成有利于推动中华传统文化"双创"的社会思想，是推动实现中华传统文化"双创"的重要保证。

1.思想建设的意义

文化主体的思想认识，是实现中华传统文化"双创"的保障。之所以强调文化主体的思想认识对实现中华传统文化"双创"的作用，是基于对思想与行动关系的思考，是对历史与现实中文化发展变迁的思考。

（1）基于思想观念与行动关系的思考

第一，人的行动总是受一定思想观念的影响，因此，协调、统一不同文化主

体的中华传统文化创造与创新行为，需要统一和加强不同文化主体关于中华传统文化"双创"工作的认识，形成有利于推动中华传统文化"双创"的社会思想。一个人的思想观念，特别是一个人的世界观、人生观、价值观、历史观决定着人的行为。一个人的思想认识一经确定，就会决定人的行动。

第二，人的行动需要科学思想的指导。只有在科学思想的指导下，人的行动才会产生积极的效应，取得行动的成功。在实现中华传统文化"双创"过程中，应该坚持科学思想的指导，形成关于中华传统文化"双创"的正确社会思想。

（2）基于历史与现实的思考

第一，从中华传统文化的历史发展来看，人们对传统文化的认识影响着他们对传统文化的态度与行动。由近代中国社会中传统文化的发展变迁可以得出，人们对传统文化的认识决定了人们对传统文化的态度与行动，进而影响传统文化的发展。

第二，当前要实现中华传统文化"双创"需要有对传统文化的正确认知，需要有对中国特色社会主义文化建设的正确认知。中华优秀传统文化在当前社会发展中仍具有重要意义，实现中华传统文化"双创"是中国特色社会主义文化建设的内容。但肯定中华优秀传统文化的当代价值，不是要全面肯定传统文化，更不是全面恢复传统文化，当前文化建设必须坚持中国特色社会主义文化发展道路。

2.社会思想的内容

实现中华传统文化"双创"，首先必须坚持以马克思主义为指导。在实现中华传统文化"双创"过程中，坚持以马克思主义为指导，正确处理马克思主义指导与中华传统文化"双创"的关系，是首先要解决的问题。坚持以马克思主义为指导，也是实现中华传统文化"双创"要坚持的原则。除此之外，要统一不同文化主体的思想认识，保障中华传统文化"双创"的实现，需要树立正确的历史观，需要有对实现中华传统文化"双创"工作的正确认识。

（1）树立正确历史观

正视历史，正确对待历史，才能实现真正的发展。现在是历史的发展。不管历史是辉煌的，还是黯淡的，历史已存在。只有正视历史，从历史中汲取经验，才能促进发展。历史是最好的教科书。重视对历史的学习和研究，是中华民族的优良传统。

（2）坚持建设中国特色社会主义文化

中国特色社会主义文化是建设中国特色社会主义的重要内容。新时代中国特色社会主义要加强文化建设，就要坚持中国特色社会主义文化发展道路。

社会主义文化繁荣兴盛是实现中华民族伟大复兴的条件、内容与标志。实现中华民族伟大复兴必须建立符合我国实际的先进社会制度、必须进行伟大斗争、必须推进伟大事业，需要发挥中国特色社会主义文化的作用。而实现中华传统文化"双创"可以为实现中华民族复兴提供精神动力。

建设中国特色社会主义文化需要正确认识和处理其与中华传统文化的关系。"中国特色社会主义文化，源自于中华民族五千多年文明历史所孕育的中华优秀传统文化。"这一表述明确表达了二者之间的关系。中华优秀传统文化是文化源泉，对其在继承、弘扬的基础上实现创造性转化与创新性发展，有利于推动中国特色社会主义文化建设。实现中华传统文化"双创"是为了建设中国特色社会主义文化，是坚守中华文化立场的重要保证。

（3）正确认识中华文化的内涵与发展

中华文化包括中华优秀传统文化、革命文化和中国特色社会主义文化，这三个方面既说明了中华文化的内涵，也说明了中华文化的发展。中华优秀传统文化、革命文化和中国特色社会主义文化，是相互联系、一脉相承的。

强调正确认识中华文化的内涵与发展，主要是基于当前人们对文化的认识与理解存在片面性。何为中华文化？对于这一问题，很多人有片面性的理解，有的强调中华优秀传统文化，有的强调中国革命文化，有的强调中国特色社会主义文化。之所以出现这种现象，一是由于受历史虚无主义的影响，在文化发展问题上形成了文化虚无主义，进而不知道中华优秀传统文化、革命文化和中国特色社会主义文化之间的关系。二是由于全球化发展态势下各国文化交流的加强，一些人对文化安全问题认识不到位，对文化的民族性与世界性的区别认识不到位。三是由于有的人文化知识水平较低，存在着对文化知之不深的现象。

3.社会思想的培养

实现中华传统文化"双创"，需要通过一定的措施，帮助人们形成关于传统文化及传统文化"双创"的正确观念。

（1）加强马克思主义理论的教育

马克思主义为人们正确认识和处理中华传统文化及中华传统文化"双创"相关问题提供了立场、观点和方法。马克思主义中国化理论是马克思主义与中国实际相结合的产物，是人们行为的重要指导思想。

第一，加强马克思主义理论教育的措施。马克思主义理论教育可从学校教育与社会教育两个方面着手。

以课程为依托实施系统的马克思主义理论教育。学校教育是实施马克思主义理论教育的主阵地。学校教育具有教育的专业性、系统性等特点，从而有助于对学生进行系统的马克思主义及马克思主义中国化理论的教育。当前，学校教育中所开设的思想政治课程，从纵向（不同教育阶段）和横向（不同课程）两个方面构成了对学生进行系统马克思主义教育的体系。除了专门的思想政治课程之外，学校还可通过校园文化建设、校园文化活动等方式对学生进行马克思主义理论教育。

实施多样化的马克思主义理论社会教育。相对于学校教育，社会教育具有教育对象复杂多样，教育场所宽泛多样，教育方法多种多样的特点。从教育对象来看，学校教育的教育对象是特定的学生，而社会教育的对象是社会各阶层、各行业、各年龄段的人。从教育场所和教育方式来看，学校的教育场所相对固定，主要的场所有教室、校园等学校地理范围内的场所，教育方式主要是课堂教学。除此之外，一些学校的实践教学也纷纷走出校园、走向社会，但以教室为实施场所的课堂教学仍然是学校教育的主要教学方式。社会教育没有固定的教育场所，教育场所可以是现实中的场所，如党史馆、图书馆等，可以是虚拟世界中的场所，如网站、论坛等。教育方式也是多样化的，如参观、阅读、讲座、竞赛等。

第二，马克思主义理论教育需注意的事项。一是要明确教育目的。从实现中华传统文化"双创"的视角看，马克思主义理论教育目标主要是坚定马克思主义立场和信仰；理解并运用马克思主义理论和方法分析、解决问题。二是理论教育与实践教育的相互配合。之所以坚持理论教育与实践教育的相互配合，首先是由马克思主义理论成果的特点所决定的，马克思主义理论成果是理论性与实践性相统一的思想成果。其次是由理论教育与实践教育的相互关系所决定的。理论教育是实践教育的必要准备，实践教育是理论教育的拓展，理论教育内容最终要落脚于受教育者的实践活动中。最后是对以往马克思主义理论成果教育经验的总结。马克思主义在中国传播之初，就与中国工人运动相结合，既推动了近代中国工人运动的发展，也推动了马克思主义在中国的传播。后来，中国共产党结合近代不同时期的革命实践特点，加强全党全军的马克思主义教育。在此过程中，马克思主义得以不断传播。三是线下教育与线上教育的相互配合。马克思主义及马克思主义中国化理论的教育需要并且可以借助互联网，实现线下教育与线上教育的相互配合。

（2）引导树立正确历史观

历史观是人们对历史的根本观点与看法。实现中华传统文化"双创"，需要人们树立正确的历史观。

在历史教育中引导人们树立正确的历史观。历史教育是培育、引导人们树立正确历史观的主要途径。历史教育包括学校教育中的历史教育和学校教育之外的历史教育。当前，自小学、中学到大学，都有相应的历史课程或与历史相关的课程，这些课程是实施历史教育、引导和帮助学生树立正确历史观的重要依托。当然，要发挥这些课程在学生树立正确历史观教育中的作用，对教师自身素养和教师工作态度、能力都有一定的要求。教师自身首先要有正确的历史观，在教育过程中要有帮助和引导学生树立正确历史观的认识和自觉意识，并在教育教学过程中将历史观的培养融入历史知识的传授和能力的培养中。除了学校教育中的历史教育外，还有其他的历史教育方式。如国家公祭日的设立，对人们铭记历史和把握现在具有重要意义。

在批判错误历史观的过程中引导人们树立正确历史观。把正确历史观的树立与批判错误历史观联系在一起。在错误历史观下，有的人否认或歪曲历史事实、污蔑甚至诽谤革命烈士、抬高或歪曲对某些历史人物的评价，有的人做出穿着侵华日军军服或伪军服装拍照的行为。在对待传统文化问题上，有的人或主张全面恢复传统文化，或主张完全抛弃传统文化。出现这些言论和行为的一个重要原因是他们所具有的历史观是错误的。对这些言论或行为要予以坚决否定。在批判、否定这些言论和行为的过程中，肯定正确的言论与行为，在对比中引导和帮助人们形成正确的历史观。可以说，批判错误历史观本身就是正确历史观的教育。

发挥专家与媒体作用，形成以正确历史观为主导的社会氛围。对于一些人来说，由于受学识、视野和能力等因素的限制，他们对历史事件和历史人物的评判，对传统文化及传统文化历史地位和现实意义的认识，很容易受其他人，特别是专家或舆论的影响。因此，在正确历史观的培养工作中，可以发挥专家和媒体的作用。以专家关于历史事件和历史人物、关于传统文化及传统文化历史地位和现实意义的正确判断，形成学术界权威认知，以此帮助人们在正确认知历史和传统文化的过程中，培养正确历史观。发挥媒体作用，借助传统媒体和现代媒体，及时将关于历史和传统文化的正确观点传播出去，以引导人们正确看待历史和传统文化，并在此过程中培养正确历史观。

（3）以现实需要激发人们实现中华传统文化"双创"

当前，人们之所以对中华传统文化及中华传统文化"双创"的认识还存在不重视的现象，一个重要因素是因为他们认为中华传统文化及中华传统文化"双创"与他们自身没有什么关系，或者关系不大。基于这种情况，可通过一系列措施，使人们认识到继承和弘扬、创造和创新中华优秀传统文化对他们生产生活的意义，以激发出蕴藏在人们身上的实现中华传统文化"双创"的思想动力。

在掌握中改善认知形成需要。人的需要的产生是受多种因素影响的，其中一个因素是对所需事物的掌握程度。当一个人对某一事物不了解时，就不会产生需要。要激发人们对中华优秀传统文化及实现中华传统文化"双创"的需要，首先要引导和帮助人们了解和掌握一定的传统文化知识。由于历史与现实因素和个人因素，当前大多数人对中华优秀传统文化的掌握是有限的，甚至有的人只掌握了极少量的传统文化知识。正是因为掌握的传统文化知识较少，所以他们体会不到传统文化所具有的现实意义，从而也不会产生继承与弘扬、转化与发展中华传统文化的需要。正是因为掌握的传统文化知识较少，所以他们也无法正确区分其中的精华与糟粕，无法将其中的优秀内容与当前社会实际相结合，以实现中华传统文化"双创"。可以通过在学校教育中增加中华优秀传统文化教学比重，为人们掌握更多中华优秀传统文化知识提供条件；可以以传统媒体和现代媒体为平台传播中华优秀传统文化，为人们的自学与研究提供条件。

在对比中形成冲突产生需要。引导和帮助人们形成对中华优秀传统文化及实现中华传统文化"双创"的正确认知，可以通过创设对比情境的方式实现。通过创设对比情境，引发人们内心冲突，进而产生对继承和弘扬、转化与发展中华传统文化的需要。如可以通过不同情况家庭的对比，感受中华传统美德在家庭建设中的作用，引导人们形成继承和弘扬、创造和创新中华优秀传统文化的认识。选取现实中不同情况的家庭，对每个家庭的情况及其形成这种情况的原因进行分析——在分析中注重对文化因素的分析，并在此基础上得出对待中华传统家庭美德的正确态度。

在实践中增强认知形成需要。文化来源于实践，又对实践具有反作用力。实现中华传统文化"双创"，可以通过分析文化主体实践中面临的问题，增强文化主体对创造与创新传统文化的认识，并产生创造与创新传统文化的需求。如当一个人面临人际关系问题，当一个人思考和处理自身与他人的关系时，他才能感受到中华传统美德的现实价值。从世界范围来看，当前存在着的"日益严重的环境保护问题、气候变化问题、资源短缺问题、网络犯罪问题、恐怖主义问题等，对国际秩序和人类生存构成严峻挑战"。如何解决这些问题，中华优秀传统文化提供了有益思路。如环境保护问题的解决需要每一个国家、每一个人的共同努力，需要每一个国家、每一个人都要有"以天下为己任"的思想，自觉承担起自身所应承担的责任。可以说，强调中华优秀传统文化在社会发展和人们实践中的重要意义，有助于增强人们进行创造与创新的需要。

### （二）实现中华传统文化"双创"的法治保障机制

实现中华传统文化"双创"，不管是传承与弘扬，还是转化与发展，都需要有国家法治建设的保证。

1.法治建设的意义

发挥法律作用，以法治保障中华传统文化"双创"的实现，这包括两个方面：一是法治建设为中华传统文化的"双创"提供了法律保障与法律依据；二是实现以德治国与依法治国的相辅相成。

（1）文化创新与法治

实现中华传统文化"双创"的主体是人，加强法治，可以依法维护、保障人们进行文化创造和创新活动，从而推动实现中华传统文化"双创"。

第一，法治为文化创新提供保障。我国宪法作为国家的根本大法，明确规定了人民的权利，为人们从事文化创造活动和文化创新活动提供了法律保障。《中华人民共和国宪法》第三十五条明确规定了中华人民共和国公民具有言论、出版自由；第四十七条也对此进行了明确规定，并规定国家政府应保障公民行使其文化权利，国家并应对公民从事文化传播与文化创造活动给以鼓励与帮助。

第二，法治为文化创新提供了依据。实现中华传统文化"双创"，是建设中国特色社会主义的重要内容。因此，文化创造与文化创新并不是一种随意的行为。我国宪法明确规定了任何个人、团体都必须遵守宪法和法律。任何个人在享受宪法与法律赋予的权利的同时，也要履行宪法与法律所规定的责任。涉及文化创造与创新的法律明确规定人们哪些行为可以做，哪些行为不能做，为人们明确了在文化创造与文化创新活动中应该遵循的原则与标准。在文化创造和文化创新过程中，要在宪法和法律规定的范围内进行，不能借文化创造和文化创新，散布宪法和法律所不允许的言论，做出违反宪法和法律规定的行为。

第三，法治对于强化人们的能够体现中华优秀传统文化的行为具有重要意义。如可以通过法律保护人们的文化创造与创新行为，保护人们文化创造与创新成果，为中华传统文化"双创"提供了有利的法律环境；可以通过法律与道德相结合推动人们继承、弘扬并践行中华传统美德；可以通过法律规范人们在文化创造与创新中的活动，以保证中华传统文化"双创"的正确导向。

（2）以文化人与法治

以文化人，即德育，是通过社会风俗习惯、道德礼仪来教化普通群众。以文化人含有以德治国的意思。以文化人与法治建设、依法治国相辅相成、互为保障。

这是由以文化人与依法治国关系所决定。以文化人与依法治国的关系：从动态的角度来说，是德治与法治的关系；从静态的角度来说，是道德与法律的关系。道德与法律是调节人们行为的两种社会规范，二者在调节人们行为的标准、方式以及作用范围方面都有所不同。道德是以善恶为评价标准，调节方式主要是社会舆论和个人内心信念等。法律是由国家制定或认可并依靠国家强制力保证实施的。并且，法律条文中明确规定了人们的权利与义务。相对于法律，道德调节的范围更大。正是由于二者的不同，在一定程度上决定了在社会管理中这两种手段具有互补性，都是必不可少的。

总的来说，道德与法律在调节、规范人们行为方面的作用是不同的。实现中华传统文化"双创"，是要发挥中华优秀传统文化的育人功能，同时在此过程中还要加强法治保障。

2.法治保障的原则

以法治保障实现中华传统文化"双创",主要包括两个方面的内容:一是依法规范和保障中华传统文化"双创"工作的开展,二是依法肯定传承、弘扬与发展成果。即要坚持坚守原则与创新发展的统一,法治与德治的统一。

（1）坚守原则与创新发展的统一

实现中华传统文化"双创",是建设中国特色社会主义文化,推动社会主义文化繁荣兴盛的重要内容。但在实现中华传统文化"双创"过程中,要坚持以法律来规范和保障中华传统文化"双创"工作,在坚守原则中推动文化创新发展,在文化创新发展中坚守原则。

（2）法治与德治的统一

实现中华传统文化"双创",发挥中华传统文化优秀成果的当代价值。同时,不能忽视法治,以德治与法治相互配合形成德治与法治的合力,并以法治保障中华传统文化"双创"工作的实现。

坚持法治与德治的统一,表现为在对社会中道德和道德行为的认可和维护过程中,推动人们对中华传统美德的认可与践行、继承与发展。坚持法治与德治的统一,是对道德地位与作用的肯定,是对中华传统美德的肯定,从而有助于推动中华传统美德的继承、弘扬,有助于推动实现中华传统文化的"双创"。

坚持法治与德治的统一,表现为用道德与法律来调节和规范文化创造与创新行为,以保证真正实现中华传统文化"双创"。传统文化包含有不同性质的内容,有精华也有糟粕。当前,在对待中华传统文化的问题上,存在着不正确的态度与行为。如打着弘扬中华优秀传统文化旗号,在实际行动中宣传的却是传统文化中已不适应社会发展的内容;名义上是继承、弘扬中华优秀传统文化,但实际上是批判和否定中华优秀传统文化。坚持法治与德治的统一,发挥法律和道德两种社会规范的作用,对文化创造与创新活动中或不良或违法行为予以调节与规范,有助于保证文化创造与创新活动的有序、规范进行。

3.法治建设的举措

法治建设的基本要求是有法可依、有法必依、违法必究和执法必严。为实现中华传统文化"双创"提供法治保障,就要求加强相关法治建设,除按照有法可依、有法必依、违法必究和执法必严四个方面加强建设之外,还要提高文化主体的法治能力。

（1）制定和完善相关法律制度

以法治保障中华传统文化"双创"首先要有相关的法律制度,这是对中华传统文化"双创"实施法治保障的前提。从中华传统文化"双创"工作来看,它是一个系统的工作,涉及文化研究、教育、宣传、创造、实践等各个方面。从中华传统文化的内容来看,中华传统文化体现在不同的形式中,有物态的、制度的、行为的、心态的文化。从中华传统文化的性质来看，有优秀的精华，也有落后的糟粕。要实现中华传统文化的"双创"，就需要结合工作实际，制定相应的法律法规，以保证工作的顺利进行。

（2）以法治保障和规范中华传统文化"双创"行为

以法治保障和规范中华传统文化"双创"行为，可从不同角度进行不同的分析。

从文化创造与创新主体来说，以法治保障和规范中华传统文化"双创"行为，主要是指文化创造与创新主体在从事文化创造与创新活动过程中，要自觉遵守法律规范。

文化执法工作者依法监督和管理文化创造与创新活动。文化执法工作者依法监督和管理文化创造与创新活动，是文化法治行为的重要内容。法律制度在规范和调节人们行为方面，属于外在的强制力。这种强制力的实现及其实现程度，不仅取决于执法者的法律行为，更是取决于守法者对法律的敬畏与遵守。作为文化执法工作者在依法行政的过程中，要违法必究、执法必严，对违法行为予以坚决制止，并根据法律规定对违法行为予以相应惩处。同时，由于文化产品的特殊性，作为文化执法工作者还要对文化创造与创新活动予以监督，将法律规定不允许的行为制止在萌芽之时。从执法部门来说，以法治保障和规范中华传统文化"双创"行为，主要是严格、公正执法。由于文化的特殊性，文化创造与创新活动及其成果，相对于其他的创造与创新成果，对人的影响程度更深，甚至会对人的文化观、历史观和价值观产生影响。因此文化创造与创新活动更要注重其社会效益。同时，当前文化传播手段与方式的多样性，增加了执法的难度，对执法人员提出了更高的要求。作为文化领域的执法人员不仅要具有较高的法律素养，更要具有一定的文化素养，具有一定的文化鉴别能力。

（3）提高人们依法从事文化创造与创新能力

从实现中华传统文化"双创"的视角看，法治的目的不是惩处违法行为，而是规范人们的行为以保障合法文化创造与创新活动的开展。即使是对违法行为的惩处，也是为了更好地为合法文化创造与创新活动提供保障。在依法保障文化创造与创新活动的过程中，关键是人。人的法律知识、法治意识都在一定程度上影响人的行为。

人们法治意识的提高是法治建设的关键，也是发挥法律在中华传统文化"双创"中保障作用的关键。只有人们有了法治意识，才能真正做到有法可依、有法必依，才能用法律手段、通过法律途径解决在文化传承、弘扬、转化、发展中遇到的问题。当然，提高人们的法治意识是一个过程，在这一过程中要加强法律宣传，使人们了解相关法律，并提高人们自觉遵守法律、以法律维护自身权益的意识。

### （三）实现中华传统文化"双创"的人才保障机制

人是文化创造与创新的主体，是实现中华传统文化"双创"的主体。实现中华传统文化"双创"，对文化主体的素质提出了一定的要求。

1.主体素养价值

一定的社会文化是特定社会经济、政治发展状况的反映，但这种反映不是自发行为，而是人的有意识的创造行为。如春秋战国时期，思想文化领域出现了"百家争鸣"的现象。但这种现象的出现，不是春秋战国时期经济、政治发展的自然产物，而是当时的思想家针对当时社会问题提出不同的解决方案，进而形成了儒家、道家、墨家、法家等思想流派。再比如中华优秀传统文化中"出入相友，守望相助"的互助思想，是古代经济、政治环境的反映，是"百姓日用而不觉的价值观"，是古代中国人对如何处理人际关系思考的结果。人不仅创造文化，而且人也通过其有意识的活动推动文化的传承与发展。如儒家思想在古代中国之所以能够得以被大多数人所认可，一个重要原因是统治者的主导和儒家学者们的推动。

文化主体对文化的自觉传承与发展需要文化主体具有一定的认知观念与文化素养，而且文化主体对文化的传承与发展程度受文化主体认知观念与文化素养的影响。从文化主体在文化传承与发展过程中是否有意识来看，文化的传承与发展可以分为文化主体的自发行为与自觉行为两种。自发行为是文化主体对社会发展在文化方面的不自觉反映。如民俗的变迁，就在一定程度上反映了人在文化传承与发展中的不自觉行为。自觉行为是文化主体根据社会发展在文化方面做出的有意识的反映，如教育者们的文化教育活动、文化创作者们的文化创作活动等。其中，文化主体对传统文化的观点决定了文化主体对传统文化的态度与行为；文化主体的文化素养在一定程度上决定了文化主体对传统文化的理解程度，并在一定程度上决定了文化主体将传统文化与现实联系的程度，进而影响对传统文化的传承、转化与发展。

实现中华传统文化"双创"是一项文化主体有意识的实践活动，文化主体的文化观、历史观和文化素养，特别是传统文化素养，对中国特色社会主义建设的认识，都在一定程度上影响着文化主体"双创"中华传统文化的行为。

2.主体素养诉求

要有效发挥不同文化主体在中华传统文化"双创"中的作用，就应提高各文化主体素质。

（1）正确的传统文化观是实现中华传统文化"双创"的前提

传统文化观是关于传统文化内容、地位、作用等的观点与态度。实现中华传统文化"双创"，首先要确立正确的传统文化观。只有树立科学的传统文化观，才能正确认识传统文化在当代社会中的地位以及其对当代社会发展的作用，才能形成对待中华传统文化的正确态度，并采取相应措施发挥中华传统文化在当代社会中的作用。

（2）文化素养是实现中华传统文化"双创"的基础

实现中华传统文化"双创"包含多个环节，如中华传统文化"双创"的理论创新、内容与形式的创新、中华传统文化精神与时代精神的结合等。不论是哪个环节，文化主体的文化素养在一定程度上决定了实现中华传统文化"双创"的可行性与实现程度。

加强文化主体的文化素养是实现中华传统文化"双创"的需要，是实现中华传统文化"双创"的应有之义，是文化主体进行创造与创新，实现传统文化转化与发展的必然要求。

第一，是实现中华传统文化"双创"的题中应有之义。实现中华传统文化"双创"，就是将中华传统文化与当代文化建设相结合，进行理论创新、内容与形式创新，并在此基础上，通过教育、宣传等手段，以文化人、以文育人，推动国家文化建设。在此过程中，了解、理解中华传统文化是前提，创造与创新中华传统文化、以文化人是核心，推动国家文化建设、提高国家文化软实力是目标。但不管是从实现中华传统文化"双创"的前提来说，还是从这一工作的核心与目标来说，都需要文化主体具有一定的文化素养。

第二，是实现中华传统文化"双创"对主体的必然要求。创新主要包括原始创新、引进消化吸收后再创新、集成创新三种方式。对于文化创新主体来说，不管采取哪一种创新方式，都需要文化创新主体对创新对象有一定的了解，即要具有一定的文化素养。转化主要包括两种形式：一是主体将实践经验转化为自身认识，以发展原有认识。这种转化需要主体具有总结实践经验与教训的知识与能力。二是主体将其自身的认知转化为行为。这种转化就是主体将其所具有的知识转化为行为。中华传统文化创造性转化也主要包括这两种形式。不论哪一种形式，都需要文化主体具有一定的文化素养。

第三，是当前实现中华传统文化"双创"过程中，文化主体的文化素养特别是传统文化素养状况的现实要求。人民群众的文化素养特别是传统文化素养的提高是做好中华传统文化"双创"工作的重要保证，要采取多种途径与方法提高人民群众的文化素养特别是传统文化素养。

（3）文化创新意识和能力是实现中华传统文化"双创"的必要条件

实现中华传统文化"双创"，不仅需要文化主体了解中华优秀传统文化，更需要将知识转化为文化主体自身的认识；不仅需要继承，更需要发展中华优秀传统文化。这就需要文化主体具有一定的文化创新意识和能力。

第一，这是实现中华传统文化"双创"工作的必然要求。中华传统文化"双创"，既要求文化主体掌握一定的中华传统文化知识，更要求文化主体将知识内化为其思想认知，并外化为其行为；既要求传承中华优秀传统文化，更要求在传承的基础上发展。所以，中华传统文化"双创"不是对中华传统文化的照搬照抄，而是要批判性继承、创造性转化、创新性发展。这就需要文化主体要有文化创新意识和能力。

第二，这是对待中华传统文化的正确态度。应该坚持和运用马克思主义的立场、观点与方法，对其进行历史的具体的分析，在批判中继承，在继承中发展，结合当代实际推动其时代化。这需要文化主体具有一定的文化创造与创新的意识和能力，以传承和发展中华传统文化。

第三，这是发挥中华传统文化当代价值的要求。中华优秀传统文化在当代社会发展中仍具有重要作用，如中华民族精神仍对人们具有激励作用；中华传统美德仍有助于社会道德建设。但要发挥中华优秀传统文化的作用，就需要人们将传统文化的知识转化为自身的行为并作用于实践。这就需要人们具有一定的创新意识与能力。

第四，这是由中华传统文化的特点所决定的。因为形成于中国封建社会，所以传统文化中一些内容势必带有封建性。而现在的中国是社会主义国家。传统文化中的某些内容虽仍能够适应中国特色社会主义建设与发展的需要，但要发挥其作用需要将这些内容与当代社会发展相结合，这就需要创新中华传统文化，需要文化主体具有一定的文化创新意识与能力。

3.主体素养内容

实现中华传统文化"双创"，文化主体应具有正确的传统文化观、一定的文化素养和一定的文化创新意识与能力。

（1）对文化主体的传统文化观的基本要求

实现中华传统文化"双创"，文化主体应具有的传统文化观的内容主要包括全面认识中华传统文化、正确对待传统文化。

（2）对文化主体的文化素养的基本要求

实现中华传统文化"双创"，对主体的文化素养提出了一定的要求。

第一，实现中华传统文化"双创"，需要文化主体具有基本的文化素养。中华传统文化"双创"，实际上阐述了对待中华传统文化的两个不同方面：一是转化，二是发展。中华传统文化创造性转化又主要包括两个方面内涵：一方面是将中华传统文化转化为与当代社会经济、政治发展相适应的文化，包括中华传统文化理论创新、内容与形式创新等；另一方面是将中华传统文化的优秀成果通过教育、宣传等途径，转化为人民群众的文化认知、价值理念以及自觉行为。通过对中华传统文化"双创"的阐释可以看出，不管是转化还是发展，都需要文化主体具有基本的文化素养，这是主体理解、转化、发展中华传统文化的基础。当然，对于不同的文化主体，对其基本文化素养的要求是不同的。对于知识分子、文化工作者，特别是从事与中华传统文化"双创"有关工作的知识分子、文化工作者，对他们基本文化素养的要求要高一些，他们需要掌握一定的文化理论知识，具备一定的古文阅读能力，并具有深刻理解国家文化建设方针政策、把握当前国家文化发展状况以及文化发展趋势的知识储备与能力。而对于普通民众来说，对他们基本文化素养的要求可以相对低一些，他们需要对于一些耳熟能详的古文拥有记忆并进行理解，且能够接受并理解国家文化宣传的内容。

第二，实现中华传统文化"双创"，需要文化主体具有一定的传统文化素养。"双创"的对象是中华传统文化，这就要求文化主体需要有一定的中华传统文化的知识。当然中华传统文化内容丰富，涉及范围较广，作为文化主体深刻理解和掌握所有的中华传统文化知识是不现实的。所以，对于文化主体的传统文化素养的要求是有一定侧重点的，主要是要求文化主体具备与其工作需要、自身发展需要以及社会发展需要有关的传统文化素养。同时，对于不同的文化主体的要求也是不同的。对于知识分子、文化工作者，特别是从事与中华传统文化"双创"有关工作的知识分子、文化工作者，对于他们的传统文化素养的要求要高一些，因为他们所从事的工作就是中华传统文化"双创"。他们要能够熟悉并深刻理解与工作有关的中华传统文化。对于普通民众来说，对他们的传统文化素养的要求要低一些，主要是能够了解并熟悉那些为大家耳熟能详的传统文化，特别是传统美德。

第三，实现中华传统文化"双创"，需要文化主体能够理解国家的文化建设方针政策。传统文化"双创"，是国家文化建设的重要组成部分。实现中华传统文化"双创"，文化主体要能够理解并把握国家的文化建设方针政策。

（3）不同文化主体的创新意识与创新能力要求

由于在中华传统文化"双创"过程中，不同文化主体的地位与作用是不同的，所以对于他们的创新意识与创新能力的要求也是不同的。

在中华传统文化"双创"过程中，党和国家居于主导地位。党和政府需要根据世情、国情的变化，对中华传统文化"双创"工作进行领导、指导和统筹等顶层设计工作。所以，对党和国家的文化创新意识与创新能力的要求较高，要能够深入理解和把握文化发展规律，在科学理论指导下制定正确的文化建设方针政策，推动国家文化建设。

由于知识水平和工作特点等因素的影响，知识分子特别是传统文化工作者是中华传统文化"双创"工作的骨干。他们不仅从事文化理论创新、文化内容创造与创新等传统文化"双创"工作，而且他们的工作对人民群众的文化实践活动也具有一定的指导意义。所以，对知识分子特别是传统文化工作者的文化创新意识与创新能力也提出了较高的要求，

人民群众在实践中推动着中华传统文化"双创"。在这一过程中，有被动的创新，也有主动的创新。因为当其所处环境发生变化时，人们可能会思考如何改变原有的文化内容以适应变化了的社会，进行主动的创新；也可能在新的环境中对其自身的文化实践做着不自觉的改变。但从总体上说，对于普通民众的创新意识和创新能力的要求要低一些。

4.主体素养培养

文化主体的正确传统文化观的确立、传统文化素养的提升、文化创新意识与能力的提高可以通过一定的途径得以实现。

（1）引导与批判相结合以培养文化主体的正确传统文化观

培养文化主体的正确传统文化观，需针对不同文化主体采取不同的举措。从文化主体所具有的传统文化观的情况来看，可以简单地分为三种情况：一是其已形成正确的传统文化观；二是其还没有形成稳定的传统文化观；三是其所具有的传统文化观是错误的。对于还没有形成稳定传统文化观的文化主体，可以通过引导的方式，帮助其确立正确的传统文化观。对于具有错误传统文化观的文化主体，可通过批判错误文化观的方式，帮助其确立正确的传统文化观。

（2）教育与学习相结合以培养文化主体的传统文化素养

培养和提高文化主体的文化素养，是实现中华传统文化"双创"的基础。虽然培养和提高文化主体的文化素养可以有不同的路径，但从培养主体来看可以归纳为两点，即教育与学习。

教育是从培养者的角度来说的。学校教育可以系统地对学生进行传统文化教育，可以根据学生专业特点和兴趣爱好，以必修课和选修课的形式，从传统文化的深度和宽度两个方面帮助学生学习传统文化。除了学校教育之外，还有各种社会教育机构，如一些社会团体所办的教育机构，也积极开展传统文化教育活动。学校教育与社会教育的相互配合，对提高文化主体的传统文化素养具有重要意义。同时，当前网络的发展既为文化宣传与教育提供了平台，也为人们提供了更为便利的学习平台。因此，可通过加强国家级、省级、地市级、县级、乡级、村级和城市社区不同层次的网络建设，为人民群众提供更为丰富的文化学习资源，提高人民群众的文化素养。同时，不同种类的公共文化服务体系的建设与发展，有助于培养和提高文化主体的文化素养。如让群众动起来学习的公共文化服务——组织群众性文化活动的开展，让群众静下来学习的公共文化服务——免费开放图书馆、博物馆等设施等，有助于人民群众通过不同途径学习、了解中华传统文化，

提高其自身的文化素养。

学习是从培养对象的角度来说的。文化主体传统文化素养的提高，不是一朝一夕的事情，是一个不断积累和积淀的过程。这一过程目标的实现，既要有外部环境所提供的有利学习条件，也要有文化主体的学习诉求。按照马克思主义观点，在内外因关系上，内因是主要的，外因通过内因而起作用。提高文化主体的文化素养，除了国家、社会团体、文化工作者的努力之外，最重要的是文化主体对提高其自身素养的内在要求。即在文化主体的文化素养培养过程中，一个最重要的因素是变"要我学"为"我要学"。文化主体学习、掌握传统文化的诉求，一方面来自于文化主体对提高传统文化素养的自我要求，另一方面来自于外部环境，如工作需要、人际关系需要等。一个人所处的社会环境对其成长成才具有重要意义与作用。既然环境对人的发展具有重要影响，那么，要提高一个人的文化素养特别是传统文化素养，就可以从加强其所处文化环境的建设入手，积极构建重视文化特别是传统文化的社会环境。

（3）激发与保护相结合以培养文化主体的创新意识

创新意识是指人们对创新的认识与态度，并由此态度来规范和调整自己行为的一种稳定的精神态势，包括创新动机、创新兴趣、创新情感和创新意志。文化主体的创新意识，需要外部的激发与保护。

激发，包括激发文化主体的创新动力、调动其创新兴趣、培养其创新情感和创新意志。首先，要帮助文化主体认识到创新的重要性。社会是不断向前发展的，要发挥中华优秀传统文化的作用，就要通过创新使其与当代社会相适应，与社会发展相适应，实现中华传统文化的时代化。其次，要使人们感受到创新需要，即要使文化主体认识到社会发展对文化提出了新的要求。可通过有意识的活动，引导人们理解虽然传统文化中所蕴含的一些价值观念仍然对指导人们的行为具有一定的意义，但传统文化中的某些内容已不适应当前社会发展状况，需要对传统文化做出适应当代社会发展需要的创造与创新。如传统文化中的"礼、义、廉、耻"，当今中国人应该如何对待传统文化中的"礼、义、廉、耻"，是全盘吸收、批判继承，还是对其创新发展？当人们在生产生活实践中感受到创造与创新中华传统文化的必要性时，才能更好地激发他们的创新意识。最后，多角度综合培养文化主体的创新意识。创新意识由创新动机、创新兴趣、创新情感、创新意志组成。创新意识的这四个方面是相互联系的，积极的创新动机有助于推动文化主体形成积极的创新兴趣和创新情感，并使文化主体具有克服困难的创新意志。反之亦然。培养文化主体的创新意识，并不是四个方面按部就班展开，而是可以从任何一个方面着手，即可以多角度综合培养文化主体的创新意识。

保护，主要是对文化主体创新意识的保护。保护文化主体的创新意识，首先是营造有利于创新的环境。营造有利创新的社会环境可以从以下几个方面着手：创设宽松的文化氛围，实行百花齐放、百家争鸣方针；建立激励人们创造与创新的价值导向机制；建立鼓励人们创造与创新的激励机制，通过相应的政策，以物质或精神的方式鼓励、引导人们发挥自身的创造力；为人们文化创造与创新活动提供必要的物质条件。其次是正确评价文化主体的创新行为。由于不同文化主体的文化素养、创新能力等方面有不同，所以文化主体的文化创新行为或创新成果会呈现不同的状态，有的文化主体的创新成果可能会或多或少地出现不尽完美或不尽完善的现象。如何评价文化主体的创新行为和创新成果，会在一定程度上影响文化主体以后的文化创新活动。一般来说，对文化主体文化创新行为或创新成果的肯定，会进一步激发文化主体的创新意识。当然，在评价文化主体的创新行为与创新成果时，要坚持原则性。最后是制定保护文化主体文化创新行为的法律制度，依法保障文化主体的文化创新行为。

（4）理论与实践相结合以培养文化主体的创新能力

创新能力，是一种能够利用现有的知识，在特定的环境中，对旧事物进行改进、改造并创造新事物的能力。文化主体创新能力的培养既涉及理论方面的问题，也涉及实践方面的问题，需要理论与实践相结合。

从理论方面说，主要是指文化主体创新能力需以一定的文化素养为基础，需对当代社会发展状况具有一定的理解，需要掌握一定的创新方法。掌握一定的传统文化知识是文化主体创新能力的前提。中华传统文化"双创"不是从无到有的原始创新，而是有着明确的对象，所以要求文化主体必须具有一定的传统文化知识，否则文化创造与创新就是无本之源、无根之木。帮助文化主体更好地理解和把握当代社会发展状况是培养文化主体创新能力的重要条件。中华传统文化"双创"，就是要将中华优秀传统文化与当代社会发展相结合，并用创造与创新后的新文化教育人，在传承中华优秀传统文化的同时发展传统文化。从这一点来看，创造与创新后的新文化与传统文化之间的区别就在于是否融入当代社会发展因素。所以通过创造与创新推动传统文化转化为新文化，其中一个重要条件就是正确理解和把握当代社会发展状况。对创造与创新的理解和对创新方法的掌握也在一定程度上影响文化主体创新能力的培养。只有了解了什么是创新，才能避免对创新望而却步。最后要帮助文化主体认识怎样创新。创新并不是书斋行为，不是头脑风暴，是在实践基础上的创新，是对人民群众实践经验的总结。

从实践方面说，文化主体的文化创新能力在实践中得以培养并在实践中得以实现。文化创造与创新实践是文化主体创新能力培养的基础。一个人的能力不是天生的，而是在实践中不断培养、提升的。积极引导、鼓励文化主体参与文化实践活动是培养其文化创新能力的重要途径。当然，在实践过程中要注重发挥文化主体的参与性，如实践活动前的准备、实践活动过程中问题的提出与解决以及对实践经验教训的总结，都应是文化主体积极参与的结果。正是在实践中，在提出问题和解决问题的过程中，在总结实践经验教训的基础上，文化主体的创新能力才得到不断提高。

### （四）实现中华传统文化"双创"的体制保障机制

文化主体在实现中华传统文化"双创"的过程中，不仅其自身需要具有一定的素养，同时还需要外部条件的支持，如相应的物质条件、相对宽松的创造与创新环境等。

1. 全面改革提供体制保障

实现中华传统文化"双创"，不但属于文化领域的工作，而且涉及文化领域之外的工作，需要全面改革，以此为实现中华传统文化"双创"提供相应的体制保障。

（1）实现中华传统文化"双创"需要宽松与竞争并存的文化体制

宽松与竞争并存的文化体制是实现中华传统文化"双创"工作的需要。

第一，宽松与竞争并存的文化体制有利于为文化主体提供更为宽松的创造与创新环境。实现中华传统文化"双创"，不是采取简单的"拿来主义"，而是对传统文化的批判性继承、创新性发展，是文化主体在吸收和借鉴其他文化优秀内容、并将中华优秀传统文化与当地社会发展和文化建设相结合的过程中，推动中华传统文化的转化与发展。这就需要为传统文化工作者与人民群众提供良好的创造与创新环境，激发人们的学习动力，调动人们的创造与创新意识。宽松与竞争并存的文化体制能够为文化主体提供宽松的文化学习、文化创造创新与文化实践环境，并以竞争激发文化主体学习、创造与创新的动力。

第二，宽松与竞争并存的文化体制有利于调动多个文化主体的创造积极性，发挥不同主体在实现中华传统文化"双创"中的作用。文化从来不是个人的行为，文化是民族的血脉。文化体现在每一个人的思想认识、价值观念与行为习惯中。实现中华传统文化"双创"不是某一个人或者是某一些人的事情，是全体人们的共同行为。宽松与竞争并存的文化体制可以为不同文化主体提供一种有利的创造与创新环境，从而推动人们创造与创新行为。

第三，宽松与竞争并存的文化体制有利于进一步激发人们的创新意识，进而推动实现中华传统文化"双创"。回顾改革历史可以看出，改革是通过引入竞争机制等措施来推动原有僵化体制的改变。竞争机制推动了人们的创新意识。人们要在体制改革中发展，在竞争中立足，就必须要有创新意识。文化体制改革也是如此。进一步深化体制改革对于激发人们的创新意识，推动实现中华传统文化"双创"具有重要意义。

（2）实现中华传统文化"双创"需要不同领域体制改革的相互配合

实现中华传统文化"双创"需要不同领域体制改革的相互配合，是由多方面因素决定的。

第一，这符合马克思主义的基本观点。马克思主义认为，世界是普遍联系的，一事物的发展会在一定程度上影响他事物的发展。所以，中华传统文化"双创"工作不仅仅涉及文化领域，也涉及经济、政治等其他领域。同样，文化体制改革与其他领域改革相互联系、相互影响。

第二，这是由文化工作自身特点所决定的。文化工作的主体是人，人是文化的创造者和传播者，而人在创造和传播文化的过程中，受其个人因素的影响和社会因素的影响。文化主体的个人因素，如文化素养，又受其自身所受教育的影响。影响文化主体的社会因素，如工作环境，既是该工作单位工作方式、工作制度、领导制度等的反映，也在一定程度上受社会经济、政治环境的影响。由此，要发挥文化主体的创造与创新意识和能力，推动实现中华传统文化"双创"，需要通过不同领域的体制改革为文化主体提供文化创造与创新条件。

第三，这是由文化发展规律所决定的。文化的发展是在原有文化基础上的发展，同时旧文化发展成新文化又受一定条件的影响。文化的形成与发展受社会经济与政治发展状况的影响，"一定的文化是一定社会的政治和经济在观念形态上的反映。"社会变迁，文化也会随着发生变化。同时，文化的发展也受其文化系统内要素的影响。如科技的发展为文化的传播与创新提供了更为先进的技术手段。正是由于文化在其发展过程中要受到社会其他因素的影响，所以，在以文化体制改革推动中华传统文化"双创"工作时，要注重不同领域改革的相互配合。

2.体制建设原则

加强文化体制建设，为实现中华传统文化"双创"提供体制保障，需要从文化建设自身规律着手，坚持社会效益与经济效益的统一，坚守立场与百花齐放的统一，文化创新与文化法治的统一。

（1）坚持社会效益与经济效益的统一

以体制建设保障实现中华传统文化"双创"，在此过程中要注重在体制改革与建设过程中坚持社会效益与经济效益的统一。

（2）坚持坚守立场与百花齐放的统一

在体制改革过程中，既要以改革促创新，提倡文化创造与创新百花齐放，又要坚守立场。坚守立场，包含有两个方面内容：一是坚守中华文化立场；二是坚守中国特色社会主义文化立场。

这是由文化的特点和作用所决定的。文化具有民族性的特点。不同民族、不同地域形成了各具特色的文化。文化的民族性、地域性，是文化繁荣的一个重要原因。同时，文化的民族性也使一个民族具有了区别于其他民族的特点。中华民族在长期的发展过程中，形成了具有自己民族特点的文化。以体制改革推动文化创造与创新，在文化创造与创新过程中，可以吸收借鉴其他文化的优秀内容，但要坚持中华文化立场，传承、发展中华优秀传统文化。这是因为文化是一个国家、一个民族的灵魂。历史和现实都表明，一个抛弃了或者背叛了自己历史文化的民族，不仅不可能发展起来，而且很可能上演一幕幕历史悲剧。

（3）坚持文化创新与文化法治的统一

由于文化在社会发展中的地位与作用，在"双创"中华传统文化过程中，既要发挥文化主体的创造力，又要以法律规范文化主体的文化创造与创新活动。即在以体制改革激发人们的创造活力、推动实现中华传统文化"双创"的过程中，要坚持以相关法律制度建设相配合，以相关法律制度建设引导、规范文化创造与创新活动。

3.体制建设举措

文化的地位与作用要求在以全面改革推进体制建设、推动实现中华传统文化"双创"的过程中，要做好体制建设的顶层设计，坚持重点改革与全面改革的统一。

（1）做好体制建设的顶层设计

文化工作的特点与作用，当前的文化形势以及中国特色社会主义文化建设的需要，要求在以体制改革推动文化创新过程中，要做好体制改革与建设的顶层设计。

体制改革与建设过程中的顶层设计。体制改革中的顶层设计，主要是指对在文化创造与创新活动中文化主体应坚持什么样的世界观、历史观、文化观，应坚持什么样思想的指导，应坚持什么样的文化立场，以及应如何坚持正确思想的指导，应如何坚守文化立场等问题予以适当的解答。

（2）重点改革与全面改革的结合

第一，以体制改革推动实现中华传统文化"双创"，首先是文化体制改革。伴随着经济体制改革的进行，我国的文化体制改革也不断推进。发挥文化体制改革在推动实现中华传统文化"双创"中的作用，可以从以下几个方面着手：一是形成支撑中华传统文化"双创"的人才机制，其中包括为文化主体的创造与创新活动提供更为便利的平台，创造更为宽松的创造与创新环境，出台鼓励文化主体创造与创新的措施。二是建立健全"双创"中华传统文化的激励机制，其中包括形成尊重传统文化工作者的体制，在可能的情况下为他们提供学习和培训的机会，对他们在传承、弘扬、转化、发展中华优秀传统文化中的贡献予以或物质或精神的肯定等；三是构建并完善"双创"中华传统文化的投入机制，如在非物质文化遗产保护和传承中可以引入民间资本等。

第二，全面深化体制改革为实现中华传统文化"双创"提供保障。深化政治体制改革，以保证党和政府对实现中华传统文化"双创"的政治领导和宏观指导。我国的社会主义基本政治制度是好的，符合中国的国情，但随着社会经济等各方面的发展，它仍有一些需要进一步完善的地方。所以，深化政治体制改革，发挥我国民主制度的优势，有利于为中华传统文化"双创"工作的开展提供更为有利的政治环境。党和国家在实现中华传统文化"双创"工作中居于主导地位。深化政治体制改革，进一步厘清、明确党和国家与传统文化工作者、人民群众在文化创造与创新中的责任，有利于推动中华传统文化"双创"工作的开展。改革是一项系统工程，经济体制改革对文化体制及其他方面体制改革具有影响和推动作用，要深化经济体制改革，以推动文化体制及其他方面体制改革。

第三，构建并完善中华传统文化"双创"体系。实现中华传统文化"双创"是一项系统工程，需要多方面的相互配合。以体制改革推动实现中华传统文化"双创"，应构建并完善中华传统文化"双创"体系。

# 参考文献

［1］任初轩.文化自信自强丛书：怎样弘扬中华优秀传统文化［M］.北京：人民日报出版社，2023.

［2］吴翠丽.传统美德的现代转化：基于社会主义核心价值观的研究视域［M］.南京：南京大学出版社，2023.

［3］林国标.中华优秀传统文化概论：思想篇［M］.济南：山东大学出版社，2022.11.

［4］陆振兴，刘英.论语的智慧：12个重要概念解读［M］.北京：研究出版社，2022.

［5］张亮，薛茂云.中华优秀传统文化［M］.北京：人民邮电出版社，2022.

［6］胡钰.文创理论与中华文化创造力［M］.北京：人民出版社，2022.

［7］李丹丹.传统文化创新传播与文化软实力建设［M］.哈尔滨：哈尔滨工业大学出版社，2021.

［8］陈正良，王珂，王梦.中华传统道德的精神底蕴与现代弘扬1［M］.长春：吉林大学出版社，2021.

［9］刘友田.中国传统哲学思想新探［M］.北京：中国社会科学出版社，2021.

［10］李颖.诠释学视角下马克思主义中国化的文化价值［M］.杭州：浙江大学出版社，2020.

［11］李光，肖珑，吴向东.中华优秀传统文化［M］.北京：北京理工大学出版社，2020.

［12］朱珊莹.优秀传统文化传承与创新［M］.长春：吉林大学出版社，2020.

［13］韩江伟.中华优秀传统文化阅读与教学［M］.广州：华南理工大学出版

社，2020.

［14］金宁，李松睿.新时代文化艺术思想研究文库：中华优秀传统文化创造性转化创新性发展研究［M］.北京：文化艺术出版社，2019.

［15］张宏.中国传统文化概论［M］.北京：北京理工大学出版社，2019.

［16］刘芹，岳松，付安玲.坚持文化传承 创新文化建设［M］.青岛：中国海洋大学出版社，2019.

［17］秦海燕.优秀传统文化的传承与创新［M］.吉林出版集团股份有限公司，2018.

［18］汪受宽，屈直敏.中华优秀传统文化精要［M］.兰州：甘肃人民出版社，2018.

［19］张亮主.走近中华优秀传统文化［M］.南京：南京大学出版社，2018.

［20］陈晓霞.新时代传统文化创新性发展研究［M］.北京：中国国际广播出版社，2018.

［21］王忠.中国传统创造思想研究［M］.北京：知识产权出版社，2018.

［22］岳德常.大学之道新诠 中华优秀传统文化的创造性转化和创新性发展研究［M］.郑州：郑州大学出版社，2017.

［23］王钱超.中国哲学 创造性转化与大众实践［M］.合肥：合肥工业大学出版社，2016.